谢林著作集

先刚 主编

神话哲学(下卷)

Philosophie der Mythologie II

〔德〕谢林 著 先刚 译

北京大学出版社
PEKING UNIVERSITY PRESS

图书在版编目（CIP）数据

神话哲学.下卷/（德）谢林著；先刚译.－－北京：北京大学出版社，2025.5.－－（谢林著作集）.－－ISBN 978-7-301-36073-6

Ⅰ.B516.34

中国国家版本馆CIP数据核字第20259GD815号

书　　　名	神话哲学（下卷） SHENHUA ZHEXUE（XIAJUAN）
著作责任者	〔德〕谢　林（F.W.J.Schelling）著　先　刚 译
责任编辑	王晨玉
标准书号	ISBN 978-7-301-36073-6
出版发行	北京大学出版社
地　　　址	北京市海淀区成府路205号　100871
网　　　址	http://www.pup.cn　新浪微博 @ 北京大学出版社
电子邮箱	编辑部 wsz@pup.cn　总编室 zpup@pup.cn
电　　　话	邮购部 010-62752015　发行部 010-62750672 编辑部 010-62752025
印　刷　者	北京中科印刷有限公司
经　销　者	新华书店
	890毫米×1240毫米　16开本　23.5印张　415千字 2025年5月第1版　2025年5月第1次印刷
定　　　价	108.00元

未经许可，不得以任何方式复制或抄袭本书之部分或全部内容。
版权所有，侵权必究
举报电话：010-62752024　电子邮箱：fd@pup.cn
图书如有印装质量问题，请与出版部联系，电话：010-62756370

目 录

中文版"谢林著作集"说明 1

神话哲学(下卷)(1842) 1

人名索引 344
主要译名对照 354
译后记 362

中文版"谢林著作集"说明

如果从谢林于1794年发表第一部哲学著作《一般哲学的形式的可能性》算起,直至其1854年在写作《纯粹唯理论哲学述要》时去世,他的紧张曲折的哲学思考和创作毫无间断地延续了整整60年,这在整个哲学史里面都是一个罕见的情形。[①] 按照人们通常的理解,在德国古典哲学的整个"神圣家族"(康德—费希特—谢林—黑格尔)里面,谢林起着承前启后的关键作用。诚然,这个评价在某种程度上正确地评估了谢林在德国古典哲学的发展过程中的功绩和定位,但另一方面,它也暗含着贬低性的判断,即认为谢林哲学尚未达到它应有的完满性,因此仅仅是黑格尔哲学的一种铺垫和准备。这个判断忽略了一个基本事实,即在黑格尔逐渐登上哲学顶峰的过程中,谢林的哲学思考始终都处于与他齐头并进的状态,而且在黑格尔于1831年去世之后继续发展了二十多年。一直以来,虽然爱德华·冯·哈特曼(Eduard von Hartmann)和海德格尔(Martin Heidegger)等哲学家都曾经对"从康德到黑格尔"这个近乎僵化的思维模式提出过疑问,但真正在

[①] 详参先刚:《永恒与时间——谢林哲学研究》,第1章"谢林的哲学生涯",北京:商务印书馆,2008年,第4—43页。

这个领域里面给人们带来颠覆性认识的，乃是瓦尔特·舒尔茨（Walter Schulz）于1955年发表的里程碑式的巨著《德国唯心主义在谢林后期哲学中的终结》。① 从此以后，学界对于谢林的关注度和研究深度整整提高了一个档次，越来越多的学者都趋向于这样一个认识，即在某种意义上来说，谢林才是德国古典哲学或德国唯心主义的完成者和终结者。②

我们在这里无意对谢林和黑格尔这两位伟大的哲学家的历史地位妄加评判。因为我们深信，公正的评价必须而且只能立足于人们对于谢林哲学和黑格尔哲学乃至整个德国古典哲学全面而深入的认识。为此我们首先必须全面而深入地研究德国古典哲学的全部经典著作。进而，对于研究德国古典哲学的学者来说，无论他的重心是放在四大家的哪一位身上，如果他对于另外几位没有足够的了解，那么很难说他的研究能够多么准确而透彻。在这种情况下，对于中国学界来说，谢林著作的译介尤其是一项亟待补强的工作，因为无论对于康德、黑格尔还是对于费希特而言，我们都已经拥有其相对完备的中译著作，而相比之下，谢林著作的中译仍然处于非常匮乏的局面。有鉴于此，我们提出了中文版"谢林著作集"的翻译出版规划，希望以此推进我国学界对于谢林哲学乃至整个德国古典哲学的研究工作。

---

① Walter Schulz, *Die Vollendung des deutschen Idealismus in der Spätphilosophie Schellings*, Stuttgart 1955; zweite Auflage, Pfullingen 1975.
② 作为例子，我们在这里仅仅列出如下几部著作: Axel Hutter, *Geschichtliche Vernunft: Die Weiterführung der Kantischen Vernunftkritik in der Spätphilosophie Schellings*, Frankfurt am Main 1996; Christian Iber, *Subjektivität, Vernunft und ihre Kritik: Prager Vorlesungen über den Deutschen Idealismus*, Frankfurt am Main 1999; Walter Jaeschke und Andreas Arndt, *Die Klassische Deutsche Philosophie nach Kant: Systeme der reinen Vernunft und ihre Kritik (1785-1845)*, München 2012.

中文版"谢林著作集"说明　3

  中文版"谢林著作集"所依据的德文底本是谢林去世之后不久，由他的儿子（K. F. A. Schelling）编辑整理，并由科塔出版社出版的十四卷本《谢林全集》（以下简称为"经典版"）。①"经典版"分为两个部分，第二部分（第11—14卷）首先出版，其内容是晚年谢林关于"神话哲学"和"天启哲学"的授课手稿，第一部分（第1—10卷）的内容则是谢林生前发表的全部著作及后期的一些手稿。自从这套全集出版以来，它一直都是谢林研究最为倚重的一个经典版本，目前学界在引用谢林原文的时候所遵循的规则也是以这套全集为准，比如"Ⅵ, 60"就是指所引文字出自"经典版"第六卷第60页。20世纪上半叶，曼弗雷德·施罗特（Manfred Schröter）为纪念谢林去世100周年，重新整理出版了"百周年纪念版"《谢林全集》。②但从内容上来看，"百周年纪念版"完全是"经典版"的原版影印，只不过在篇章的编排顺序方面进行了重新调整，而且"百周年纪念版"的每一页都标注了"经典版"的对应页码。就此而言，无论人们是使用"百周年纪念版"还是继续使用"经典版"，本质上都没有任何差别。唯一需要指出的是，"百周年纪念版"相比"经典版"还是增加了新的一卷，即所谓的《遗著卷》（Nachlaßband）③，其中收录了谢林的《世界时代》1811年排印稿和1813年排印稿，以及另外一些相关的手稿片段。1985年，曼弗雷德·弗兰克（Manfred Frank）又编辑出版了一套六卷本《谢

---

① F. W. J. Schelling, *Sämtliche Werke*, Hrsg. von K. F. A. Schelling, Stuttgart und Augsburg: Cotta'sche Buchhandlung, 1856-1861.
② *Schellings Werke. Münchner Jubiläumsdruck, nach der Originalausgabe (1856-1861) in neuer Anordnung*, Hrsg. von Manfred Schröter, München 1927-1954.
③ F. W. J. Schelling, *Die Weltalter*: *Fragmente. In den Urfassungen von 1811 und 1813*, Hrsg. von Manfred Schröter, München: Biederstein Verlag und Leibniz Verlag 1946.

林选集》[1]，其选取的内容仍然是"经典版"的原版影印。这套《谢林选集》因为价格实惠，而且基本上把谢林的最重要的著作都收录其中，所以广受欢迎。虽然自1976年起，德国巴伐利亚科学院启动了四十卷本"历史—考据版"《谢林全集》[2]的编辑工作，但由于这项工作的进展非常缓慢（目前仅仅出版了谢林1801年之前的著作），而且其重心是放在版本考据等方面，所以对于严格意义上的哲学研究来说暂时没有很大的影响。总的说来，"经典版"直到今天都仍然是谢林著作的最权威和最重要的版本，在谢林研究中占据着不可取代的地位，因此我们把它当作中文版"谢林著作集"的底本，这是一个稳妥可靠的做法。

目前我国学界已经有许多"全集"翻译项目，相比这些项目，中文版"谢林著作集"的主要宗旨不在于追求大而全，而是希望在基本覆盖谢林各个时期的著述的前提下，挑选其中最重要和最具有代表性的著作，陆续翻译出版，力争做成一套较完备的精品集。从我们的现有规划来看，中文版"谢林著作集"也已经有二十二卷的规模，而如果这项工作进展顺利的话，我们还会在这个基础上陆续推出更多的卷册（尤其是最近几十年来整理出版的晚年谢林的各种手稿）。也就是说，中文版"谢林著作集"将是一项长期的开放性的工作，在这个过程中，我们也希望得到学界同人的更多支持。

---

[1] F. W. J. Schelling, *Ausgewählte Schriften in 6 Bänden*, Hrsg. von Manfred Frank, Frankfurt am Main: Suhrkamp 1985.

[2] F. W. J. Schelling, *Historisch-kritische Ausgabe, im Auftrag der Schelling-Kommission der Bayerischen Akademie der Wissenschaften*, Hrsg. von Jörg Jantzen, Thomas Buchheim, Jochem Hennigfeld, Wilhelm G. Jacobs und Siegbert Peetz, Stuttgart-Band Cannstatt: Frommann-Holzboog 1976 ff.

本丛书得到了国家社科基金项目"德国唯心论在费希特、谢林和黑格尔哲学体系中的不同终结方案研究"（项目批准号20BZX088）的支持，在此表示感谢。

先　刚

北京大学外国哲学研究所

北京大学美学与美育研究中心

谢林著作集

神话哲学(下卷)

1842

F. W. J. Schelling, *Philosophie der Mythologie*, in ders. *Sämtliche Werke*, Band XII, S. 350-674. Stuttgart und Augsburg 1856-1861.

目 录 ①

第二卷（续）

第十六讲　弗里吉亚神话中的库柏勒..................5
第十七讲　埃及神话中的奥西里斯－提丰..................21
第十八讲　埃及的一神论宗教..................38
第十九讲　埃及的三个诸神序列..................68
第二十讲　印度神话中的梵天、湿婆和毗湿奴..................91
第二十一讲　《吠陀》的神秘主义和印度的各种哲学体系..........120
第二十二讲　从《薄伽梵歌》看佛教与印度神话的关系...........147
第二十三讲　中国的绝对非神话性在其政治制度中的体现......183
第二十四讲　中国的绝对非神话性在其语言和文字中的
　　　　　　体现..................203
第二十五讲　埃及神话、印度神话和希腊神话之间的关系......231
第二十六讲　希腊神话中的卡俄斯和雅努斯..................254

---

① 以下各讲的标题是译者自拟的。——译者注

第二十七讲　希腊神谱的分期以及神话和神秘学的区别.........280
第二十八讲　希腊神话中的人性因素.........................312
第二十九讲　希腊的整个诸神世界与宙斯的关系...................329

第十六讲
弗里吉亚神话中的库柏勒

为了确保你们已经完全看清楚各个环节的前后顺序（因为发展过程的真正的科学性恰恰就包含在这个顺序里），我希望再简要复述一下这个顺序：

A. 原初环节或第一个环节：最初本原的尚未被克服的而且不可被克服的排他性（中心性），即萨比教。

B. 第二个环节：最初本原的边缘化，同时出现一个可能被克服的对象，即乌拉尼娅。

C. 第三个环节：一个现实的过程，或进行反抗的本原和带来解放的神之间的现实斗争。这里面又区分出三个环节：

 a）第一个环节：现实的克服虽然初现端倪，但总是又被实在的神消灭。这是克罗诺斯的环节（在这里，A^2仅仅相当于克罗诺斯的奴仆），或者说是对于现实的克服的否定；

 b）第二个环节：向着现实的克服的过渡，在这里，实在的神不再只是走向可能的克服，而是走向现实的克服；这就是我们现在所处的环节，也是现在应当加以阐述的环节。在这之后将是

 c）第三个环节，其中包含

aa) 埃及神话，

bb) 印度神话，

cc) 希腊神话。

因此我们现在是来到b) 环节。也就是说，那个执着于实在的神的意识最终被征服了；意识对于带来解放的神的反抗愈来愈虚弱，直到完全放弃自己的顽固性，从此不再仅仅走向可能的克服，而是走向现实的克服。

这个环节的开端以一位女性神祇的再次显现为标志，并且在各个民族的情感里体现为一种粗野的、不能自控的激奋状态的现象，亦即**狂欢**（Orgiasmus）的现象。因为我们在这里是第一次使用"狂欢"这个词语，所以我认为有必要谈谈它的含义。关于ὄργια, ὀργιάζειν, ὀγιασμός等词语的真正起源，并没有一个定论。Orgia所指的是那种粗野的激奋状态体现出的一些具有庆典意义的行为。在宽泛的意义上，这个词语被用来指代一切神秘仪式，甚至被用来指代神秘学本身。ὀργιάζειν的意思是"举行秘仪"，ὀγιασμός的意思是"秘仪庆典"，但尤其意味着它们所伴随的躁狂或神圣疯狂的外在表现。无论如何，狂欢是那位带来解放的神造成的，但狂欢的**根据**或主体，却是那个仿佛已经跌跌撞撞、不能自控、对自己无能为力的实在的本原。在这个状态下，这个本原首先显现为一般意义上的躁动，其次通过一种真正的躁狂行为而表现出来，就此而言，我们可以理解为什么这个词语和ὀργή [愤怒]联系在一起，尤其是我们也可以把《旧约》里的一个平行表述当作佐证，在那里，"服务于另外一些新的神"始终被看作对于最初的和唯一的神的挑衅和激怒。有些人试图从"阻挡"（εἴργειν, arcere）推导出这个词语，认为它的意思是把无关人士阻挡在秘仪之外，但这很明显是一种臆想，而另外一些人试图从"行为"（ἔργα）推导出这个词语，更是完全的废话，因为虽然狂欢的运动和秘仪习俗的进程确实是一些行为，但ἔργα所指的恰恰是一些宗教的、秘仪的、激奋的行为。总而言之，ὀργιάζειν和ὄργια肯定是与"愤怒"（ὀργή）、"激怒"（ὀργίζω, irrito, iram accendo）和"洋溢"（ὀργάω）等联系在一起的词语，最后这个词语本身又与"欲求"（ὀρέγω, appetere）有关，并且派生出"性高潮"（Orgasmus）这个词语，而医生主要用它来标示一切拉紧状态和膨压状态，尤其标示体液的膨压状态。关于这个词语就谈这么多。现在我们转向事情本身和这个环节的意义。

也就是说，意识仅仅在另一个意义上第二次发生转变，而那位在它之内曾经重新作为男性而崛起的神相对于一位更高的神而言，变得柔弱或者说变成了女性。前者（那位曾经占据统治地位的神）之内的**垂死的**男性力量完全过渡到第二位神。这个过渡是以一种粗暴简单的形象方式通过男性的标志亦即阴茎暗示出来的，人们把阴茎悬挂起来，敲锣打鼓四处游行，仿佛把它当作这个环节的胜利标志，以彰显一个凌驾于被征服和被阉割的神之上的潜能阶次。此前的男神相对于更高的神而言不再仅仅是一般地可触及的，而是在概念上已经**现实地**被克服。相对于带来解放的神而言，此前那个僵化的、反抗着的本原本身成为女性本原，因此现在实际上只有带来解放的神才是发挥作用的神，相应地，这里的过渡同样也是以一个女性形态为标志，这就是**弗里吉亚的诸神之母**，她和克罗诺斯的关系恰恰相当于乌拉尼娅和乌兰诺斯的关系。

最近流行的研究神话的方式就是把一切东西都等同起来，这当然是一个非常轻松的做法,因为确实始终是同一个东西在重复自身——但需要指出的是,这个重复处于不同的潜能阶次,处于完全不同的层次,因此意义也发生了变化——,而我们必须反过来提出一个法则,即必须严格区分那些相似的形态,把每一个形态放置到它的特定时间,并且通过这个方式让它们保持距离,这样就不会像那些反其道而行之的人那样让一切东西回归原初的混沌,即神谱所说的一切东西的源头。弗里吉亚的诸神之母(这个名字同时也标示着伟大的**弗里吉亚**民族或弗里哥色雷斯民族在神谱运动中的地位)这位女性神祇和乌拉尼娅是同一位神祇,但处于**各自**的时间。二者之间的区别仅仅是由时间造成的。也就是说,在乌拉尼娅那里,意识让自己成为那位尚未实现的(尚未进入存在的)更高的神的根据,然后乌拉尼娅才生出或孕育了那位神,因此她的现象仅仅标示着神的诞生或孕育的环节。希腊人把弗里吉亚的诸神之母称作库柏勒(Kybele),在她那里,意识让自己成为一位已经**发挥作用**的神的**根据**。简言之,乌拉尼娅那里仅仅是可能性的东西(克服的单纯可能性),在库柏勒这里成为现实性(这里是**现实的**克服的开端和过渡点),而这才是最终的、对于多神论的产生具有决定性意义的奠基(Katabole)。

换言之,库柏勒之所以叫作**诸神**之母,是因为只有伴随着她才得出了真正的多神论的**直接**可能性。库柏勒是那个曾经专注于实在的神的意识的完全反转,现在意识已经现实地降格为一个被动的东西,不再只是有可能被观念的神克服,而是现实地被其克服。

正如刚才所说,库柏勒是magna Deum mater [伟大的诸神之母]的希腊名字。诸神的名字的词源学是一个重要的研究对象,因为只要我们正确理解了这些名字,它们就以最确定的方式揭示出一位神祇的原初意义。在对库柏勒或库柏柏(Kybebe,这是与之同时出现的一个名字)的名字进行词源学解释时,人们最好是从"头"(κυβή)出发,这个词又派生出"低头"(κύβδα)、"翻滚"(κυβιστᾶν),类似于"点头"(κύπτω)或我们德语所说的"翻倒"。也就是说,这个名字已经表达出一种反转,即一个曾经是最高者的东西的倾斜或降落。在库柏勒的名字里,除了"头"(κυβή)之外,也要注意到βάλλω[落下]这个动词。而在库柏柏这个名字的后一个音节里,我们也可以看到βάλλω的古式写法βάω,比如荷马那里经常出现βῆσε δ᾽ἐκ ἵππων[从马背上跌落]的说法。因此库柏柏的意思是quae caput descendere facit[让头低下]。众所周知,库柏勒的仆人叫作"库柏波伊"(Kubeboi),他们在癫狂状态下的低头和摇头只不过是以摹仿的方式表现出神祇本身的这种运动(比如巴力的祭司的一瘸一拐就是这种摹仿的一个更早的例子)。因此这和我们德语所说的"垂头丧气"还是有某种区别。与此相关的另一个词语是καρακίνοι[摇头],由κάρα[头]和κινέω[晃动]构成。库柏柏的追随者叫作库雷特人(Kureten),卢克莱修把他们的这种摇头运动称作capitum numen[以头示意],而numen[示意]在这里和nutus[晃动]是同样的意思。根据斯特拉波的一个解释,库雷特人正是由于这个动作才被称作科律班忒(Korybanten),这个名字来源于κορύπτω[用头去冲顶],即caput jactare[甩头]。[①]简言之,所有这些名字都标

XII, 354

[①] 斯特拉波:《地理志》第十卷,第3章(第473页):ἀπὸ τοῦ κορύπτοντας βαίνειν ὀρχηστικῶς["科律班忒"这个名字来源于这些神圣舞者的特殊头部动作]。——谢林原注

示着一个在面对更高的神时已经变得**动摇**的意识,而且这个意识已经准备完全臣服于这位神。通过这个新的例子,你们可以发现,只要人们正确理解了神话的表述,就会知道这些表述在根本上是一些本真的表述,至少就本真性而言并不亚于许多与形象化和诗意完全无关的表述。比如,当人们谈到一个已经动摇的决定或一个已经动摇的信念时,他们不会认为自己是专门采用了一个诗意的表述。

库柏勒身上的一切东西都暗示着一种降临或descendere[降落]。她是从**山峰**上降临的(因此也叫作"伊达山之母"),正如创造性的自然界本身也是从原初的高山经过丘陵而逐渐下降到平原。自然界的原初状态也是一种普遍的**耸立**(erectio)状态。无论在什么地方,竖直上升的东西都是更古老的,反之水平的东西是更年轻的。当自然界经过动物而在人之内重新崛起,这正是一种**现实**的重新崛起,但已经具有一个更高的精神性意义。原初的高山和丘陵的层次分布虽然也有一些例外情况,但**总的说来**和它们的**年龄**是密切相关的,即首先是竖直的,同时又以或大或小的角度向地平线**倾斜**,仿佛已经动摇,或者说即将坍塌。竖直的状态逐渐过渡到平躺的、水平的状态,后者总的说来更适合于那些最年轻的自然事物。在矿工的一种基于本能的语言里,竖直层次的那种倾斜状态叫作层次的**降落**。如果人们用一种原初流体的逐渐沉淀去解释地球的层积构造,并且认为所有类型的质料都包含着这种以化学方式溶解的流体,那么他们必然会把水平状态看作原初的状态。这样一来,人们当然不能将那些竖直的,同时又向着地平线倾斜的层次解释为**降落**;毋宁说,人们必须假设这些层次是通过一种不可理解的力量而从原初的水平状态变成竖直状态,而据我所知,这确实是一个被普遍采纳的

XII, 355

解释。但自然界的寂静的合法则性拒绝这类粗暴的解释，而且那种降落和地质构造的明显联系根本不可能让我们设想一些单纯机械的、对这些事物而言**陌生的**原因；这些事物的位置是由内在的法则所规定的，而一切证据都让我们相信，它们和地平线构成的角度是和它们本身一样古老的，并且是它们的塑造过程的一个必然环节。当然，正如之前所说，只要人们从流体出发去解释一切东西，并且把这当作唯一的塑造方式，他们就必定会主张一种水平的**产生过程**。但是，既然人们几乎已经普遍承认原初的高山有另外一种产生方式，那么按照一个必然的和不可回避的推论，人们就必须承认那些很晚才产生的冲积山脉也是如此，因为前者到后者的自然过渡和另外许多事实都让我们确信二者的塑造方式是同一个方式。除此之外，真正说来，那种认为一切东西都包含着一种已经溶解的原初流体的观点仅仅是一个幼稚的观点，仅仅是科学的童年时期的观点。人们把地质构造的所有类型的质料都归结为唯一的流体时，以为这样就大功告成，殊不知这根本没有解释任何东西，因为这种流体本身又是需要解释的，但人们很难找到什么方法去解释这个东西。

XII, 356

现在我们回到正题，但这个插叙在这里是最容易得到谅解的。如果自然界的各个时期和神话的前后相继的时间或环节之间一般而言确实体现出一种相似性，那么这种相似性在这里或许是最为明显的。此外我们曾经说过，克罗诺斯是神话的一个无机的时间，但人们不可以把这里所说的"无机物"理解为相对的无机物，即现在的那种已经成为有机物的基础的无机物。那种先行于一切有机物的无机物完全不同于现在那种已经把有机物当作外在的对立面和更高东西的无机物。相对的无机物是和有机物一起同时产生出来的。绝对的无机物则是那个绝对地先行于有机物的时间，那个时候还没有与有机物的斗争，正如真正的原初高山尚未展现出有机物的痕迹，后来出现的群山才在自身之内保留着与无机物作斗争的痕迹。原初的高山仍然耸立在相对无机物的时间之上，正如个体事物本身具有的特性也展现出它们的内在封闭的、充实的、粗糙的、轮廓分明的本质。简言之，相对的无机物不可能先于有机物而出现。相对的无机物是通过一种奠基或per descensum [通过一种降落]而产生出来的；但没有什么东西能够成为**根据**、相对的非存在者或过去的东西，除非同时设定一个东西，让它相对于这个东西而言是根据或过去的东西。

XII, 357　在希腊的诸神历史里，克罗诺斯被设想为一位总是吞噬自己的刚出生的孩子的神。这件事情的终点，就是他并没有吞噬他的孩子宙斯，而是吞噬了**相对的**无机物，即一块裹在襁褓里的石头。克罗诺斯既然放过了相对的有机物，就必须**同时**生产出这种有机物和有机物本身，并且允许后者在它自己的不依赖于无机物的时间里自由地展开**自身**。

　　刚才我们说过，库柏勒身上的一切东西都暗示着一种降临。比如她的第一个形象就是一个从天上掉下的东西（διοπετές）。因为她自己就是一位从天而降的神。只有在库柏勒那里，星辰才完全被克服。直到库柏勒出现之前，那个生产出神话的意识都完全处于天体的影响之下。也就是说，她的**自然的**形象是一块从天上掉下的石头，而这就是那位从天而降的（亦即从普遍的、无限的、不可捉摸的领域降落的）、已经具有确定形态的神祇的自然形象。根据古人的明确证词，佩西努斯的库柏勒像是刻在一块光秃秃的石头上面。正如李维所说，当罗马使团要求把伟大的诸神之母的雕像带回罗马，得到的就是这样一块石头。①就此而言,人们对陨石之类东西的崇拜是基于库柏勒的原初理念,但不能反过来说,是天上掉下的石头导致人们崇拜一些从天而降的诸神形象。

众所周知,就在不久以前,人们又谈到了陨石;但无论是古代著述家和近代编年史的大量记载,还是各个地方保存的陨石(尤其是散布在波希米亚、莱茵河流域和德国的其他地区的陨石),都不能阻止一个自作聪明的时代这样看待这个现象,即把所有这些记载都看作杜撰的故事。在阿尔萨斯的一个著名的村子里,教堂里面就树立着这样一块石头,而许多自命为启蒙主义者的游客却嘲笑善良的当地人,劝他们移走这块石头。但后来人们不得不承认这个事实,并且意识到希腊人和李维所说的埃勾斯-波塔莫斯落下的陨石都不是杜撰的故事,因此又高兴起来。一位名叫克拉德尼②的德国人的贡献在于,他第一次把陨石的下落重新确立为一个物理学**事实**,而这个事实很快在世界各地通过一些新落下的陨石得到证实。在这位物理学家看来,陨石是一种在最初构成星球的时候未被使用的、多余出来的并且始终在空旷的空间里游移不定的天体材料的残余,这个解释和其他类似的解释一样,都是用一些纯粹**偶然的**境况和原因去解释那些重复出现的伟大现象,因此是不值一驳的。③一般而言,人们

XII, 358

---

① 参阅李维《罗马史》,第二十四卷,第11节:Is legatos-Pessinuntem deduxit, sacrumque iis lapidem, quam matrem Deum esse incolae dicebant, tradidit [他带佩西努斯的使团过来,把圣石交给他们,当地人说这块石头就是诸神之母]。——谢林原注
② 克拉德尼(Ernst Chladni, 1756—1827),德国物理学家。——译者注
③ 关于宇宙里面的一种持续存在的多余材料,有一些虚假的证明,其中就包括太阳的**自愿的日食**(如果可以这么说的话)。所有的时代和地方都提到了日食,其中最著名的是阿布尔法拉迪希提到的那次。那个观点仿佛是说,在一个万物都处于持续波动的世界里,太阳本身却不会发生任何变化,不能出现一个现实的日食(来自一份较早的手稿)。——原编者注
(译者按,阿布尔法拉迪希[Gregorius Abulfaradsch, 1226—1286],阿拉伯历史学家)

相信这些陨石的源头是"**大地**"（tellurisch），只不过人们不能像通常那样在偏狭的意义上理解这个词语。当我们说这些陨石起源于大地时，不是针对它们的构成材料，因为这些材料主要是铁和那些与铁相似、构成了绝大多数陨石的主要成分的金属，仿佛是通过蒸发而从地球表面上升到空中，然后通过某些未知的原因从气化状态转变为凝固状态，形成那些陨石。但那些在地球上相距最为遥远的地方落下的陨石，比如摩拉维亚的陨石和北美洲的陨石，其成分和结构上的巨大一致性都反驳了这样一种解释。因此在说到陨石起源于大地时，人们只能补充一点，即这里同时也意味着起源于**宇宙**。真正说来，这些陨石无疑是起源于宇宙。

我们必须承认，人类历史里有一些现象是不能通过**当前的**人类意识里的一些解释理由而加以澄清的，同样在自然界里也有这样一些进程，它们虽然也出现在当前的时间里，但就**原因**而言主要是属于过去的时间，而不是属于当前的时间（通常说来，当前的东西是后来才转变为内在的，正如心脏起初是暴露在外的）。首先属于这类进程的就是火山爆发，如果人们从当前时间的一切力量或物质条件出发去解释这件事情，就注定是徒劳的。那些从地底涌出的温泉同样也是如此，其中有些历经了数千年都保持着同样的温度，而它们的成分虽然为数众多，但始终保持着同样的混合比例，因此我们只能认为，这些温泉起源于一个不再有任何变化、不受当前的偶然情况影响的过去。从它们的化学成分也不能推导出它们施加在生病的有机体身上的那些全新塑造作用或疗效，而这或许也可以证明，它们的热量不是一种外在的（偶然的）热量，而是一种内在的热量，这种热量生产出的生命之热。正是依靠这种生命之热，一切有机生命尤其是动物生命最初才能够产生出来。

我们再回到陨石。其中**展现**出的是一个**普遍的**、宇宙的过程，但这个过程在这里起初只能微弱地显露出来，并且只能作为一种例外现象出现在当前的稳定秩序里，仿佛是一个较早的状态的抽搐痉挛，而那个状态一般而言早就已经成为过去，只能在局部伴随着一些稍纵即逝的现象表现出来。陨石只能在一种强烈的、**炙热的**斗争中产生出来，这一点体现于自然界里面伴随着它们而出现的那种如同战栗一般的独特震动，以及那些处于附近的人所感觉到的脸上的独特灼热，这种灼热看起来是内在激发起来的，而不是传导过来的。而且人们看到，陨石在落下的时候有一个独特的方式，即持续地跃起又重新落下，但始终是笔直地**跌落**。除此之外，这个斗争的血腥程度不亚于有机体和无机物第一次分开时的斗争，这是通过一个无可辩驳的事实得到证明的，即从天上落下的除了真正的石头之外，还有类似于植物和胶体的东西，甚至有血迹斑斑的东西，而这些都是一种有机的撕裂或粉身碎骨的真正产物。[1]当荷马说下面这番话的时候，看起来是何其伟大，即宙斯看到他的忠诚的儿子萨尔佩冬注定要死在特洛亚，从而不得不放弃拯救他：

> 立即把一片濛濛血雨撒向大地，
> 祭奠其忠诚的儿子。[2]

---

[1] 有些陨石，比如斯坦纳的陨石，与那种颗粒性的玄武岩极为相似。其中也发现了橄榄石的颗粒。贝采利乌斯还提到过带有矿物核的冰雹。——谢林原注（译者按，贝采利乌斯［Jöns Jakob Berzelius, 1779—1848］，瑞典医学家和化学家）

[2] 《伊利亚特》第十六卷，第459行。——谢林原注

对于这段文字，希腊的评注家已经指出，这些现象昭示出了自然界的一种同情心，仿佛人类自远古以来就相信并且认为，一些非同寻常的现象会昭示出自然界对于人类苦难的一种感同身受。

当人们把天上落下的陨石当作库柏勒的自然形象而加以崇拜，就证明了这种崇拜的独特地位，也就是说，在库柏勒那里，星辰宗教结束了，仿佛降落到大地，因此库柏勒经常被解释为大地本身，亦即大地女神，但这个解释只有在一个意义上是真实的，即她不再是天空女神乌拉尼娅。在库柏勒那里，此前始终具有精神性的天体接纳了凡间形态和凡间本质。

通过迄今所述，我们主要是以间接的方式表明库柏勒意味着什么；现在我们希望看看她自己是如何呈现自己的，即当她的祭司在庆典游行中带着她的塑像穿越大希腊地区的城市时，她是如何显现出来的。①

在通常的观念里，库柏勒是坐在一辆金属轮子的马车之上，这些轮子标示着那个始终在自身之内运转的运动之丰饶的驱动力量。她显现为**坐着**，这意味着她不再**站立**，而是已经放低身段，因为这里

---

① 库柏勒的祭礼从未出现在真正意义上的希腊，而是仅仅出现在大希腊地区（但在这些地方，她的祭礼的地位低于德墨忒尔的祭礼，后者主要是在西西里岛亦即佩耳塞福涅被劫掠的地方举行的）。正如前面指出的，她的祭礼是从佩西努斯经过加拉太才传入罗马的，但仅仅是作为peregrina religio［外来宗教］而传入。与此相反，她是弗里吉亚人的主神，而弗里吉亚人无疑是小亚细亚内陆地区最古老的民族，并且曾经在一段时间里占据了这个半岛的绝大部分地区。由于她也出现在《旧约》里（《列王纪下》15：13），由此可以看出，关于库柏勒的观念是一个普遍的观念，一个必然的过渡环节。她在那里的名字叫作"米普勒泽特"（Miplezeth），这个名字从词源学来看完全符合我们对库柏勒的名字的解释，但直到现在都被释经者错误地认作普里阿普斯（Priapus）。——谢林原注（译者按，普里阿普斯是希腊神话中的生殖之神，狄奥尼索斯和阿佛洛狄忒的儿子，拥有一个巨大的、永恒勃起的男性生殖器，因此他的名字经常也被当作"阴茎"的代名词）

没有哪一个特征是无关紧要的;她的周围是一些空空的(尚未被占据的)座位,这些座位暗示着那些即将来临的神,而这些座位就是为他们预备的;也就是说,库柏勒已经觉察到自己作为magna Deum mater [伟大的诸神之母]是他们的母亲,因为那个现在完全投入到解放之神的怀抱里的意识确实是一种质料,当这种质料被克服而转化为精神性之后,那些精神性的神就会显露出来。

正如卢克莱修所描述的①,伴随着一种充满神圣意味的华丽的抛撒,库柏勒游行队伍穿越人类居住的城市,在道路上撒满了银币和铜币:

Aere et argento sternunt iter omne viarum.
[他们用铜币和银币铺满了整条道路。]

铜和银是市民社会的最明确的标志。正如在先知的预言里,一些平行的环节发生重叠(比如按照一个预言,圣城耶路撒冷的终结和世界的终结是合在一起的),神话里也有一些对应的环节发生重叠。在这里,三位女性神祇相继出现,其顺序是乌拉尼娅-库柏勒-德墨忒尔。真正说来,乌拉尼娅已经代表着从游牧生活过渡到稳定的居所和农耕生活;但是,正如在后来的意识里,克罗诺斯取代乌兰诺斯成为黄金时代之神,在后来的宗教里,库柏勒也取代乌拉尼娅成为农耕生活和市民社会的奠基者,而在更后来的宗教里,这个位置又被德墨忒尔占据。那些撒满道路的铜币和银币的意义就在于此,这

---

① 卢克莱修:《物性论》第二卷,第626行。——谢林原注

标示着市民社会的发展已经达到一个更高的程度（从城市规划到城墙封顶）。抛洒的玫瑰花（这同样是人类文明的标志）落在游行队伍和周围的道路上面：

> Cinguntque rosarum
> Floribus, umbrantes matrem comitumque catervas.
> [玫瑰花如阵雨般
> 飘落，遮蔽着母亲和她的护卫队。]

走在前面的领队扛着锐利的武器，这象征着与市民社会的产生必然联系在一起的战争以及通过战争而获得的战利品。至于游行队伍本身，则是安静地穿过人群，正如卢克莱修所说：

> Munificat tacita mortaleis muta salute.
> [默默地为人类带来无声的祝福。]

也就是说，游行队伍本身是沉默的，因为他们完全投入到寂静的神的怀抱里。但接下来，为了激发起神圣的癫狂，或者说为了掩盖意识对于多神论的最终畏惧和垂死挣扎，一种粗野的、撕心裂肺的狂躁音乐让队伍乱作一团，这种音乐伴随着轰鸣的鼓声、尖锐的铙钹声、阴森的号角声和弗里吉亚笛子的刺耳音调，而人们现在都还在使用同样一些工具，以便让那些进行残忍的殊死搏斗的战士进入一种丧失理智的状态。

正如在这里，那个仍然始终执着于统一体的意识应当遭到压制,有一个特别的希腊神话也叙述道,在宙斯——自由的、精神性的诸神的王国是和他一起产生出来的——诞生的时候,克里特岛的库雷特人(他们也出现在库柏勒的游行队伍里)聚集在强忍分娩痛苦的瑞亚周围,通过敲锣打鼓,通过手持武器的狂放舞蹈,用金属制的长矛和盾牌的相互敲击制造出巨大噪音,而这种噪音的唯一目的是让那位狡猾多疑的、醉心于自己的唯一性和普遍势力的克罗诺斯昏昏沉沉,没有注意到瑞亚已经生出孩子,并悄悄将其调换。① 克罗诺斯恰恰就是那个多疑的意识本身,它充满焦虑,企图保留一位唯一的、独揽神性的神。那些最终陪伴着库柏勒的已阉割的祭司是所谓的加利人(Galli),当他们在一种躁狂的迷醉状态中做出自残的举动,也仅仅是在重复神自己遭受的阉割。因为在弗里吉亚人的观念里,这个过渡是通过一位女性神祇(即在随后的环节里重复出现的乌拉尼娅)呈现出来的,而在希腊人的观念里,这个过渡却是通过此前占据统治地位的神遭到阉割而呈现出来的。但弗里吉亚人的观念里也有一个遭到阉割的精灵,即阿提斯(Attis)——当神不再是占据统治地位的神,就是精灵,而只有两种东西才是精灵:要么是一位尚未获得神性、单纯未来的神,要么是一位过去的神,而在被征服的第一个环节里,神就降格为一个单纯的精灵;简言之,一个已阉割的精灵与库柏勒处于直接的关系中,而**库柏勒本身仅仅是已经女性化**的克罗诺斯,因此按照一个肯定最古老的希腊传说,克罗诺斯阉

XII, 363

---

① 斯特拉波《地理志》第十卷,第3节(第468页)指出:Ἐκπλήξειν ἔμελλον τὸν Κρόνον, καὶ λήσειν ὑποσπάσαντες αὐτοῦ τὸν παῖδα [目的是让克罗诺斯昏昏沉沉,以便调换他珍贵的孩子]。——谢林原注

割了乌兰诺斯,宙斯也阉割了克罗诺斯。①

关于过渡的环节就说这么多;我已经充分表明,库柏勒从她的所有属性来看不仅属于这个环节,而且是这个环节的**标志**。因为直到目前为止,都始终是一种相对的一神论,而克罗诺斯也仍然是一位排他的神。但从库柏勒开始,没有什么东西能够阻止向着最终环节的过渡,在那里,整个具有决定性意义的多神论爆发出来。于是我们将首先接触到那样一些神话,它们不但接纳了早先的全部环节,而且补充了最终的环节,即那个进行反抗的本原被彻底征服。正如已经指出的,这些神话就是**埃及**神话、**印度**神话和**希腊**神话。

---

① 吕克弗隆《残篇》v. 761。参阅《阿波罗志注疏》(*Scholia ad Apollonium*),《阿尔戈人》第四卷。——谢林原注(译者按,吕克弗隆[Lycophronides],公元前3世纪的希腊抒情诗人)

第十七讲
埃及神话中的奥西里斯-提丰

在早先的发展过程里,乌拉尼娅标示着意识的那样一个环节,这时候实在的神一般地承认了相对精神性的神①,允许后者进入存在。克罗诺斯标示着随后的排他性环节,也就是说,实在的神虽然没有把观念的神从存在排除出去,但仍然把后者从神性排除出去,自己独占神性。库柏勒标示着向那样一个环节的过渡,在那里,盲目的神也让观念的神分享**神性**,这样二者就不再像从前那样置身于分裂的意识里,而是在同一个意识里共存,并且实际上仅仅是同一位神。但潜能阶次的这种等同并不意味着二者之间的对立和张力也立即被扬弃了,而是指虽然实际上只有同一位神被设定,但这位神**同时**发生双重化,自己与自己处于矛盾关系中。二者不再排斥彼此,但结果不是对立被**扬弃**,而是提升为**矛盾**。按照我们迄今推演的整个过程,**必须**出现这样一个环节,在这个时候,两个潜能阶次(克罗诺斯和狄奥尼索斯)对意识而言是这样等同起来的,即同一位神一方面显现为实在的神(克罗诺斯),另一方面显现为观念的神(狄奥尼索斯)。如果

---

① 我之所以把他称作相对精神性的神,是因为他与非精神性的神作斗争。——谢林原注

我们想要揭示出这样一个环节的存在，如果我们想要在神话里面找到一个在完全矛盾的情况下同时是克罗诺斯和狄奥尼索斯的形态，那么**埃及神话的主神奥西里斯−提丰**就是这样一个形态的最明确的体现。我们寻找的就是这位神，他代表着意识的那个完全独特的状态，即意识虽然已经把更高的潜能阶次接纳到自身之内，但仍然始终依附于最初的潜能阶次。由此可见，我们现在一般地已经进入埃及神话的领域。

我在这里并没有把奥西里斯（Osiris）和提丰（Typhon）分开来谈，而是将其合称为"奥西里斯−提丰"。对此人们可能会反驳道，在埃及神话里，奥西里斯和提丰总是被当作两个单独的人格性来看待，并且有各自的名字。不可否认，这是所有**晚近**的著述家的观点，并且在某种意义上甚至也是古代著述家的观点，但我们在这整个研究中没有必要总是听从著述家（尤其是晚近的那些有名有姓的著述家）的阐述，而是必须亲自搜寻一些直接体现出每一个民族的意识和观念的原初特征，并且按照这些原初特征去评判意识在每一个环节里的真实状态，而我随后就可以依据这样一些特征表明，奥西里斯和提丰在埃及人的观念里是如此之混乱，以至于我们只能假定，这两个潜能阶次在埃及人的原初意识里仿佛是uno eodemque loco [位于同一个地方]，位于同一个位置，因此它们实际上仅仅是同一位神。但为了能够合理地证明这一点，我们还是必须首先单独考察每一个潜能阶次，即首先考察奥西里斯**本身**，然后考察提丰**本身**，这样就可以确凿无疑地表明，奥西里斯**本身**是一位善意的、善良的、友善的神，而希腊人归之于狄奥尼索斯的所有那些善行（尤其是促成了向着人类生命的过渡，与早期时间的那种与动物相似的生命相对立），也归之于奥西里斯，因此希罗多德也把奥西里斯直接称作埃及人的狄奥尼索斯。至于提丰，同样毋庸置疑的是，埃及神话独有的这个形态就其最终根据而言就是提丰**本身**。按照普鲁塔克的描述，提丰完全是一个让一切东西干枯、吞噬一切东西、类似于火的本原。①在他的统治下，沙漠深处刮着灼伤一切东西的热风；他的另一个住所是同样荒凉的大海；沙漠和大海之间的长着植物和点缀着农田的埃及是人类从提丰那里赢来的一块土地。献祭给他的动物是野驴（Onager），因为《旧约》也把野驴看作沙漠里的代表性动物，因此野驴这个名字已经成为所有野生动物的代名词。诚然，普鲁塔克也说过，驯服的驴子由于其顽冥的、古怪的、倔强的本性而成为提丰的动物；但从结局来说仍然是一样的，即驴子始终暗示着提丰的那种反抗着的、倔强的本性。如果抽象地看，亦即在完全不考虑奥西里斯的情况下，提丰就是一种使一切东西枯萎，亦即使一切东西保持在荒凉和空虚状态下的力量，一种敌视自由而独特的生命的力量。

XII, 366

尽管如此，提丰不是这种普遍意义上的本原，毋宁说，他作为人格性是一个**特定的**环节的本原：从普遍的概念来看，提丰和腓尼基人的克罗诺斯基本上是同一个东西，但他是**埃及的**克罗诺斯，也就是说，他已经遭遇一种更高的光明（精神性的神），因此仿佛已经处于临死前的抽搐，但仍然坚持着自身。诚然，从我们的推演会自然地得出一个结论，即提丰与前一个环节的克罗诺斯是直接相关的，

---

① 普鲁塔克在《伊西斯和奥西里斯》第33节里这样说提丰：πᾶν τὸ αὐχμηρὸν καὶ πυρῶδες καὶ ξηραντικὸν ὅλως καὶ πολέμιον τῇ ὑγρότητι [他让一切东西干枯、炽热和干旱，并与湿气相对抗]。——谢林原注

而身处各方的民族的这些神祇的普遍性格的这种同一性也已经以最明确的方式证明了我们的整个理论,即这些神祇不是一些偶然的概念,而是普遍的概念。但把提丰拿来与克罗诺斯做比较的做法并不是我的发明。普鲁塔克已经意识到了这一点,因为从那个重要的引文可以看出,他认为克罗诺斯的某些残暴行为与奥西里斯和提丰的经历没有什么不同。①

因此,如果我们暂时专注于这个概念(提丰等同于埃及的克罗诺斯),并且把这位来自早先环节的神始终看作克罗诺斯(因为我们已经赋予这个名字一个更普遍的意义),我们就会发现他不是一位**原初地**存在着的神,而是一位仅仅从潜能中显露出来,不应当存在着的神,而当他按照必然的推进过程把一位精神性的神接纳到自身之内,就必定会最终完全退回到自身之内,退回到潜能,从而在放弃自身的情况下设定一位原初地是精神(A^3)的神。但这个更好的意志面临着另一个执着于盲目存在的意志,这样一来,那位迄今为止都是单一体的神,那位既不是奥西里斯也不是提丰,而是克罗诺斯的神,就成为奥西里斯-提丰。

处于这个结合中的奥西里斯表达出了一个对意识提出的要求,即意识不应当完全放弃那位相对于原初规定而言已经实在化的神,而是应当将其设定为纯粹的潜能或纯粹的主体。假若这位神已经返回到不可见的隐蔽世界,他就是一位**善良的**神,并且在他的自身放弃中,在他的咽气中,让位于第三位**应当存在着的**神。假若是这样的话,原初意识就得以重建了。但意识还不能满足这个要求,实在的本

---

① 参阅谢林:《神话哲学》(上卷),第302页,注释2。——原编者注

原仍然过于强大,因此当意识企图设定真正的、精神性的神时,非精神性的神就加以阻挠,重新给神披上质料性的形态,通过这些形态,更好的意识所追求的统一体实际上就重新被摧毁了。现在,如果意识的这个追求精神性统一体的更好部分叫作奥西里斯,那么正如埃及人所说的,通过提丰(实在的神)的相反作用,奥西里斯就被撕碎了,意识的统一体被撕裂为许多形态,又因为这里不像萨比教里只有一个潜能阶次,也不是只有两个潜能阶次,而是同时有**第三个**——将二者合为一体的——潜能阶次,而且全部潜能阶次都交织在一起,所以那些形态只能是动物的形态,或至少只能是**半人的**形态。和在自然界里一样,基于同样的理由,只要第三个潜能阶次加入进来,动物的生命就开始了。每一个动物,作为独立的、自身封闭的、整齐有序的整体,作为完满的个体性,都仅仅是那个最终在人身上显现出来的最高统一体的扭曲的形象或simulacrum [肖像]。我相信埃及诸神的完全动物形态或单纯的半人形态是众所周知的,而诸神在这里显现出来的动物形态已经足以证明我们为埃及的诸神学说找到了正确位置。至于我们的推演过程对于这些半人形态或完全动物形态的解释,接下来我还会在一个更开阔的语境里加以讨论。虽然依据我们的那个与自然界完全平行的推演过程,在某种程度上已经自然而然地得出这个解释,但对我们来说同样重要的是,能够通过古代的一些在字面上吻合的陈述本身去证实这个解释。

XII, 368

  一方面看来,埃及神话的多神论在其自身之内明确地呈现为善神奥西里斯被撕裂或撕碎(διαμελισμός, διασπασμός)。普鲁塔克明确指出,出于对提丰的**畏惧**(τὸν Τυφῶνα δείσαντες),仿佛为了隐藏自己(οἶον κρύπτοντες ἑαυτούς),当诸神——我们可以说,这就是那个想要在自然界里显露出来的精神——看到那个吞噬一切东西、在它面前（prae quo）没有任何个体东西能够生存的本原重新崛起，就仓惶化身为白鹭、狗、苍鹰等等。①但从另一方面看来，这种撕碎同样可以被看作提丰本身的撕裂和垂死挣扎，比如普鲁塔克在他的论著《伊西斯和奥西里斯》——基于最新的研究，我认为这是一部极有价值的著作，尽管我在这里只能公布这些研究的部分成果——里谈到埃及诸神是奥西里斯的碎片之后，马上又补充道："提丰的已撕裂的灵魂存在于动物之内。"正如你们看到的，这些说法从任何别的观点来看都是一个矛盾，但从我们的观点来看却很容易解释，因为不管怎样，那个实在的、敌视精神性生命的本原在这个斗争中也被撕裂了，而这个环节确实呈现出那个邪恶精灵或畏惧本原的最终抽搐，呈现出实在本原的真正的垂死挣扎。实在本原的这种死亡**应当**是一种激烈的、与斗争结合在一起的死亡，不是一种平静的、安静的死亡，而是一种明确表现出来的，cum ictu et actu [伴随着搏斗和行动]的死亡，这样意识才能够明确地把精神性的神**设定**为这样的神，而如果没有实在的神的垂死挣扎，这是不可能的。

我们在**客体**（这个环节的神）那里已经证实的同样一些直接的矛盾，也出现在意识里。卷入这个斗争的意识一方面已经偏向于精神性的神亦即奥西里斯，但另一方面仍然忠于实在的神，甚至依赖于后者——这个仿佛把两位不共戴天的神结合起来的意识是通过**伊西斯**（Isis）而呈现出来的。按照一个传说，伊西斯是奥西里斯的妻子，她因为丈夫被提丰撕碎而嚎啕大哭，然后到处寻找丈夫的残

---

① 普鲁塔克：《伊西斯和奥西里斯》，第72节。——谢林原注

肢，希望把它们重新拼接起来。但按照另一个传说——虽然这个传说仅仅出现在一位基督教著述家尤利乌斯·菲尔米库斯那里，但这不可能是他发明出来的，毋宁说这仅仅表明他掌握了一些现在已经失传的文献材料——，伊西斯其实是奥西里斯的妹妹，提丰才是她的丈夫，而奥西里斯仅仅是她的情人，这种奸情（正如你们看到的，这种对于最初的丈夫的背叛是一个很早就已经出现的特征）引起了提丰的嫉妒和愤怒（最初的神的这种嫉妒同样是一个众所周知的形象），最终才导致奥西里斯被撕碎。① 如果我们必须设想，神话意识不是静止的，而是不断推进的，如果我们必须假设，神话意识规定自己仅仅以渐进的方式达到一个观念，并最终止步于此，那么我的如下主张看起来就是与事情的本性相吻合的，也就是说，那个认为奥西里斯仅仅是伊西斯（即意识）的**情人**，而提丰是伊西斯的丈夫的观念，其表达出的是一个更古老的乃至最古老的关系。神话意识的这些不同的**说法**，每一个都让别的观点或推演方式陷入疑难和困窘，却完全证实了我们的观点或推演方式。假若这些传说是由一个虽然还不太清楚，但就其**本原**而言自由的思维所发明或生产出来的，那么最初的发明者肯定不是以两种方式去叙述，而是以唯一的方式去叙述；后人也没有胆量去改动这些传说，因为他必定害怕改动会推

XII, 370

---

① 这段记述（《论异教宗教的谬误》第406页）是这样的：Isis soror est, Osiris frater, Typhon maritus; is cum comperisset, Isidem uxorem incestis fraris cupiditatibus esse corruptam, occidit Osirim, artuatimque laceravit. - Isis, repudiato Typhone, ut et fratrem sepeliret et conjugem, adhibuit sibi Nephthem sororem socium et Annubin [伊西斯是妹妹，奥西里斯是哥哥，提丰是丈夫；当他发现妻子伊西斯被她的乱伦兄弟的情欲玷污之后，就杀死奥西里斯并将其撕成碎片……伊西斯与提丰决裂之后，为了埋葬她的哥哥和情人，选择了她的妹妹奈芙蒂斯（这在别的传说中是提丰的妻子的名字）和阿努比斯作为她的伴侣]。——谢林原注

翻整个**意义**。但如果人们假定意识自身之内有一个必然的（一个不依赖于**个人的**任意观念的）关系，那么这些不同的叙述就解释得通了，因为它们在整体上终究保留着那个根本关系，不会自己推翻那个关系。

也就是说，在单纯的叙述里，自由的观念确实已经发挥着某种作用。对于当前的整个研究而言，我们必须坚持一个重要的区分：一件事情是神话观念的内在的**生产**，这是一个必然的生产，另一件事情是对于这个观念的言说，而这是一种自由的言说，虽然它是由那个内在的生产所**引导**的。无论什么时候，言说都仿佛是一种翻译，亦即把**内在的**洞见翻译为外在的呈现，而这种翻译总是掺杂着自由，因此如果有许多不同的版本产生出来，这就不足为奇了，更何况只要在意识之内设定了一个斗争，其中也就有一种必然的相继性，也就是说，同一个意识在一个较早的环节里以排他的方式与一个本原结合在一起，但在一个较晚的环节里已经倾向于另一个本原（与之偷情），而在一个还要更晚的环节里，它甚至看起来是从一开始就以排他的方式（亦即通过婚姻）与后一个本原结合在一起。如果人们在面对这些传说时注意到内在的进程和内在的关系，就会知道如何合理地论证和解释那些矛盾；比如他们会发现，伊西斯、奥西里斯和提丰之间的关系在根本上确实可以用两种同样真实的方式言说出来。除此之外，这个例子也表明，那个被挟裹在神话的发展过程中的哀怨意识是如何不由自主地（就此而言天真地）认为那些原本最为神圣的神祇之间有**大量**偷情、通奸、乱伦之类事情，而无论是基督教教父还是早期的哲学家（比如柏拉图），更不要说近代的道德主义者们，都基于这些事情而对那些神祇严加谴责。人们不应当假设，那些单纯**发明**这类事物的人和后世的评判者具有不同的道德判断或道德情感；他们根本没有发明这类事物，而且人们**绝不**应当假设，整个民族或绝大部分人类会发自内心地赞许**这样**一类自由发明的观念。

意识的同样一些矛盾在一个更为错综复杂的传说的其他特征里也体现出来。按照另一个传说，提丰的妻子叫作奈芙蒂斯（Nephtys），而奥西里斯则是提丰的弟弟（那些彼此等同的、平行存在的神祇总是被设想为兄弟姐妹的关系），而且据说奥西里斯和奈芙蒂斯是因为犯了**错误**才生出另一位埃及神祇，即阿努比斯（Anubis），对此我在后面还会加以解释。这个错误是非常自然的，因为伊西斯和奈芙蒂斯之间的关系完全相当于奥西里斯和提丰之间的关系。真正说来，伊西斯是伊西斯-奈芙蒂斯（因为伊西斯就是那个同时隶属于奥西里斯和提丰的意识），正如奥西里斯是奥西里斯-提丰。意识还不能区分这两个潜能阶次。因此，正如在前面提到的传说里，提丰的妻子伊西斯与奥西里斯之间存在着私情，在另一个传说里，提丰的妻子奈芙蒂斯与奥西里斯之间也存在着私情。这些矛盾恰恰表明，意识在很大程度上仍然觉得自己依赖于实在的神，对意识而言，这位神与善良的、精神性的神完全混淆起来，并且取代了后者的位置。

XII, 372

意识的迟疑，伊西斯在面对提丰时的懦弱，也体现于整个传说的结局。因为当奥西里斯和伊西斯的**本真**的儿子最终完全打败了提丰并将其生擒，是伊西斯重新释放了提丰，解开他的枷锁，以至于人们搞不清楚早先那些环节里的伊西斯理论究竟适用于谁，是适用于被撕裂的奥西里斯呢，还是适用于失败的提丰。

尽管如此，一个最重要的事实还是被保留下来，即那个标示着埃及意识的主要事件，那个 διασπασμός [撕碎]，既被看作奥西里斯的撕碎，也被看作提丰的撕碎。为了完全澄清这一点，请你们思考以下情况。

毫无疑问，从所有已经提到的属性来看，奥西里斯本身就是相对**精神性**的潜能阶次，即我们所说的 A^2。但他不再单独**作为**这个潜能阶次出现在埃及意识里。因为他不再像过去那样与 B 对立，被其排斥，毋宁说，B 已经把这位更高的神接纳到自身之内。因此，虽然在某种意义上意识里面只有 B，但这个 B 不再是纯粹的 B，而是一个已经被 A^2 现实地予以克服的 B，一个已经等同于 A 的 B。就 B 屈服于神而言，它本身就是 A——只有当它是 B，它才不同于作为 A^2 的神，但当它从 B 转变为 A，亦即回到原初的隐蔽状态或潜能状态，它本身就是 A，也就是说，不再是一个**不同于** A^2 或与之对立的东西：就此而言，它在自身之内就是奥西里斯，或者说等同于奥西里斯。在那个事件里，在埃及诸神学说的那个**基本**神话里，谈到的仅仅是这位不再在 B 之外，而是在 B 自身**之内**被设定的奥西里斯。只有当 B 是 A 亦即是奥西里斯的时候，才会被撕碎，因此是奥西里斯被撕碎。但这个撕碎神话仅仅是一个开端，仅仅是埃及神话的基础和出发点，而这是我们必须首先理解把握的一个点。如果这个环节是斗争和矛盾的环节，意识就**不可能**止步于这个环节，而埃及意识同样不可能止步于这个开端。只不过这个后来发展出的、补充进来的东西很自然地更多具有一种自由的洞见和更高的认识的特征，而这种更高的认识虽然不是专属于一个脱离民众的阶层，但主要还是掌握在这个阶层手里，因此这个补充进来的东西愈是远离开端，就愈是显现为一种祭司智慧。这一点在埃及尤其是可以期待的。

在这个发展过程里，第一次提到了作为一种特殊知识的**祭司**知识。**纯粹的**神话观念并非如许多学者（尤其是法国学者）以为的那样是祭司的发明；它们是通过一个贯穿整个人类的必然过程而产生出来的，在这个过程里，每一个民族都有自己的特定地位和特定角色。这个过程的直接产物活在整个民族里面，并且是全部民族的共同财富。但我们同时也把神话过程规定为神谱过程，也就是说，通过这样一个过程，原初意识应当被重新制造出来或建构起来。过程，或者说诸潜能阶次之间的张力，仅仅是中介或**道路**，而目标则是原初**统一体**亦即一神论的重建，因为一神论是伴随着人的本质而被设定的，它必须扬弃自身，以便从潜在的或质料性的一神论转变为现实的、**被认识到的**一神论。因此，当神话过程第一次达到这个目标，很自然地会出现一个更为自由的意识，少数**尤其**知悉这个目标的人也会凌驾于民众之上。在那些早期宗教里，我们很少看到这样凌驾于民众之上的祭司。从一切迹象来看，巴力的祭司相对于民众而言的地位并不比今天的部分希腊教会的祭司高多少。远古时代没有哪一个国家像埃及一样拥有一个如此睿智的，同时又强大的祭司阶层。尤其是没有哪一个国家像埃及一样由于一种秘密的，亦即并非每一个民众都可以接触的智慧而广受赞誉。哪怕是发展程度高得多的印度，也不像埃及那样长时间服从于一个占据决定性地位的祭司阶层。虽然自古以来国王都是从军人队伍里挑选出来的，但他仍然必须首先参悟祭司的神秘学，然后才能够从祭司的手里接过王冠。许多形象的描述表明一位法老就是以这个方式接受祭司的加冕。此外还有一件事情拔高了祭司阶层在埃及的权力和意义，这就是希罗

XII, 374

多德所说的，在一切凡人里面，是埃及人首先宣教人的灵魂是不朽的。当这种学说以如此绝对的方式表达出来，就已经超越了**单纯神话式的**、仍然局限于神话的意识的范围。尽管如此，终究是神话运动把埃及人的意识导向这种学说。

埃及的诸神学说之所以看起来混乱不堪，只不过是因为人们没有能力去区分埃及意识的不同结构，不能区分诸神的不同时代（虽然希罗多德已经非常明确地把它们区分开），随之不能揭示出诸神的先后顺序。我们希望借助于我们指出的那些前提可以更好地做到这一点。

埃及神话的基调是**斗争**；但意识不可能止步于那个伴随着奥西里斯–提丰而设定的矛盾；意识必须做出决断，它必须来到一个点，在那里，提丰或提丰因素被完全克服了，B完全转化为A；这位转化而来的神，这位完全摆脱了提丰因素的神，本身就等同于纯粹的奥西里斯。他之所以等同于奥西里斯，是因为他已经回到他的原初的非存在，回到了潜能。但这位本身转变为奥西里斯的提丰仅仅是通过斗争而被设定的；他不是**原初地**就隐蔽着的，而是从可见世界返回到隐蔽世界和不可见世界，也就是说，他是一位伴随着斗争才**逝去的**，仿佛本身已经死去的神。正因如此，他不可能显现为一位原初地非存在着的神，而是只能显现为一位**不再**存在着的神，他虽然不再是当前的存在着的世界的神，但也不是无，而是统治着不再存在着的东西——逝去的东西——，统治着死者。[①]

简言之，通过一个自然的推进过程，从奥西里斯–提丰的理念很

[①] 普鲁塔克：《伊西斯和奥西里斯》，第61节。——谢林原注

自然地得出和产生出作为阴间统治者的奥西里斯的理念，而作为阴间统治者，奥西里斯已经隶属于一个更高的、更具有隐秘因素的意识，但人们没有必要把这种隐秘因素与那种秘密的、对民众隐瞒的东西联系在一起。因为作为死者的统治者的奥西里斯出现在大量形象化的呈现里，比如死者的石棺上，那些和木乃伊放在一起的纸莎草卷的边缘，甚至神庙的墙壁上，都有他的身影；希罗多德对这件事情显然感到非常诧异，因为他一方面已经认识到奥西里斯和狄奥尼索斯的同一性，另一方面又知道在希腊，出于一些现在不便细说的原因，显白的东西和隐秘的东西已经分道扬镳了，只有神秘学或哲学才宣讲狄奥尼索斯是阴间的统治者这个秘密学说。比如赫拉克利特说：Ἅδης καὶ Διόνυσος ὁ αὐτός [哈得斯和狄奥尼索斯是同一位神]。[1]因为希腊神话也包含着一个点，在那里，曾经被认为是**某一个潜能阶次**的狄奥尼索斯位于全部潜能阶次之内。现在，实在的神已经重新等同于自身，但正因如此，他同时也回到隐蔽世界，回到不可见的世界（这恰恰是阴间），现在他**本身**就是奥西里斯，而伊西斯则是作为另一位统治者跟随他进入非存在的王国，在她那里，**也**克服了对于提丰的依赖性，但绝不是消灭了这种依赖性。意识对于这个过分要求的抵抗也走向现实的死亡，过渡到非存在，亦即不再执着于实在的神本身。因为这位神现在是一位不可见的、隐蔽的神，他并非单纯地或绝对地就是如此，而是从可见的世界回到不可见的世界，因此不同于那位原初地不可见的神，比后者具有更多的规定性。简言之，伊西斯和奥西里斯共享阴间的统治权。但如果要让实在的

XII, 376

---

[1] 普鲁塔克：《伊西斯和奥西里斯》，第28节。——谢林原注

神离开可见的世界走向阴间，就必须把他的位置留给另一位神，但不是留给第二位神（因为他仅仅是中介者或一个起中介作用的潜能阶次，仅仅让第一位神为他而死，然后在他之内活着），而是仅仅留给第三位神，这位神从一开始就注定要拥有这个位置，而他现在作为伊西斯和奥西里斯的儿子，是上界的统治者和当前时间的国王；他的名字叫作**荷鲁斯**（Horos）。由此可见，这位神祇是如何作为一位必然的神祇而从原初充满矛盾的和混乱的埃及意识里显露出来。

不止是我谈到这位荷鲁斯（因为他的情况符合那些先行的概念），古人同样宣称他**代理**奥西里斯进行统治，而且把他当作仅仅在另一个新的形态下复活的**奥西里斯**本身而加以祭拜，以至于现在一切都是奥西里斯，仅仅处于不同的形态而已。普鲁塔克说：ὁ δὲ Ὧρος οὗτος αὐτός ἐστιν ὡρισμένος καὶ τέλειος [荷鲁斯本身是有规定和有目的的]。对于ὡρισμένος [有规定]这个词语，可以有两种解释：1）要么荷鲁斯已经被预先规定为他所应当是的东西；2）要么荷鲁斯自己限定自己，从而是绝对地受到限定的。因为在概念的序列里，第一个概念和第三个概念是同一个概念，但第一个概念作为纯粹的能够存在，就其本性而言是不受限定的，即τὸ ἄπειρον [无定]，quod definiri nequit [不可界定的东西]，因为它既是也不是它所是的东西，而第三个概念**也**是纯粹的能够存在，是精神，但却是**作为**精神而被设定的精神。在这里，"作为"是一个界限，它阻止一个东西越过自身，变得与自身不等同。第一个东西（无规定的能够存在）就本性而言包含在第二个东西之内，但第三个东西就本性而言是包含在它自身之内。第一个东西是无规定者，第二个东西是规定者，第三个东西才是自身规定者。正因如此，ὡρισμένος [有规定的]这个词语也意味着常驻者、稳定者、不再变化者，而这恰恰是**终点**，或者说是一个真正的、现实的终点的东西。但**真正的**终点始终仅仅是一个从一开始就应当存在的东西。同一个概念也通过完满者的另一个谓词 τέλειος [有目的]表达出来，这也是普鲁塔克在那个文本里对荷鲁斯的称谓。任何一个正直的人都会承认，这些形态本身就从属于我们当作出发点的那些最初的概念，这些本身就具有真理，既不依赖于那些形态本身，也不依赖于任何历史学研究。因此这种契合不可能是一种偶然的契合，毋宁恰恰证明那些最初的概念确实包含着神话的解密钥匙（当然，也包含着另外许多东西的解密钥匙）。虽然普鲁塔克根本不懂得哲学概念的顺序和关系，但他还是用那些谓词去描述荷鲁斯。

  此外我希望借这个机会谈谈一件事情，它虽然与荷鲁斯的特征有关，但更主要的是能够让我们理解埃及**方尖碑**的意义，因为方尖碑主要是献祭给荷鲁斯，以至于有时候在一段象形文字里，正如商博良①已经证实的，并没有出现荷鲁斯的其他象征或以字母书写的名字，只有方尖碑。除此之外我已经指出，从起初的观念一直到荷鲁斯的这个最终完成或最终实现已经属于一个特殊的意识，而不是属于一个普遍的意识。我们甚至可以通过许多事实证明，荷鲁斯理念是某种后来产生出来和添加进来的东西，是某种起初保存在秘密里，或只能以秘密的方式说出来的东西；至少我们可以表明，这个理念

XII, 378

---

① 商博良（Jean-François Champollion, 1790—1832），法国历史学家和语言学家，埃及学的奠基人，在破译埃及象形文字方面发挥了重要作用。——译者注

是逐步显露出来的。

刚才我已经提到，阿努比斯是奥西里斯和奈芙蒂斯（提丰的妻子）在犯错误的情况下生出的儿子。也就是说，阿努比斯是奥西里斯的非本真的（通过奸情或犯错而生出的）儿子，而荷鲁斯则是真正的、本真的儿子，因此普鲁塔克也认为二者是相互对立的。①换言之，阿努比斯是荷鲁斯的一个临时的、仿佛尚未得到承认的、不合法的现象。只有在后来的希腊神话里，我们才会看到这样一些晦暗现象完全清晰地作为诸神显露出来。虽然我把阿努比斯称作提丰时间之后的荷鲁斯的第一个现象（因为未来的东西总是已经在先行的东西里显现出来），但这个说法并不意味着阿努比斯和荷鲁斯是**同一的**；二者不是同一的，因为阿努比斯仅仅是未来的、精神性的荷鲁斯的一个预兆，他在质料里（因此他是奈芙蒂斯生出的）是什么，荷鲁斯在纯粹的精神性里就将是什么。

垂死的、即将逝去的奥西里斯把仍然是婴儿的统一体之神荷鲁斯放到伊西斯的怀里，而荷鲁斯的使命是在一个更高的精神性意义上去重建奥西里斯在实在的意义上不能坚持的统一体。荷鲁斯作为伊西斯怀里的婴儿是最常见的形象化呈现之一。通过一个最简单的象征，作为婴儿的荷鲁斯呈现为一个未来的、必须首先成长起来的统治者。普鲁塔克说，"年长的荷鲁斯"（ὁ πρεσβύτερος Ὧρος），亦即成年的荷鲁斯，在埃及语里叫作 Ἀρούηρις [阿努厄里斯]。荷鲁斯的这个名字的埃及语发音得到了商博良的证实。也就是说，荷鲁斯是成年的神的名字。与此相反，还没有茁壮成长并完全掌握权力

XII, 379

---

① 普鲁塔克：《伊西斯和奥西里斯》，第38节。——谢林原注

的荷鲁斯是通过希腊人所说的童神**哈尔波克拉底**(Harpokrates)这个特殊形象呈现出来的。按照一个埃及语或科普特语的词源学,哈尔波克拉底被解释为腿脚柔弱,还不能行走的荷鲁斯,pedibus aeger sive impeditus [腿脚生病或者有残疾]。①后面我们还会看到,"不能**行走**"是一个象征性标志;这里只需提到阿米克拉的阿波罗神像,他的双腿同样是以这样的方式卷在一起,以至于不能移动和行走。与这个词源学相一致的,是麦地那-阿布神庙西北方向的一座哈尔波克拉底神像,他的双腿彼此交叉,穿着紧促的贴身长裤。因为古代艺术(包括埃及艺术)经常是借助于一些如此简单或朴素的手法去表达它们的概念,而我们今天的以无规定的概念为标准的艺术当然早就已经不再使用这些手法。但即使不考虑这个词源学,那个把手指放在唇边的著名手势也表明荷鲁斯作为哈尔波克拉底是一位还没有外化出来(因为这种外化意味着语言)、其名字不可以被说出来的神,他仅仅悄悄地、秘密地受到崇拜。这样我们就清楚地看到荷鲁斯是如何成长的,也就是说,他是如何通过埃及意识的一个持续不断的运动而从那个开端**产生出来**的。

---

① 参阅普鲁塔克:《伊西斯和奥西里斯》,第19节。——谢林原注

第十八讲
埃及的一神论宗教

在埃及神话里，提丰是一种让一切东西保持在荒凉而空虚的状态中的力量，当他不再能够把那位与盲目存在相对立的神（奥西里斯）排除到自身之外，就被撕为粉碎，也就是说，多样性和杂多性取代了排他的存在。奥西里斯是 αἰτία πάσης γενέσεως [全部受造物的原因]，是全部生成物的主宰。他创造了多样性和杂多性。但统一体不可以因此就消失。实在的统一体或者说提丰应当没落，反过来，一个更高的、精神性的统一体（一个与自由的杂多性同时存在的统一体）应当崛起。这个更高的统一体，这个在更高的意义上让提丰和奥西里斯达到平衡的统一体，就是**荷鲁斯**，他作为造物主式的潜能阶次，是一位仿佛治愈了碎裂的自然界，并且将其重新结合为统一体的神。那位仅仅活在已经没落的神里，就此而言本身也已经没落的奥西里斯首先把荷鲁斯设定为未来的、应当存在的神，因此荷鲁斯只能逐步进入现实性。因为，只有当精神出生之后（荷鲁斯恰恰就是精神或 A³），盲目的东西才会被完全征服。也只有这样，伊西斯才会与奥西里斯-提丰的命运达成和解。刚开始的时候，伊西斯对丈夫的碎裂悲痛不已，到处寻找其碎裂的肢体，希望把它们重新拼接起来。只有荷鲁斯的出生才让她平静下来。神话包含着一些过去的事物,这些事物一旦脱离神话,就在人的意识之内消失了。自然界也是一段历史,但这是一段已经沉寂的历史。这些痛苦而郁闷的情景,还有那种和解与平静,在神话里复制自身,而我们除了这个方式之外对它们不可能有任何了解。

  荷鲁斯的童年是一个根本特征。他只能缓慢地成长。尼罗河最后一次大洪水形成的著名的菲莱岛是奥西里斯的陵墓所在地(严格说来,这座陵墓是位于一个侧岛上面,只有祭司才被允许去那里,而埃及人最神圣的誓约就刻在奥西里斯的陵墓上面),而在菲莱岛陈列的雕像当中,至少有四个是呈现荷鲁斯的童年。在前三个雕像里,荷鲁斯呈现为母亲怀抱里的一个非常瘦小的婴儿,但在第四个雕像里,荷鲁斯已经是一个少年,**站在**母亲身边喝水。这里仍然体现出层级秩序和"逐渐强大"的理念。普鲁塔克在报道某些东西的时候,很显然是依据埃及的一些原初文献或表述,因为这些东西的内容是很深奥的,并且很多时候是他自己都不能理解的;比如普鲁塔克说,"荷鲁斯伴随着时间成为提丰的统治者"(ὁ δὲ Ὧρος χρόνῳ τοῦ Τυφῶνος ἐκράτησε)[①],这让我们想起品达的一个残篇所说的,χρόνῳ ἐγένετ' Ἀπόλλων [阿波罗伴随着时间成长],虽然我并不认为这表明荷鲁斯和阿波罗有什么关系。当荷鲁斯完全成年之后,就和伊西斯一起反对提丰。在此之前,荷鲁斯始终是一位生成中的、未来的神。但从现在起,他作为统治者登场了,而伊西斯则是安静地跟随着她所属的那位神进入阴间。取而代之的是当前的另一位神祇,

---

[①] 普鲁塔克:《伊西斯和奥西里斯》,第40节。——谢林原注

一个与荷鲁斯相对应的意识；这就是荷鲁斯的妹妹，伊西斯的女儿**布巴斯提斯**（Bubastis），她和荷鲁斯的关系相当于伊西斯和奥西里斯的关系。她取代了伊西斯，正如荷鲁斯取代了提丰和奥西里斯。伊西斯是一个在两位神之间犹豫不决的意识，而布巴斯提斯是一个飘荡在两位神**之上**，因此也不再犹豫不决的意识。

既然如此，请你们也把布巴斯提斯的名字补充到迄今推演出的那些埃及神祇的名字里面。这样一来，任何一位想要参考希罗多德的言论的人都会确信这已经得出布巴斯提斯的真正位置和正确意义。人们经常把布巴斯提斯拿来与希腊的阿尔忒弥斯（Artemis）做比较，而这要么是因为埃及人已经愈来愈熟悉希腊人的观念，要么是因为希腊人觉得埃及人的荷鲁斯和他们的阿波罗是同一位神。至于究竟哪一种说法是正确的，我在这里还不能做出评判。这件事情最好是在谈到希腊神话里的阿波罗和阿尔忒弥斯的时候再来处理。当前的这个比较仅仅是为了表明荷鲁斯和布巴斯提斯之间的兄妹关系。

但需要指出的是，那整个进程——我指的是提丰被征服、奥西里斯和伊西斯的精神化、荷鲁斯接管权力——不应当被看作一个僵死的关系，而是必须被看作**一个相互关联的事件**。除非提丰因素已经被完全征服，同时荷鲁斯已经成为现实的、完满的统治者，否则奥西里斯不会成为阴间的统治者，而伊西斯也不会平静下来（只有平静下来的伊西斯才是阴间的另一位统治者）。

因此，如果我们试图澄清这整个进程在意识之内留下的后果，就首先要看清两个事实。第一，**纯粹的**，亦即已经完全精神化并且转变为奥西里斯的提丰，或者说那位已经从实在东西返回到观念东西和原初的潜能状态，并且等同于奥西里斯的提丰，在意识之内被设定为最深处的，因而最隐蔽的东西，被设定为整体的真正奥秘和秘密，从而真正表现为纯粹的A^1。他在过程里不是表现为这样的东西，因为只要他还排斥别的潜能阶次，他本身就不是第一个潜能阶次。如今他作为第一个潜能阶次，是整个持存着的存在的**根据**（我们已经多次解释过这个概念的意义），而在从潜能状态中崛起的时候，他是过程的运动的根据。但第二，正因如此，在已经转变为奥西里斯的提丰那里，一位神也得以实现并被认识到是**原因**，这位神让提丰征服了提丰因素，并且让提丰转向精神性。

假若提丰因素没有进行抵抗，也就是说，假若第一个本原在没有做出反抗的情况下就直接精神化了，那么就不会有后来的碎裂了。但必须有抵抗，一切东西才被明确地**设定**下来，那个最终的关系才实际上作为产物，作为**后果**在意识之内保留下来。但在原初的第一个东西**之内**，第二个潜能阶次已经完全实现自身，把第一个本原之内的提丰因素带到现实的咽气，而第一个本原被设定为纯粹的奥西里斯或纯粹的A^1，既然如此，随着张力被扬弃，第三个潜能阶次也必须同时被设定为荷鲁斯。但荷鲁斯本身只不过是在更高的潜能阶次上重新产生出来的奥西里斯。第一个奥西里斯，就其等同于提丰或者说是奥西里斯-提丰而言，必须碎裂并返回到过去，这样才会设定真正的奥西里斯，即他**所是**的奥西里斯，作为**奥西里斯**的奥西里斯，**作为精神的奥西里斯**。换言之，荷鲁斯仅仅是**作为**奥西里斯的奥西里斯的名字，或者说是第三个潜能阶次上被设定的奥西里斯的名字。在这种情况下，**一切**都是奥西里斯，因此随着潜能阶次之间的张力完全消失，意识之内就设定了三个东西：1) 一位就其本性而言仅仅

XII, 383

是一个能够存在着的神，而当他从存在被带回到纯粹的能够存在，就显现为一位**曾经存在**的神；2）一位**现在存在着**的神；3）一位**将要存在**的神，他不是仅仅**将要**在某个时候存在，而是**将要**永恒地存在，亦即**应当**永恒地存在，**理应**永恒地存在。简言之，这三位神（曾经存在的神、现在存在着的神、将要存在的神）如今处于他们的原初统一体中，这个情况也让我们认识到，**同一位神**在意识之内被设定为第一位神、第二位神、第三位神，但这个原初统一体在意识之内并不是直接被设定的，而是被设定为一个**后来形成的**、正因如此也**被认识到的**统一体。

按照这个方式，埃及意识经过一个完全自然的推进运动到达一个点，在那里，神谱潜能阶次之间的张力**消失了**，于是埃及意识找到了一条从多神论到一神论的道路，而正如我们马上就要看到的，这条道路又成为一个还要更高的、纯粹精神性的宗教的基础。这个宗教在埃及和神话宗教是同时存在的，前者之所以不能推翻后者，是**因为**后者是前者的前提，而且前者不是一次性地，而是永远不断地从后者那里产生出来。

尤其需要指出的是，我们刚才使用的那个表述，"一位曾经存在、现在存在着和将要存在的神"，是出自塞伊斯的奈特女神（Neith）雕像上的铭文，而如果我们理解了埃及的奈特的真正理念，就不可能认为这个表述对于埃及意识而言是陌生的。关于这一点，我接下来还会加以解释。这里我只想指出，不仅希腊人，而且很有可能埃及人自己——普鲁塔克所说的 οἱ σοφώτεροι τῶν ἱερέων [那些最智慧的祭司]——，都把奈特比作希腊的代表着最高理智和最高意识的雅典娜；因此大概可以推测出，那个铭文所指的绝不只是自然界的单纯质料性的**实体**,尽管对于这样的实体,人们当然可以说无论现象如何更替,它都保持岿然不动;但这种枯燥的真理,这种与单纯的感官世界的抽象实体有关的真理,并不是埃及智慧的精神;因此只要人们承认那个铭文的真实性,就必须承认它表达出了最高层次的埃及意识的内容。但这个铭文也不是什么不可或缺的东西,因为真正具有决定性意义的是,在埃及意识里,第一位奥西里斯是过去之神,第二位奥西里斯是现在之神,第三位奥西里斯是未来之神,而这三位奥西里斯仅仅是同一位神。但这种一神论不是抽象的、唯理论的或哲学的一神论,毋宁说,它是在**历史**的道路上产生出来的,并且被规定为一种神话式的一神论,正因如此,它没有理由去摆脱自己的前提。只有在我们奠定的这条道路上,才可以解释为什么埃及人的更高的、毋庸置疑的神学并不推翻他们的神话,而是让二者同时存在。按照这个方式来看,甚至可以说埃及意识的这个结局在事实上证明了我们的整个推演过程的正确性。

多神论经常被解释为一种碎裂的一神论。通过奥西里斯的 διαμελισμός [撕裂]和διασπασμός [撕碎],我们在神话自身**之内**就掌握了这个碎裂的统一体的概念。但神话恰恰也向我们表明,只有低级的统一体才会碎裂,而且这个碎裂仅仅是向着一个更高的精神性统一体的过渡,而正如我们看到的,这个统一体在埃及神话的终点已经被现实地认识到并被说出来。在这个意义上,多神论是向着一种积极的、现实的、**被认识到的**一神论的过渡。通常的观点有一个巨大的错误,就是把多神论的多样性看作一种抵抗更好本原的东西;正相反,那种包容多样性的东西才是一个否定了**虚假**统一体的更好本原。碎裂为多样性的统一体不是真正应当存在的统一体,因此我

XII, 385

们没有必要像伊西斯那样为着它的消亡而嚎啕大哭,怨天尤人。绝对的、不排斥**任何东西**的、真正大全一体的神对意识而言只能是产生出来的,也就是说,那位排他的神**本身**首先应当被克服,被带回到单纯的潜能状态;但正因如此,意识必定会执着于那位排他的神,因为否则的话,它就不可能随后认识到是一位绝对的、不排斥任何东西的神**取代**了那位虚假的唯一神,也不可能认识到现在的这位神是真正**存在着**的神。

简言之,埃及意识达到的那种一神论是一种在历史中产生出来的一神论。但在埃及意识里,这个历史本身——无论是与善神对抗的提丰(他在很多方面可以比作波斯人的阿利曼)的整个历史,还是提丰的胡作非为,以及奥西里斯因为被撕碎而告别存在,后来又在荷鲁斯那里复活等等——并不是一种一次性**发生**的历史,而是一种始终重复发生的、持续不断的,甚至在每一年里都重复着的历史。也就是说,最高理念是一个始终**重复地**生出自身的活生生的理念。当这个历史按照上述方式对埃及意识而言提升为一个真正永恒的,亦即一个永远正在发生的历史,它就在另一个方面与埃及人的整个生命和这片充满了神奇事物的土地结合在一起,陪伴着埃及人经历整个岁月,让他们在各种现象乃至于事务和劳作中注意到每一年的更替;这个历史仿佛总是重新焕发青春,因此总是重新得到崇信。这也解释了埃及诸神的那种看起来与历法有关的天文学意义,而只有那些没有**从头开始**审视整个体系的人才会对这个问题产生错误的认识。简言之,并非星辰、星辰的周期和一年四季的各个点意味着诸神,正相反,对埃及人而言,整个年岁仅仅是诸神的那个永恒的,亦即永远正在发生的历史的重复。并非他们的宗教具有历法的性质，正相反，他们的历法体系是一个具有宗教性质的体系，并且通过宗教而被神圣化。就此而言，如果你们在克罗伊策或其他人那里读到，荷鲁斯是夏至时处于最强大状态的太阳，而虚弱的哈尔波克拉底则是冬至时处于最虚弱状态的太阳，你们就知道该如何评价这类观点了。据普鲁塔克说，每年从阿提尔月17日（即现在的11月13日）开始，整个埃及就哭声大作，都在哀悼消失的奥西里斯，也就是说，人们在这个时间祭拜隐匿的（ἀφανισμός）奥西里斯，而这说明奥西里斯的隐匿是一件始终重复发生的事情。反之从提比月11日（即现在的1月6日）开始，随着太阳重新变得强大，埃及也充满了欢声笑语，也就是说，这段欢乐时光通过一种类似的周期性与埃及神话里的奥西里斯的重生环节结合在一起，而埃及这个国家的独特之处在于，各种现象处于有规则的、均匀的更替之中。通过这个方式，埃及的诸神历史与整个自然界亲密地融为一体，因此这个历史是一个生生不息的、始终重复发生的、在一个持续的节庆周期里回归的、在意识里得到更新的历史。除此之外，**一切**节庆周期还有别的什么意义？出于同样的目的，基督教也在每一年的特定时间重复庆祝救世主的诞辰，但谁会因此像那位糊涂的杜普伊一样，把救世主解释为一个仅仅具有历法性质的潜能阶次呢？

XII, 387

正因为奥西里斯的历史被看作一个就其本性而言永恒地发生着的历史，所以提丰也分享了某种程度的宗教崇拜。换言之，虽然提丰在这个历史里被征服了，亦即已经成为过去，但由于这个历史本身是一个永恒的、永远都在发生的历史，所以对于提丰的征服也不是一次性的征服，而是永远进行着的征服。**两种情况**都必须表达出来，既要表达出提丰的那个始终延续着的、始终需要被征服的力量,也要表达出对于提丰的现实的征服;这种必然性本身就意味着,那些与提丰有关的习俗在一年的不同季节里是**有所不同的**。普鲁塔克说,提丰的力量虽然遭到削弱,但直到临终之前都还在和死亡搏斗——顺带需要指出的是,我从一开始就把提丰的斗争表述为一种生死搏斗;我在最初讨论这个对象并且第一次使用这个表述的时候,还没有读到普鲁塔克的这段文字,也不知道他的这些言论,因此我的那些概念是在完全独立于这些言论的情况下产生出来并与之契合,而且我在他的另外一些言论里也遇到了类似的情况,既然如此,我就可以把它们既用来证明我自己的观点,也用来证明普鲁塔克的观点——,因此人们有时候用祭品去安慰和抚慰提丰,有时候又在另外一些埃及节日里嘲笑和肆无忌惮地羞辱他。① 后面的这个情况,这个嘲笑行为本身,证明意识已经感觉到提丰的力量是一个实在的力量。这种嘲笑和羞辱仅仅是意识的自然地爆发出来的表现,即意识发现一个威胁着它的暴力突然化为乌有,觉得自己获得解放时的自然表现。人的这种突然获得自由的感觉,这种不再惧怕任何暴力的感觉,在全部宗教里都或多或少有所体现。正如埃及人嘲笑提丰,希腊人也嘲笑克罗诺斯,比如在某些习惯用语里,当希腊人说"你这位克罗诺斯啊",意思就是"你这个幼稚的人啊",而在阿里斯托芬那里,所谓"散发出克罗诺斯的气息",意思就是一些东西看

XII, 388

---

① 这段文字(《伊西斯和奥西里斯》,第30节)是这样的: Τὴν τοῦ Τυφῶνος ημαυρωμένην καὶ συντετριμμένην δύναμιν, ἔτι δὲ καὶ ψυχορραγοῦσαν καὶ σφαδάζουσαν, ἔστιν αἷς παρηγοροῦσι θυσίαις καὶ πραΰνουσιν. ἔστι δ᾽ ὅτε Fπάλιν ἐκταπεινοῦσι καὶ καθυβρίζουσιν ἔν τισιν ἑορταῖς [提丰的力量虽然遭到削弱和压制,但仍然在垂死挣扎,因此人们试图通过某些祭品来安慰和抚慰他;但有时候在某些节日里,人们又会用嘲笑的方式攻击那些头破血流的人,以此来嘲笑和羞辱他]。——谢林原注

上去非常古老和陈旧；除此之外，人们把"克罗诺斯"这个词语和许多词语组合起来，用来指称一些老迈而痴呆的男人。但在埃及，人们一方面在某些民众节日里嘲笑提丰，另一方面又试图通过祭品去抚慰他，仿佛希望把他说服或劝服，而这是πείθειν [说服]这个词语的真正用意。之所以有这种自相矛盾的行为，是因为人们可以在**不同的时间**里要么嘲笑这位神或精灵，要么用祭品去祭拜和安抚他。在这种情况下，提丰和这整个历史一样，在埃及民族的意识里始终处于当下的状态，并且保持为活生生的东西。正如我们通过希罗多德知道的，在环绕塞伊斯的海边，人们在每年一度的庆典里甚至用舞台剧的方式去呈现奥西里斯的受难。整个埃及宗教仿佛一直都在与提丰因素作斗争，这个宗教是一种真实而现实的解脱的一再回归的历史。

上述情况还有一个值得注意的特征，足以**证明**埃及意识在达到最高统一体之后仍然意识到自己的最初前提，因此没有把提丰看作一种一次性发生的征服的对象，而是看作一种持续发生的征服的对象；这个特征在当时就已经被斯特拉波注意到，最近又被一些法国人重新提起，也就是说，整个埃及除了为那些伟大神祇（尤其是荷鲁斯）修建神庙之外，也修建了很多提丰祭坛，即所谓的提丰坛（Typhonien）。正如斯特拉波所说，他在丹德拉除了看到供奉阿佛洛狄忒和伊西斯的神庙之外，也看到许多提丰坛。①前者已经被法国人重新找到了。在菲莱岛的赫尔孟提斯，伊西斯和奥西里斯的神庙旁边就有一些提丰坛，这简直就像一句德国谚语所说的那样："上

XII, 389

---

① 斯特拉波：《地理志》，第十七卷，第1节（第815页）。——谢林原注

帝在什么地方建立一座教堂,人们就在旁边为魔鬼修建一所庭院。"也就是说,这些提丰坛相对于旁边的神庙而言占地面积和规模都更小,而这应当是暗示着提丰的那个虽然遭到削弱和限制,但同时保留下来的力量。埃德夫(即古人所说的大阿波罗城)有一座保存至今的荷鲁斯神庙,其旁边就有一个尤其值得注意的提丰坛。这座辉煌的荷鲁斯神庙在大小和气势上丝毫不逊色于忒拜和孟菲斯的那些神庙,并且占地面积非常之大;它在整体上长424尺,正面宽度为212尺;其入口处是一些具有相同比例关系的大金字塔,而入口的双扇门只有户枢保存下来(这个巨大的正门有150尺高);此外还有一些具有相同比例关系的巨大雕像围绕在神庙的四边。这座巨大神庙的**前面**有一座仅仅由圆柱式大厅和真正的祭坛构成的神庙,由画廊环绕着,而这座较小的神庙就是提丰的神庙。因此我们在这里看到,提丰坛不仅靠近神庙,而且位于神庙的**前面**,相当于神庙的前院;这不是偶然的现象,而是刻意为之,并且意味深长;因为提丰实际上是那些更高的神祇的先行者、在先者和前提,而那些神祇是通过征服这个本原才证明自己**是**更高的神祇;正因为提丰本原是他们的前提,所以它才表现为那些更高的神祇的引路者。实际上,《埃及描述》(Description de l'Egypte)①明确指出:Les Typhoniens precedent presque toujours les grands monuments [提丰坛几乎总是出现在那些巨大神庙的前面]。不过这里既然说到了"**几乎总是**",我们就有必

---

① 《埃及描述》(*Description de l'Egypte*)是拿破仑1798年组织一百多位学者编写的一套关于埃及文化的百科全书,1809年首版,1829年第二版。——译者注

要知道什么地方提丰坛没有出现在神庙前面。① 比如在奥姆波斯的大神庙里就有两个并排的祭坛,据说其中一个是用来祭拜具有鳄鱼形象的提丰,另一个是用来祭拜善神荷鲁斯。因此二者在这里更多地被认为处于平行的关系。除此之外,这些大神庙前面的提丰坛也让人回想起庞大的斯芬克斯像旁边的那些通往卡纳克神庙和卢克索神庙的通道。这里同样意味着最高理念的引导,而最高理念本身应当在神庙之内呈现出来。

埃及展现出的对于提丰本原的持久崇拜是完全符合情理的。因为从根本上看,这个在意识的一个特定环节被看作提丰的本原无非是自然宗教的最深处的本原。自然宗教恰恰是通过克服这个本原而产生出来的。同一个潜能阶次,当它出现在存在里面,就**否定**了神,而当它被克服之后回到非存在,就转化为神的设定者,因此真正说来,神对意识而言是**黏附**在这个潜能阶次上面。埃及神话和埃及神学的真正出发点并非像克罗伊策假设的那样是一神论本身,后者毋宁是前面二者所到达的终点。在埃及的神话理念和宗教理念的不断攀升的整个链条里,最终固定下来的那个最深处的点是提丰。提丰

XII, 391

---

① 商博良在《来自埃及和努比亚的信件》(*Lettres ecrites d'Egypte et de Nubie*)第193页(第二封信)谈到了埃德夫的第二个"所谓的提丰坛",认为它是那些被称作"产房"(Mammisi)的小神庙之一,而按照他的说法,这些小神庙总是**被修建在那些祭拜三联体神**的大神庙旁边,象征着天国的居所,而女神(她总是被描绘为一个婴儿)作为三联体神的**第三个人格性**就是在这里出生的;假若是这样的话,那么这些小型的提丰坛就不是暗示着一位不再存在的神的遭到削弱的力量,而是暗示着一位尚且不存在的神的幼年了。但实际上,埃德夫的"产房"呈现的是哈尔哈特(Har-hat)和哈托尔(Hathör)的幼子哈尔桑托(Har-Sant-Tho)的幼年时期和教育时期,而人们为了向埃及国王托勒密八世献媚,把他的幼年雕像放在哈尔桑托的雕像旁边。关于这个意义的细节问题,我们不可能深入讨论。——谢林原注

是第一个潜能阶次,而第二个潜能阶次唯一需要做的事情就是去压制并最终克服第一个潜能阶次。第二个潜能阶次是通过压制第一个潜能阶次才成为第二个潜能阶次,随之施展出所有那些维系着人类生命尤其是埃及生命的善行。当它压制了那个烈焰式的、敌视质料性生命的本原,就成为一种使果实成熟的普遍潮湿性的原因[①],成为那条有规律地泛滥,用新的肥沃土壤覆盖埃及的土地,仁慈地限制着沙漠的尼罗河的原因,成为那些撒播在埃及土地上的膨胀的种子的原因。但是,**正因为**第二个潜能阶次仿佛在压制和克服第一个潜能阶次的时候耗尽了自身的力量,所以意识需要第三个潜能阶次或一位仿佛无拘无束的神,亦即一位自由的神,他之所以存在,仅仅是为了给那个压制关系打上一个**封印**,从而使这个关系成为一个持续的、恒常的关系(否则我们根本不能理解为什么荷鲁斯要帮助伊西斯完全彻底打败提丰)。我的意思是,意识需要第三个潜能阶次,但这个潜能阶次不需要做更多的事情,不像第二个潜能阶次那样必然发挥作用或**必须**发挥作用,也就是说,是否发挥作用取决于它的自由,它完全掌控着自己的存在,可以按照自己的意愿以存在为开端去行动。这个潜能阶次就是荷鲁斯,而通过这个简单的方式,埃及意识里面重新出现了那个在早期宗教里已经分裂的大全一体。

在三个潜能阶次当中,当第一个潜能阶次排斥另外两个潜能阶次,就已经不再**等同于**它们,而当它作为存在于自身之外的潜能阶次

---

① 普鲁塔克说,那些负责传授知识的祭司把奥西里斯称作 ἅπασαν τὴν ὑγροποιὸν δύναμιν καὶ ἀρχήν[全部潮湿性的潜能和本原]。——谢林原注

回到自身之内，回到它的等同于自身的、纯粹的精神性，那种排斥关系也就被推翻了，而在重建质料性统一体之后，它就成为一个超质料性的、被完全驱逐到意识之外的、回到深处的潜能阶次，于是全部潜能阶次里的那位唯一的神就将进入现实的意识。但**这位**不再分裂的、不可克服的唯一的神不是直接进入意识，而是仅仅遵循一个首先被设定然后被扬弃的张力，也就是说，意识必须把他和这个张力联系起来；正因如此，这位神要进入意识，就必须重新在三个**形态**里呈现在意识面前——之所以是三个形态，是**因为**每一个形态里都是整个不可分裂的唯一的神。换言之，这位唯一的神可以在三个状态或环节中呈现出来：1) 他位于原初的、尚未启示出来的统一体里，**先于**潜能阶次的分裂，先于世界的创造，也就是说，他在这里是真正字面意思上的隐蔽的神；2) 潜能阶次发生分裂和分化，处于张力和对立之中，这是创世的环节，而他作为造物主表现出创世的属性；3) 统一体被重建，潜能阶次重新回到它们的原初统一体，因此他在这里同时是一位走向自身或回到自身之内的神，而这位神在最高的意义上是一个掌控和把握着自身的精神。——这就是**唯一的神**的三个形态，**高于**三个潜能阶次，而它们的一致性恰恰在于，**每一个**形态都是完整的神，只不过是从一个方面或一个环节来看而已。简言之，唯一的神的这三个形态构成了埃及神学的最高体系的内容，它们作为神而言，是古人里面的睿智者所说的θεοὶ νοητοί [理知性的神]，即只有通过**纯粹的**思维才能够认识到的神。我希望你们能够理解我指出的埃及的诸神学说的那个顺序，即它如何从最低的层次的神一直上升到最高的、非质料性的神，这样你们就会明白，如果人们像通常那样把这些最后的、单纯理知性的神当作最初的和**最开始的**

XII, 393

神，进而企图从他们推导出那些相对质料性的、居于从属地位的神，这必定会给埃及神话带来很大的混乱。

关于这个误解，我可以在最后再详细加以解释。现在我想指出的是另一个问题。按照埃及民族的那个在如此之多的创造里展现出来的最深刻的精神，它会推进到这些纯粹理知性的神，这是不足为奇的，而这些神虽然是出自神话，在神话的序列里产生出来的（神话在这里具有了一种启示的特征），但他们就其本性而言是完全非神话式的，已经超越了神话，几乎可以说是一些形而上学意义上的神。**这一点**是不足为奇的，真正值得诧异的是，埃及民族的智者居然成功地把这些如此崇高的神提升到民族之神或国家之神的地位，因为埃及的所有那些最庞大和最辉煌的神庙都是用来祭拜这些神，无论是在忒拜还是在孟菲斯，无疑也包括曾经的塞伊斯，那些庞大到无法形容的地步的神庙和纪念碑即使在遭到部分破坏之后，也仍然让每一个对严肃和崇高格外敏感的心灵充满敬畏和惊诧。如果人们同时还知道了这些纪念碑所祭拜的神的意义，就会发现没有什么东西比它们更鲜明地表现出埃及民族的宗教文明已经达到的层次。埃及民族可能注定了要为这些纯粹精神性的神建造这类无比庞大的建筑物，而这以最为明确的方式解释了为什么这个民族如此尊重他们的祭司，并且无条件地接受祭司的指导。

现在我的首要任务是指出这些最高的埃及神的名字，并且证明他们具有我们刚才所说的那种意义。

XII, 394

正如此前所说，第一位神是那位处于原初的隐蔽状态，把全部潜能阶次集中起来的神，那位**先于**创世的神。他就是希腊人所说的**阿蒙**（Ammon），而按照普鲁塔克的说法，这个名字的埃及语发音是**阿姆恩**(Amun)。普鲁塔克同时还引用了曼涅托①的一个说法,即阿蒙意味着"隐蔽的东西"(τò κεκρυμμένον)。但赫卡泰奥斯②说,阿蒙其实是埃及人的一个召唤口号,因为埃及人把第一位的亦即最高的神当作**大全**(也就是说,当作大全的最高统一体或最高的大全一体),当他们召唤这位不可见的、隐蔽的神的时候,就觉得他仿佛成为可见的,在他们面前启示自身,所以他们把这位神称作阿蒙(Ἀμοῦν)。无论这两个解释如何相互抵牾,但有一点是一致的,即阿蒙是一位仍然隐蔽着的、未启示的神,但这位神能够启示自身,走出自身。"阿蒙"和"不可见"这两个概念的本质上的联系也体现于那个关于赫拉克勒斯的传说,即赫拉克勒斯请求宙斯-阿蒙(因为希腊人习惯于用他们自己的最高神的名字去称呼埃及人的最高神)在他面前启示自身,而这已经以一个未启示的存在为前提。众所周知,这个传说随后谈到,宙斯-阿蒙剥了一只牡羊的皮,用牡羊头挡住自己,以这个形式出现在赫拉克勒斯面前。③在很多雕塑作品和其他艺术形式里,人们也看到了长着牡羊头的阿蒙。也就是说,按照埃及人的象征系统,牡羊头的内弯的角可能只是为了表现出一种向内的回转,以此暗示着一位隐蔽的神。

这位神的驻地(希腊人所说的狄奥波利斯或宙斯城)就是著名的忒拜,而荷马根据一些远古的传说,把忒拜描述为一个世界奇观,并把它称作"百门之城"(ἑκατόμπυλος πόλις);至于这座城

---

① 曼涅托(Manetho),公元前4世纪的埃及历史学家。——译者注
② 赫卡泰奥斯(Hekataios),公元前5世纪的爱奥尼亚历史学家。——译者注
③ 参阅希罗多德:《历史》,第二卷,第42节。——译者注

市的人口，按照荷马的说法①，一百个城门里的任何一个城门每天都有200个男人驾着马车经过。按照埃及人自己的宗教传说，这座城市是由奥西里斯建立的。刚开始的时候，这座城市仅仅延伸到尼罗河东岸，其最古老的城区就位于尼罗河和阿拉伯山脉之间；这里仍然保留着忒拜的那座最大和最古老的神庙亦即卡纳克神庙的废墟。后来尼罗河西岸也出现了一些房屋、宫殿和宗教建筑。鼎盛时期的忒拜从一座山延伸到另一座山，占据了整个尼罗河河谷。德农②经过研究之后认为，老城区的周长有12法国古里③，其半径至少有2—3法国古里；综合看来，这不是一个夸张的说法，因为西西里岛的狄奥多罗曾经说过：太阳从未见过一个比忒拜更辉煌的城市。埃及民族受到一个崇高的精神性意识的眷顾，他们用一些无比神奇的宗教建筑和象征性建筑填满这座城市的广阔空间，以此表明自己的虔诚。人们不妨看看《埃及描述》——这大概是拿破仑凭借他的具有东方色彩的想象力的伟大构想为人们留下的一座最为不朽的丰碑——里面的那些插图，比如卡纳克神庙的巨大的塔式门，神庙的各个入口前面的那些巨大的花岗石块，以及圆柱大厅的142根圆柱，最中间的那一组直径为11尺，周长为31尺，高度为180尺；此外还有那些方尖碑，现在保留下来的还有两座，其高度为100尺，而且是由一整块淡红色的花岗石打造而成的。当看到这些作品时，我们将如何感叹于埃及人的巧夺天工！德农曾经计算过，按照我们的加工方式，哪怕仅仅把它们移动到另一个地方，都要耗资数百万。除此之外，人们不妨也看看

---

① 《伊利亚特》第九卷，第383行。——谢林原注
② 德农（Dominique Vivant Denon, 1747—1825），法国考古学家。——译者注
③ 1法国古里相当于公制的4公里。——译者注

斯芬克斯像旁边的三条大道，第一条大道从斯芬克斯的动物头部开始，一直延伸到斯芬克斯的人头位置的第二条大道，而第三条大道则是从公羊头的位置开始，从卡纳克神庙的南门一直延伸到一里之外的卢克索。这样一来，对于埃及神庙的庞大的、把我们这个空洞而虚妄的时代的全部想象力按在地上摩擦的伟岸程度，人们大概会略知一二。但给我们留下最深刻印象的，不是这些神庙的外在的伟岸，而是其内在的伟岸。只要人们潜心于比例关系带来的印象和整体的精神性表现，就会察觉到，这里所崇拜的神祇的真正伟岸就体现在比例关系的这种几乎令人心惊胆战的严肃性和这种仿佛使我们的精神突破限制的庄严性里，而且人们在这里祭拜和尊崇的不是一位普通的神话神祇，而是一个最高的本质。关于阿蒙，我们就说这么多。

XII, 396

唯一的神所呈现出的第二个形态，是一位处于扩张环节，代表着潜能阶次的分裂和张力的神，一位以工匠的方式拓展自身的神，但他同时又把处于张力中的潜能阶次整合起来，使它们保持为一个统一体。在埃及体系里，第二位理知性的神是**普塔**（Phtha），他在希腊人那里叫作普塔斯（Phthas），但从罗塞塔铭文的希腊语译文可以看出，这仅仅是因为希腊人习惯于在名字的最后面加上一个 s。希腊人自己给普塔取的名字（希罗多德已经提到这个名字）是**赫淮斯托斯**（Hephästos），因为他正是由于他的工匠属性而在希腊人看来是赫淮斯托斯；在希腊观念里，赫淮斯托斯也被看作工匠的潜能。他按照一种严格的强制性把大全整合起来，因为他不允许相互冲突的潜能阶次发生分裂。但希罗多德看起来主要是基于普塔的形象本身而把他比作希腊的赫淮斯托斯。他在孟菲斯的神庙里看到了这座雕像，顺便提到了波斯国王冈比西斯对埃及神庙的蔑视（冈比西斯对埃及的占领第一次中断了埃及民族在自身之内绵延数百年的幸运时光;冈比西斯作为波斯萨比教和无形象的神祇的信徒,非常蔑视那些有形象的埃及神祇)①,也就是说,冈比西斯走进普塔的神庙之后,对其神像备加揶揄,因为这座神像和腓尼基人经常摆在他们的船头上的守护神非常相似。希罗多德对那些没有见过这座神像的人补充道,它是对一个侏儒的摹仿(πυγμαίου ἀνδρὸς μίμησις)。埃德夫神庙的中楣上就有这样一座普塔神像,其插图收录在《埃及描述》和克罗伊策的著作里,但克罗伊策把它认作提丰,这明显是错误的,反之希尔特②更加准确地把它解释为埃及造物主的神像,而它的肿胀鼓起的脸庞和过于短小的下身确实有可能让冈比西斯觉得它是一个侏儒,并对其大加嘲笑。至于埃及造物主的这个奇怪造型的**原因**,其实是很简单的,即他作为一位**包含着**已经分裂的世界力量或潜能阶次,但总是把它们整合起来,不让它们完全分道扬镳的神,只能是这样的造型。借用一个物理学术语来说,它是最初的turgor vitalis [生命的膨压],即造物主仍然始终包含在自身之内的那些世界力量本身的膨压状态或拉紧状态,而造物主是通过神的这种膨压状态本身表现出来的。埃及的普塔的这个形象不但得到了希罗多德的证实,而且在现存的雕像上也清晰可见,因此它反过来也证明了我们的解释是正确的,即普塔是一位拓展自身,处于工匠潜能的张力中的神,简言之,一位处于创世环节的神。这就是我们对于第二个形态的看法。

---

① 希罗多德:《历史》,第三卷,第37节。——谢林原注
② 希尔特(Aloys Hirt, 1759—1837),德国艺术史家。——译者注

至于第三个形态,则是一位摆脱了潜能阶次的张力和对立,回到原初统一体的神——这个统一体不再是本质上的统一体(如同在阿蒙那里一样),而是**已经实现的**统一体。这里当然不缺乏第三个**名字**。在这些理知性的神当中,第三位被提到的是克内夫(Κνήφ),这是普鲁塔克和尤西比乌的说法;除此之外他也叫作克努比斯(Chnubis)或库米斯(Chumis),并且在一位著述家那里叫作恩内夫(Enef)。但这些都是同一个名字的不同形式,这是毋庸置疑的。但在某些文本以及铭文里,克内夫看起来仅仅是阿蒙的另一个名字。比如普鲁塔克在谈到忒拜人的时候就说:"他们不知道什么有死的神,而是把那位非出生的(ἀγέννητος)和不死的神称作克内夫。"①我之所以引用这段文字,是因为它们同时证明了,当我们宣称这些包括阿蒙或克内夫在内的神祇与奥西里斯、提丰乃至荷鲁斯属于不同的类型或序列,这是完全正确的,并且符合真实的理念。实际上,所有神话神祇都是**一些生成的**神(θεοὶ γεννητοί),但那些更高的、理知性的神是永恒的、非生成的、非出生的神,反过来,像克内夫这样的非出生的神只能通过纯粹理智而加以把握,他对于意识而言**不可能**像其他神话神祇那样是通过一个过程**生出**自己。因此自在地看来,非出生的神本身也就是理知性的神。——在象形文字里,克努比斯不是通过香波良所说的拼音文字或音标符号,而是通过牡羊呈现出来,而这恰恰也是阿蒙的著名标志。克内夫的另一个著名象征是一种对人类无害的蛇;据希罗多德说②,这种蛇是忒拜的宙斯(亦即

XII, 398

---

① 普鲁塔克:《伊西斯和奥西里斯》,第21节。——谢林原注
② 希罗多德:《历史》,第二卷,第74节。——谢林原注

阿蒙）的神兽，其死后要埋在宙斯的神庙里。

通过这个方式，阿蒙和克内夫的同一性已经是毋庸置疑的，但还有一个问题，即我们应当在什么**意义**上理解这种同一性。因为第三位神作为回归原初统一体的神，虽然和第一位神是同一位神，但他并没有因此不再是第三位神，而是仍然区别于第一位神。二者之内都是统一体，但在第一位神那里只有一个尚未开启的、隐蔽的统一体，而在第三位神这里却是一个从开启返回的、从分裂中制造出来的统一体。因此这不妨碍我们把克内夫的名字同时看作第三位理知性的神的名字，而且这也符合这个名字的意思，因为在科普特语里，nub和chnub就是"精神"的意思。希腊人主要或仅仅把克内夫称作Ἀγαθοδαίμων [善的精灵]，即善的精神。蛇被称作乌莱俄斯（Uraios），它可能是**两位神**共同的象征；因为蛇既可以意味着一个尚未开启的统一体，也可以意味着一个重新封闭的统一体。扬布里柯①认为克内夫是一个自己理解把握自己、把概念收回到自身之内的理智，这与我们的解释是完全契合的。莱特罗纳②解读的一个埃及语-希腊语铭文里明确写着Ἀμμωνι δ καὶ Χνοῦβι [献给阿蒙或克努比斯]，即献给那位同时是克努比斯的阿蒙，这与我们的解释也是契合的。

现在我们已经指出了埃及人的那种更高的神学的自然起源，但要让我们完全满意，还需要一些外在证据，或者说还需要确定它是什么时候在历史中产生的。但这件事情只能求助于那些巨大的建筑

---

① 扬布里柯（Jamblichus, 250—330），叙利亚的新柏拉图主义哲学家。——译者注
② 莱特罗纳（Jean-Antoine Letronne, 1787—1848），法国考古学家。——译者注

工程和神庙。因此我觉得有必要谈谈这些神庙的编年史,而且我所依据的是我们在最新的考古发现**之前**已经掌握的那些知识,因为这些考古成果尚未公布,或者仅仅以支离破碎的方式出现在我们面前。

过去人们普遍认为,**全部**真正具有埃及风格并且带有象形文字的巨大神庙都是在埃及还没有被冈比西斯占领的时候建立的,因此即便最晚的埃及神庙也是在公元前522年之前已经出现。但到后来,尤其是最近几十年来,人们经过研究丹德拉神庙和恩斯内神庙里的黄道十二宫,被迫承认这些东西不可能早于提比略皇帝的时代,因此他们从一个稳妥的局部出发推及全体,认为上埃及的那些巨大神庙可能是在公元前后建立的。也就是说,那些巨大神庙是在托勒密王朝时期才建立的,而且埃及建筑的全部时期都应当被限制在一两百年的时间里。按照最新的研究——这些研究尤其归功于莱特罗纳和商博良,而且后者揭示出了大部分埃及象形文字的拼音意义或音标意义——,前一个观点(即全部具有埃及风格的神庙都是在冈比西斯之前出现的)必定会受到非常大的限制。但实际上,人们很难相信,一个通过大量令人敬畏的纪念碑而迫不及待地把它的深沉的宗教信仰昭告天下的民族,一个在波斯人、希腊人和罗马人的统治下仍然保留着自己的宗教、伦理和自由的民族,从亚历山大大帝时期直到7世纪皈依基督教期间都没有修建任何公开的、具有宗教意义的建筑。另一方面看来,我们同样很难相信,在那些巨大的而伟岸的神庙里面(它们的废墟一直保存到现在),竟然**没有一个**属于埃及在被冈比西斯占领之前的伟大时间。因此关键仅仅在于找到一个工具,以区分哪些建筑属于远古时代(法老时期的埃及),哪些建筑属于冈比

XII, 400

西斯之后的时代。

  虽然商博良的发现一般而言是正确的（我对此并不怀疑），虽然他的原理的应用在总体上是值得信任的（尽管并不是绝对地适用于一切地方），但同样毋庸置疑的是，忒拜的那些用于祭拜阿蒙的神庙属于埃及历史的英雄时代，除此之外，卡纳克、卢克索、古尔纳、麦地那-阿布的神庙，奥西曼迪亚斯（Osymandyas）的陵墓亦即门农墓，大象岛上的那座用于祭拜阿蒙-克努比斯的神庙，还有菲莱岛上的一部分建筑，虽然在托勒密王朝时期仍然得到修缮，甚至或许还得到扩建，但从这些建筑物的原初位置和主体部分来看，它们都属于伟大的塞索斯特里斯（Sesostris）和塞索斯特里斯王朝，甚至有些是属于塞索斯特里斯王朝所继承的那些王朝。大象岛上的阿蒙神庙的修建者是塞索斯特里斯的祖先阿蒙奥斐（Amenoph），这个名字的意思是"阿蒙的使者"。埃及的英雄时代就是始于阿蒙奥斐；他也是一位占领者，仅仅在某些方面不同于塞索斯特里斯；撒勒布废墟的一幅绘画表明，那些被征服的民族的俘虏从正午出发，行走100小时之后穿过菲莱岛（这是后期埃及的疆界）被带到他面前。拉美西斯（Ramses），塞索斯特里斯的祖父——据塔西佗说，他同样给自己取名为塞索斯特里斯——，最开始叫作"我的阿蒙"，意思是"阿蒙的情人"，而这后来一直是塞索斯特里斯王朝的名称。人们完全有理由相信，塞索斯特里斯的伟大远征及其对于埃塞俄比亚、叙利亚以及西亚的大部分地区的占领是和一个伟大的宗教运动联系在一起的。实际上，正如一切与阿蒙有关的纪念碑都具有庞然大物的特征，当那个伴随着阿蒙而出现的精神性宗教凌驾于神话之前的宗教（萨比教）之上，仿佛就突破了神话的桎梏，同样，当埃及民族在自身之内完结，把塞索斯特里斯之前的时期的所有异质因素排除出去，那个精神性宗教也仿佛必定会驱赶着埃及民族越过自己的自然疆界。因为根据约瑟夫①在其批驳阿皮翁②的著作中保留的一个极为值得注意的报道，大约公元前1800年，一个叫作希克索斯（Hyksos）的阿拉伯部落或游牧民族越过苏伊士地峡侵入了下埃及，一直扩张到孟菲斯，在那里坚持了200年（这是按照早期的计算方法，如果按照后期所谓的编年史数据，甚至有900年），并且建立了自己的一个王朝，与忒拜的那个代代相传的埃及王朝分庭抗礼。不管人们如何看待这些记载的历史真实性，有一点是确凿无疑的，即这些希克索斯人是游牧民族，其崇拜的是质料性神祇和星辰，而且是他们在下埃及建立了太阳城赫利奥波利斯。

XII, 402

从各种迹象来看，忒拜王朝把希克索斯人驱逐出埃及——把一切与埃及的发展相对立的因素完全排除出去——这件事情要么与埃及意识的那个最高的宗教发展时期是同时的，要么在这之后不久。经过这个驱逐之后，埃及才在自身内部完全稳定下来，仿佛才建构起来。过去的许多解释者认为，这个侵占下埃及的阿拉伯游牧民族是雅各的儿女，而且他们是在约瑟的时代赶着羊群来到埃及。但更有可能的是，希克索斯人在下埃及的统治给以色列人开辟了一条前往埃及的通道，而以色列人到了埃及之后仍然过着游牧民族的生活。众所周知，埃及人的一个主要特征在于，他们厌恶游牧民族的生活和一切不事农耕的民族，因此我们很难想象埃及法老会允许以色

---

① 约瑟夫（Flavius Josephus, 37—100），犹太历史学家。——译者注
② 阿皮翁（Apion），公元1世纪的希腊-埃及哲学家。——译者注

列人进入埃及(虽然按照《旧约》的记载,埃及的国王把安城亦即赫利奥波利斯的一位祭司的女儿许配给约瑟为妻①)。正相反,那些征服了希克索斯人的埃及国王必定会刁难和压迫以色列人。这个情况的转变在《旧约·出埃及记》里有所暗示,因为那里说道:"有不认识约瑟的新王起来,治理埃及。"② 最初针对以色列人的措施看起来是强迫他们去修建城市,以便通过这个方式让他们放弃游牧民族的生活。一个明确的说法是:埃及人因为以色列人而感到"烦愁"(希罗多德在谈到埃及人对一切游牧民族的厌恶时,也使用了这个表述),因此他们残忍地强迫以色列人做各种重活,无论是和泥浆还是做砖头。③这里我顺带指出,罗塞林尼④《城市纪念碑》(*Monumenti civilis*)第45号插画里有一座图特摩斯一世时期的纪念碑,上面可以看到犹太人确实在给砖头刷泥浆,因为犹太人的特征即使在最远古的时期也是容易辨认的。此外慕尼黑的古董陈列室里有一个木乃伊,其无疑是一位法老的尸体;他的脚掌上面画了一些犹太人,这些人的面部表情是如此之真实和呼之欲出,足以让我们认识到犹太人的地位。

　　孤立无援的犹太人最终被正式驱逐出埃及。关于以色列人究竟是被驱逐还是自愿离开埃及,他们自己和他们的敌人有着完全不同的说法(曼涅托和塔西佗就是典型的例子),但这些情况的根据和主要原因始终是一样的。随着下埃及最终从一切残余的游牧民族

---

① 《旧约·创世记》41:45。——谢林原注
② 《旧约·出埃及记》1:8。——译者注
③ 参阅《旧约·出埃及记》1:12—14。——译者注
④ 罗塞林尼(Ippolito Rosellini, 1800—1843),意大利埃及学家。——译者注

手里解放出来，埃及真正伟大的数百年时间也开始了，而那些献给更具有精神性的宗教的巨大建筑作品无疑是属于这段完全打败了过去宗教的时间。这些更具有精神性的宗教的主要驻地就是忒拜。有一件事情虽然很令人疑惑，却是非常值得注意的，即上埃及、中埃及和下埃及是通过纪念碑建筑物来区分的。比如最后一座阿蒙神庙就是位于大象岛上的埃及疆界处。因为阿蒙的主神庙是在忒拜，普塔的主神庙是在孟菲斯，而据我所知，至少整个上埃及都没有普塔的神庙。当然，由于忒拜的大神庙不是由一座建筑物，而是由许多彼此有关并且通过巨大的庭院和画廊连在一起的建筑物组成的，所以这些纪念碑很有可能属于整个阿蒙宗教，随之属于整个三联体的神。忒拜是英雄时代的埃及国王的驻地，而孟菲斯是更晚的历史时间的埃及国王的驻地，从孟菲斯向下埃及行走几个小时的路程，就会看到尼罗河出现分叉并形成一个三角洲，这个三角洲上面的辉煌城市塞伊斯是普萨美提克王朝时期的埃及国王的驻地。奈特的著名神庙就在此地，而我接下来将要表明，奈特同样属于纯粹理知性的神的范围。

正如此前已经指出的，正是在这个四面环海的地方，按照希罗多德的说法，人们在夜间以神秘戏剧的方式表演奥西里斯的受难和死亡。在孟菲斯附近，突然出现了一个对于上埃及而言完全陌生的大型建筑物形式。我指的是**金字塔**。诚然，经过高①和卡约②的探险旅行，人们在阿斯旺附近的努比亚（阿斯旺是麦罗埃废墟的所在地，是进入文明社会的埃塞俄比亚的最古老的首都）和高地努比亚的巴尔

XII, 404

---
① 关于此处提到的名为"高"（Gau）的学者，暂时没有查阅到相关信息。——译者注
② 卡约（Frédéric Cailliaud, 1787—1869），法国矿物学家和探险家。——译者注

卡都发现了金字塔，但它们的高度和宽度都远逊于孟菲斯附近的金字塔，因此我们完全有理由相信它们的建造时间不会早于托勒密王朝时期，而且那里也发现了另外一些来自托勒密王朝时期的建筑。① 因此吉兹和撒哈拉的金字塔可能是原型，而大瀑布上游和努比亚的那些小金字塔仅仅是一种奢华艺术的仿制品。② 虽然通过最新的各种研究，埃及的许多方面都得到了澄清，但金字塔直到现在都仍然是一个谜。哪怕人们现在基于一个现实的理由把它们解释为巨大的陵墓，这也仍然是于事无补。因为这并没有解释那个意味深长的、明显与埃及意识的一个环节有关的**形式**（至于金字塔的巨大尺寸，或许可以解释为这是对于上埃及的高山的摹仿，因为下埃及就没有这样的高山）。甚至希罗多德的叙述已经暗示着这样一个特殊的关系。因为希罗多德说，这些金字塔里面最早和最大的那座金字塔是基奥普斯国王建造的，而且基奥普斯关闭了全部神庙，禁止民众去献祭。他的继任者齐夫林保持了同样的措施。但这两位国王的做法遭到了民众的仇恨，因此这些建筑物没有以他们的名字来命名。③ 这种关闭神庙和禁止献祭的做法看起来是对于多神论及其习俗的回应。但人们可以从两个角度来看待这个回应。首先人们可以把它看作一个尝试，即把那种更高的、在上埃及已经凌驾于民众宗教之上的一神论也推广到下埃及，而这激起了民众方面的反抗。这样一来，金字塔就是那种更高的一神论本身的象征，而且人们可以用那

---

① 麦罗埃南侧的荒漠里也有一些圆柱，明显体现出希腊风格和埃及风格的混杂。那些与这类金字塔放置在一起的双塔门也透露出折衷主义和摹仿的痕迹。——谢林原注
② 据我所知，这个猜测通过最近的一些探险旅行家完全得到了证实。——谢林原注
③ 希罗多德：《历史》，第二卷，第124、127—128节。——谢林原注

个作为金字塔建构的基础的四数来证明这一点,也就是说,四数是提丰、奥西里斯、荷鲁斯这三个潜能阶次加上那位凌驾于他们之上的大全一体的神而产生出来的(三个潜能阶次是基座,而唯一的神是它们上面的那个塔尖)。因为在那个理知性的诸神体系里,四数也是占据主导地位的数(虽然我们到现在为止仅仅推演出三数),比如希罗多德已经宣称埃及有八位最高神祇,但考虑到其中一半是女性神祇,所以这表明四数是基本的数。金字塔是第一个几何体或第一个稳固的东西,如果我们像古代的数论哲学那样,把点比拟为统一体,把线看作二生产出来的,把面看作三生产出来的,那么四的伟大意义恰恰在于,它仿佛被看作第一个具有几何体意义的数,即只要给出四个点,就可以得出五个正规的几何体当中的第一个几何体,金字塔。因此人们可以说,如果那些立在一座小金字塔之上的方尖塔如古人所言主要是献给荷鲁斯的,那么金字塔就是对应于理知性的诸神的那个最高统一体。

XII, 406

虽然这样一个联系从某些方面来看是很令人期待的,但也有很多东西驳斥了这个联系。也就是说,有三件事情尤其是值得注意的。第一,埃及人对这些庞然大物完全是漠不关心的,他们把金字塔看作某种对他们自己和他们的国家而言陌生的东西,不愿意谈论它们,也不愿意透露相关信息;这一点在希罗多德的整个叙述中都是显而易见的,或许这恰恰解释了为什么金字塔始终是一种晦涩难解的、谜一般的东西。第二,希罗多德还说,最早和最大的金字塔的建造者为了资助修建工程,竟然让自己的女儿通过卖淫来换取钱财[①],而这

[①] 希罗多德:《历史》,第二卷,第126节。——谢林原注

个特征立即让我们回想起巴比伦的情况。第三,那些居住在金字塔周围的人不愿意提到修建金字塔的国王的名字(这种厌恶本身就暗示着某种陌生的东西),反而用牧羊人菲利提斯的名字去称呼这些金字塔,因为他曾经在这个地方放牧他的畜群。①把这些放在一起来看,或许人们听到另外一个主张的时候就不会感到诧异,比如说金字塔根本不是起源于埃及,而是一个东方民族的作品,这个民族在很早以前就占领了下埃及,并且维持了一段时间的统治,甚至东方本身就有金字塔的原型,比如巴比伦的所谓的贝洛斯神庙就是金字塔。因此最终说来,是希克索斯人的国王建造了这些纪念碑。赫伦②确实敢于提出这个关于希克索斯王朝的猜想,但他的主要理由是这些作品的**粗糙性**,仿佛金字塔的意义仅仅是在于它们的庞大,而不是在于它们的形式,仿佛在今天通过某种建筑学方法去建造金字塔根本不是什么难事。但按照最新的编年史研究,这个猜想当然是站不住脚的,因为这些研究表明,金字塔是在希克索斯王朝**之前**的帝国时期建造的。但这里仍然有一些疑难,这些疑难的解决有待于最近刚结束的埃及探险旅行的成果,而我们尤其急切地期待着本森③发表其新著《埃及在世界史中的地位》(Aegyptens Stellung in der Weltgeschichte)的第三部分。

虽然到目前为止,对于埃及神殿的考察尚未完全揭示出那个更高的、精神性的宗教的历史产生过程,但我们已经清楚地认识到,我

---

① 希罗多德:《历史》,第二卷,第128节。菲利提斯(Philition)这个名字很容易让我们想起菲利士人(Philister,希伯来语拼写为Pelischtim),迦南的一个民族。——谢林原注
② 赫伦(Arnold Heeren,1760—1842),德国历史学家。——译者注
③ 本森(Christian Karl Josias von Bunsen,1791—1860),德国外交家和考古学家。——译者注

们所说的那些理知性的神和其他的神话神祇**不可能**处于同一个层次。但除了那些神殿之外,也有真正的历史证据,而希罗多德提供的可靠证据在这里同样占据着至关重要的地位。因此我们接下来的任务就是让埃及的诸神体系的这个发展过程与希罗多德关于埃及的各种诸神体系的记载达成一致,而我们现在就要讨论他的这些记载。

第十九讲
埃及的三个诸神序列

希罗多德多次谈到了埃及诸神的**不同序列**或不同世代,比如在谈到某一位神的时候,他会说这位神是属于**最初的**序列还是属于**最后的**序列。在一处地方,他明确地区分了三类神,因为他说:潘虽然在希腊人那里属于最年轻的神,但在埃及人那里,在他同时提到的三位神(另两位是赫拉克勒斯和狄奥尼索斯)当中却是最古老的神。希罗多德首先仅仅指出潘比赫拉克勒斯和狄奥尼索斯更古老,然后补充道,潘是**最初的**八位神之一,而赫拉克勒斯属于十二位后来产生的神,至于狄奥尼索斯(即奥西里斯),则是属于十二位神之后的第三个序列的神。[①]因此,如果谁自认为已经掌握了埃及的整个诸神学说,就必须首先能够解释诸神序列的这个区别,而正如我们已经看到的,这个区别被希罗多德规定为年龄的区别;其次他必须能够规定与这三个序列当中的每一位神相对应的**类型**,并且必须能够说出**个别的**(尤其是那些著名的)神祇究竟属于三个序列当中的哪一个序列。现在我们就来看看,我们的推演过程是否能够经受这个

---

① 希罗多德:《历史》,第二卷,第145节;亦参阅第42—43、46节。——谢林原注

检验。

关于**八位**最初的、因而一般而言最古老的神，我们只能这样理解，即他们是理知性的、永恒的、非出生的神（θεοὶ ἀγέννητοι）。因为没有什么东西能够比永恒的或非出生的东西更古老，而真正说来，这些东西根本没有落入时间，而是位于时间之外。迄今为止，所有的人都这样理解希罗多德关于八位最古老的神的言论，仿佛希罗多德认为这些最古老的神是**最初**并且首先在埃及占据主导地位的神。但希罗多德并没有这样说。没有任何证据表明希罗多德是因为这些神在**意识**里最先产生出来而把他们称作最古老的神，因为他根本没有谈到这一点。我在这个问题上的不同看法主要是针对某些人自相矛盾的观点，因为他们认为全部神话都是起源于一种最初在历史上曾经存在的一神论的分裂。假若是这样的话，那么阿蒙学说就将是这样的一神论，然后从这里产生出埃及其余的诸神学说。如果有人确实持这个观点，并且认为那些就其本性而言最原初的神就其**主观的**产生过程而言也是最古老的神，那么他必须考虑清楚，他接下来打算如何从这些位于高处的非出生的、纯粹理知性的神重新下降到那些在意识里很明显是通过一个过程而产生出来的、就此而言自然的神。在这种情况下，他必定和克罗伊策一样沉迷于"最古老的神"这个概念，并且接受他的流溢理论或肉身化理论，即意识不是从下往上攀登，而是反过来从已经认识到的更高的神性东西逐步下降到质料性东西。但每一个人都察觉到这样一个发展过程（即从高处不断堕落或下降到低处）是悖理的。也就是说，正因为埃及体系的那些最古老的神就其本性而言是最初的、最高的神，是永恒的而不是产生出来的神，所以他们就历史发展过程而言不是最早出现的，

XII, 409

毋宁说，这里和另外许多地方一样，最高的东西虽然就其本性而言是最初的，但就认识而言却是最晚和最后出现的。

有些人以为，那些理知性的神（比如阿蒙这位代表着原初的隐蔽状态的神）在历史上也是埃及意识的最古老的神，但这个观点的荒谬性不亚于说，因为卡俄斯或混沌（这明显是一个哲学思想，并且同样仅仅是一个理知性的思想）被置于希腊神话的开端，所以它也是希腊意识的第一个思想。实际上，正如这里作为最古老的东西而显现出来的，就其产生过程而言恰恰是最后出现的东西，埃及的那些最古老的神同样也是如此，而在我看来，这些神主要是指其概念已经被推演出来的那三个形态。诚然，希罗多德从未明确指出埃及的阿蒙属于八位最初的神，但从他把阿蒙称作忒拜的宙斯来看，他已经认识到阿蒙是整个埃及体系的最高的神，因此阿蒙必定是那些理知性的神的首领；除此之外，通过考察那些被希罗多德划入第二序列和第三序列的神的属性，也可以清楚看出他心目中的最古老的神具有怎样的属性。比如希罗多德说，潘不仅比埃及的赫拉克勒斯和埃及的狄奥尼索斯更古老，亦即在三者当中是最古老的，而且属于八位最初的神。在这个地方，希罗多德确实是在一般的意义上宣称潘是埃及最古老的神之一，但在另一个地方，他又说潘仅仅在孟迭斯地区或仅仅被孟迭斯人当作最初的神之一加以崇拜。[1]这里我必须指出，埃及的国土之所以划分为不同的地区或所谓的νομοί[行省]，既有宗教的原因，也有政治的原因，甚至宗教原因或许还要大于政治原因。比如每一个这样的行省都仅仅崇拜一种动物，或更

---

[1] 希罗多德：《历史》，第二卷，第46节。——谢林原注

确切地说,仅仅崇拜一位以特定的动物形态显现出来,并且总是以这个形态显现出来的神祇;甚至可能出现这样的情况,即一种动物(比如鳄鱼)在一个行省是宗教崇拜的对象,但在所有别的行省里都是宗教厌恶的对象。我们不妨设身处地想象一下,当那个一直以来阻止神的多样性产生出来的限制突然被打破,意识会处于怎样一个混沌状态。虽然我们曾经指出,每一个民族的意识在整体上是同一个意识,亦即在整体上是与神谱过程的同一个环节相对应的,但即便如此,意识也不可能在民族的每一个**部分**里都与同一个潜能阶次具有同样的关系,比如一部分人会觉得自己已经不怎么依赖于提丰,而另一部分人会觉得自己仍然深深地依赖提丰。只要人们合理地设想这些情况,就会明白,埃及宗教不可能展示出一种整齐划一的局面,这种局面毋宁适合那个更早的和更单纯的本原。实际上,可以毫不夸张地说,从历史记载已经明显看出,每一个地区,每一个行省,都有自己的特殊宗教和独特的宗教习俗,都有特殊的崇拜对象,但这并没有推翻宗教在整体上的统一性。就此而言,希罗多德在两个地方的说法不是自相矛盾的。潘可能仅仅是一个特殊的、仿佛地域化的形式,以此呈现出一位伟大的神。这一点也符合商博良通过一个完全不同的方式得出的结论,因为他已经证明,潘并没有被看作绝对意义上的阿蒙,而是仅仅被看作处于一个特定的形式、形态或外化下的阿蒙,亦即处于生殖、生产和创造状态中的阿蒙。但在这种情况下,阿蒙就是普塔,而我们在前面已经看到,普塔代表着一种作为膨压状态的造物主属性。

孟迭斯行省位于尼罗河在下埃及的所谓的孟迭斯河口。正如此前已经指出的,那里所崇拜的主要是作为造物主的普塔,而在忒拜,在这个最高的诸神体系的真正发源地，所崇拜的主要是诸神的首领阿蒙。①在忒拜的那些废墟里，人们仍然可以认识到最初理念的力量和势力。这里的一切东西都具有岿然不动的特征。它们的尺寸和比例关系都经过精心计算，以便让人想到一个永恒的、自古以来就存在着和绵延不绝的东西，并且对想象力而言仿佛取消了空间和时间的限制。人们在下埃及找不到类似的东西，除非把金字塔考虑进来，但我始终坚信金字塔属于一个比忒拜还要远古得多的时代，它们或许甚至是整个地球上最古老的神殿。诚然，孟菲斯的神庙和建筑物只剩下一些废墟，让我们很难确定它们的建筑风格，但这种彻底的摧毁岂非恰恰表明，孟菲斯的建筑根本不具有忒拜建筑的那种伟大而永恒绵延的特征，不能够像后者那样抵御时间的侵蚀和野蛮人的破坏？如果这个凡俗生命里的一切东西都是伴随着时间创造出来的，如果崇高的严肃是绝大多数人只能短暂忍耐的一种心灵气质和精神气质，我们自然也就理解，为什么忒拜纪念碑透露出的那种严肃不能保持为埃及意识的恒常气质。随着帝国的首都从忒拜迁到孟菲斯，忒拜很快就陷入荒凉状态，这种荒凉状态已经展示出一种改变了的宗教气质，以至于人们可以大胆地推断出，对普塔的崇拜——普塔就其本性而言更偏重于感性东西，并且更容易与埃及民族的其他宗教观念的感性属性结合在一起——在埃及历史的一段时间里曾经压倒了对阿蒙的崇拜。

基于这个推测，我认为一个事实是极为值得注意的。在此我要

---

① 上埃及的潘诺波利斯（凯姆米司）也是如此。参阅拜占庭的斯特凡对 πανός [潘]的解释（转引自商博良《埃及语法》第一卷，第258页）。——谢林原注（译者按，拜占庭的斯特凡 [Stephanus von Byzanz]，公元6世纪的拜占庭语法学家）

感谢本森先生在刚才提到的那部伟大而充实的著作《埃及在世界史中的地位》里对这个事实的报道。也就是说，在许多纪念碑上面，"阿伦"（Arun）这个名字（这是"阿蒙"在象形文字里的写法）看起来取代了此前曾经出现的"凯姆"（Khem），后者作为凯姆米司和潘诺波利斯的神，就是希罗多德称作**潘**的那位神。① 很显然，这不但暗示着一种后来慢慢出现的对于潘神崇拜的反抗，而且证实了那个推测，即潘神崇拜仅仅是普塔崇拜的一种退化，而普塔本身仅仅是阿蒙，亦即处于创造和创世状态中的阿蒙。只有到了托勒密王朝和罗马皇帝的时代，亦即人类意识向往重新回到古代宗教的那个时代，阿蒙的神庙才重新得到修缮和装饰。

因此我有理由认为，埃及的潘神崇拜仅仅是普塔崇拜的一个特殊分支，而且潘绝不是一位特殊的、与三位主神不同的神祇的名字。

但希罗多德明确宣称，埃及最古老的神有八位。由此可见，除了那三位主神之外，我们无论如何都必须再把另外一些神添加进来。问题在于，这是哪些神呢？首先无疑是第四位神祇。这里我们必须考虑如下情况。在那三个形态——代表着内转状态和隐蔽状态的神、处于扩张状态的神、从扩张状态回到统一体的神——之间，没有一种**实体意义上的**差异性；始终只有同一位神，在思想面前通过三个面貌或三个角度呈现出来。就**实体**而言，三位神里面是同一位神，也就是说，**这位**神不能被规定为他们**之外**的第四个东西，因为他是每

XII, 414

---

① 威尔金森在谈到那些最古老的神殿时指出，阿蒙的象形文字名字和拼音名字总是被另外一些无法解读的名字取代（《象形文字资料》，第4页）。——谢林原注（译者按，威尔金森［Sir John Gardner Wilkinson, 1797—1875］，英国考古学家）

一位神的实体。但是，**正因为**他们的差别不是实体意义上的差别，而是一个只有在概念或意识中才得以可能的区分，所以这个把实体性统一体中的三位神区分开的意识，这个既不同于实体，也不同于那三位区分开的神的意识，**实际上就是第四个东西**，与此同时，它必定作为一个内在于神、寓居在神之内的精神而被设定在神自身之内，不但位于那三个形式**之上**，而且位于实体之上，必定被规定为神性的最具有精神性的东西。这个最具有精神性的东西实际上也**出现**在一个形态里，而且这个形态无疑属于八位最高的神。这就是埃及的**赫尔墨斯**，或者用埃及人自己的称呼，就是托特（Thot）、托伊特（Thoyt）或塔乌特（Thauth）。他代表着推理的思维，亦即一种进行分割和区分的思维，他不再仅仅是实体性的统一体，而是一个**有意识的统一体**，亦即一个**同时**把形态的多样性包揽进来的统一体。

赫尔墨斯是那三个主神形态的唯一纽带，这个纽带位于神的实体性统一体**之外**，而这个统一体本身不能被认为不同于那三位神。因此赫尔墨斯可以被看作第四个东西。正如扬布里柯所说，赫尔墨斯是全部祭司共有的神（θεὸς ἅπασι τοῖς ἱερεῦσι κοινός），亦即是全部祭司共有的意识；他是一个同时面对那三位神的**意识**，而作为意识，他相当于他们的实体性统一体。通过赫尔墨斯的口传，祭司获得了他们的智慧，同时获得了各种圣书。他是诸神的史官，是清楚分节的语言和语法的发明者，因而也是推理式的、分割式的思维的教导者；他发明了文字、算术、天文学、宗教建筑艺术以及与他关系最为密切的音乐，甚至还发明了医术，而医术在埃及同样是掌管在祭司手中。这位跻身于理知性的神之列的赫尔墨斯叫作"最高的赫尔墨斯"，甚至被后世著名的《赫尔墨斯秘籍》称作"三倍最大的赫尔墨斯"(Ἑρμῆς τρισμέγιστος),而这个说法显然是出自埃及祭司。"三倍最大"这个说法再一次证明了我们的观点的正确性。所谓"三倍最大",意思是他三次设定并且包揽着最高的神,因为他是唯一的把那个最高的、理知性的三位一体联系起来的纽带,是所有埃及人心目中的最高意识;这个意识在三位区分开的神那里坚持着神的绝对的,亦即实体性的统一体,反过来,它在思考着统一体的时候,又区分出三个形态。

关于所谓的《赫尔墨斯秘籍》,这里值得说上几句。埃及祭司掌管着圣书,同时也掌管着全部科学,这是希罗多德已经加以证实的,至少他们曾经拿着圣书在希罗多德面前宣读其中的一些历史传说。① 诚然,这部以现在这个名称传世的著作肯定是起源于基督教,其中掺杂着诺斯替教派的思想和那种在亚历山大里亚融合了古代的琐罗亚斯德教智慧、埃及智慧、东方智慧和希腊科学的哲学的思想。但这并不妨碍我们像对待后期的新柏拉图主义者(比如扬布里柯)的著作一样,以谨慎的方式用它去证明一些事实。同时人们千万不要像最近的一些德国学者和法国学者那样,把这部著作灌输到埃及理念里面的哲学看作对于这些理念的真正解释。因为总的说来,这部著作的哲学顶多只是达到了后世的流溢体系的概念。基于这种流溢说,这部著作必然会认为其他的神是从那些理知性的神那里流溢出来的;在这种情况下,它就把埃及的诸神体系的那种自然的、实在的联系转化为一种单纯观念上的、形而上的联系。

---

① 正如我们看到的,普鲁塔克也提到过τοῖς σοφωτέροις τῶν ἱερέων [祭司里面那些最智慧的人]。——谢林原注

现在，除了理知性的神的那个三位一体之外，我们也找到了第四个潜能阶次，这也是他们之外唯一可以设想的一个潜能阶次。换言之，除了他们之外真正可以设想的第四个东西，只有那个寓居于他们之内，把他们全部贯穿起来，从而同时把他们统一起来的意识，而且这种统一不仅仅是实体意义上的统一。

只要找到了四数，推进到八数就不是一件难事。因为在每一位男性神祇旁边放置一位女性神祇，这是一个**普遍**的神话形式。也就是说，当我们把四位女性神祇放置在四位理知性的男性神祇旁边，就达到了八数。在理知性的神里面，至少有两位女性神祇，这是毋庸置疑的。第一位是**阿托尔**（Athor），她被希腊人称作埃及的阿佛洛狄忒。众所周知，希腊人认为他们的阿佛洛狄忒在远古的诸神世界里占据着一个极为崇高和极为悠远的地位，比如她在萨摩色雷斯就享有这样一个崇高的地位。就我们所知，阿托尔的所有属性都表明她是位于伊西斯*之上*，同时又与伊西斯具有极大的相似性，以至于克罗伊策认为她们是同一位神①，而这是因为他缺乏一个真正的层级秩序和相继性的概念。在埃及神学里，阿托尔代表着黑暗，代表着一位尚未走出自身的神的隐蔽状态或无能状态，代表着万物开端处的 τὸ ἄγνωστον σκότος [未知的意图]。就此而言，我们可以把她看作一位与隐蔽的神阿蒙相对应的女性神祇；按照某些记载，她是站在隐蔽的神和启示的神之间的可能性，并且推动前者启示自身。她手持铃鼓翩翩起舞，这让我们想起《旧约》所说的那个 הָ‎מְ‎בַ‎ת‎ [智慧]，

---

① 《克罗伊策文集》，第一卷，第519页。——谢林原注

她在上帝奠定大地的根基时常常在他面前嬉戏。①接下来,在那些理知性的神里面,第二个女性形态是塞伊斯的**奈特**(Neith),而希腊人将她比作他们的雅典娜。至于奈特作为女性神祇是与哪一位男性神祇相对应的,这一点很难确定,但我们知道她也属于那些理知性的神,这就够了。也就是说,虽然我们不能指出埃及**全部**八位最古老的神的名字,但我们至少已经证明,在我们认识的神当中,哪些属于他们的行列;而且我们已经表明,这八位神只能是我们在其他语境下所说的那些θεοῖς νοητοῖς [理知性的神]。

根据希罗多德所述,第二古老的诸神序列由**十二位**神组成,但我们只知道赫拉克勒斯属于这个序列,反之奥西里斯(亦即狄奥尼索斯)不属于这个序列,因此那些与奥西里斯同时出现的神也不属于这个序列。那么我们应当如何解释这十二位神呢?可以确定的是,他们已经**低于**理知性的神(infra eos positi),但又不属于奥西里斯那个序列的神。既然如此,最自然的想法莫过于把他们看作埃及意识里直接先于奥西里斯、伊西斯和荷鲁斯的那个过去时间里的神。虽然提丰、奥西里斯和荷鲁斯标示着埃及意识的那个环节,那时埃及意识决定在神谱运动中接受自己的位置,虽然埃及人只有伴随着并且通过奥西里斯学说和荷鲁斯学说才真正是埃及人,但这并不意味着埃及人没有分享过去的那个**普遍的**神话时间,毋宁说,当埃及人通过这个方式被固定在神话过程的这个环节,就遗忘了早先的那些环节。因此,提丰、荷鲁斯和奥西里斯仅仅是那十二位神的进一步的发展和规定。正如希腊人在神话过程里是**最后**发出自己的声音,正如

---

① 《旧约·箴言》8:30。——谢林原注

希腊人在完成自己的诸神体系时，把那些虽然已经出现在他们的早期意识里，但并没有让他们停下脚步的神当作过去的环节，当作一个早期的、过去的时间的神，接纳到他们的神谱里，埃及人同样也是如此。严格意义上的埃及神话是开始于那个以提丰、奥西里斯和荷鲁斯为标志的环节；在这个意义上，在这个**历史的**意义上，他们是真正的埃及人的最古老的神，而我们的推演过程也是在这个意义上以他们为开端，但他们本身在埃及意识里暗示着**过去的**一些神，这些神在**埃及**意识里是先于他们而出现的，但埃及意识在这个时候还没有真正形成，没有在这里停下脚步。

因此，关于这个在埃及神话里作为单纯的过去而出现的更古老的诸神世界，至少我们可以提到几个名字。奥西里斯和伊西斯是两位神的儿女，**这两位**神被希腊人（比如普鲁塔克）称作克罗诺斯和瑞亚（瑞亚在希腊神话里是克罗诺斯的妻子）。按照我们此前的推演，克罗诺斯环节是埃及环节的直接过去，而且我们已经指出，埃及的提丰实际上就是更具体的、受到更多限制的克罗诺斯，仅仅是一位已经沐浴在更高的神的光照下的克罗诺斯。当埃及意识把一位克罗诺斯放在过去，放在提丰**前面**，也没有缺失一位赫拉克勒斯，因此我们现在或许可以更有把握断定，在埃及意识里也有一个与腓尼基的和希腊的赫拉克勒斯相对应的潜能阶次。当希罗多德把赫拉克勒斯放在十二位（中古的）神里面，这就证明我们的那个推断是正确的，即那十二位神在埃及意识里是与克罗诺斯的时间相对应的。基于商博良的发现，这个**数目**很容易得到扩充，因为他通过象形文字研究看起来已经表明，除了埃及的克罗诺斯和瑞亚之外，另外一些神无疑也属于这个序列，而如果太阳神扮演着一个重要的角色，那么这位神也属于对一个早先时间的追忆。值得注意的是,希罗多德在谈到十二位神的时候,也仅仅说他们是晚于八位神而出现的,没有说他们是后者生出来的,反之他明确指出,那些更晚的神(比如奥西里斯等等)是由十二位神生出来的。[1]

至于最年轻的诸神序列,因为希罗多德已经把埃及的狄奥尼索斯归入最年轻的第三代神,所以我们对于哪些神祇属于这个序列也心中有数了。唯一需要指出的是,虽然这些属于第三序列的神祇在埃及神话的最终体系里面显现为最年轻的神祇,但仍然必须被看作最初的真正意义上的埃及神祇,因为那些直接先于他们的神祇(第二个序列的神祇)仅仅是作为过去而被接纳到真正的埃及神谱里面,反之第一个序列的神祇虽然是最后才被认识到的,并且在这个意义上是最年轻的神祇,但他们仍然被置于开端,好比在希腊神谱里,虽然卡俄斯(混沌)被置于开端,但没有谁会因此认为希腊人真的是从这个概念出发的(这一点我们在前面已经予以揭示)。

在第三个序列的神当中,我们知道名字的有:提丰和与之对应的奈芙蒂斯,奥西里斯和与之对应的伊西斯,荷鲁斯和与之对应的布巴斯提斯(她和荷鲁斯的关系相当于伊西斯和奥西里斯的关系,并且取代了伊西斯的位置)。第七个形态是阿努比斯,无疑也与一位女性神祇相对应,而且这位女性神祇与布巴斯提斯的关系相当于阿努比斯和荷鲁斯的关系。

经过以上所述,我相信已经推演出埃及的整个诸神体系,从而完成了任务。我相信,只要你们根据上述理念把通常那些更详细的

---

[1] 希罗多德:《历史》,第二卷,第43节,参阅第145节。——谢林原注

阐述串联在一起，就会在这些理念的帮助之下消除曾经的困惑，揭示出清晰的条理。

　　尤其重要的是，按照这个观点，埃及神话包含着一个过去，而这个过去可以解释某些最近才被注意到的事情。我们在推演埃及神话时是从这样一个环节出发的，在那里，提丰和奥西里斯是同一位神，尚未**作为两位神**被区分开，因此在历史上必定有一个随后的环节，在那里，**二者**已经作为对立面被区分开，被看作彼此分离的。实际上，在塞索斯特里斯的父亲的别名里，提丰的特征和奥西里斯的特征是交织在一起的，也就是说，二者被当作同一位神来对待，而在门诺斐特（他是塞索斯特里斯的弟弟和直接继承者）的别名里，提丰和奥西里斯也是同时出现的，不是作为提丰或奥西里斯，而是作为提丰-奥西里斯或塞特-奥西里斯而出现——塞特（Seth）是提丰的埃及名字，而提丰很有可能是一个东方名字צְפוֹן，因为希伯来语的Z在其他闪米特方言里被简化为T，所以他本来叫作扎丰（Zaphon, Zaphun），而扎丰可以被解释为一位隐蔽的或秘密的神（Deus sinister）；也就是说，提丰的名字已经包含着奥西里斯的对立面，是一位后来的神，而普鲁塔克很有可能已经知道他的原初名字是塞特，从而证实了最新的研究；换言之，塞索斯特里斯仍然被称作塞特-奥西里斯的情人，但在拉美西斯的神庙里，却是**提丰**——他在这里叫作努比（Nubi）——把生命和权力授予国王，同样，在早期环节里，奈芙蒂斯仍然完全占据着伊西斯的位置，而在英雄时代的一些纪念碑里，塞特的名字和他的象形文（长颈鹿）看上去是后世才雕刻上去的，所有这些事实都没有反驳我们的推演，反而是从新的角度另外证实了我们的推演。

但如果人们由此推断出，需要一场声势浩大的宗教革命才可以推翻塞特及其仆从的统治（实际上，哪怕在普鲁塔克的时代，塞特的统治都没有被推翻，也就是说，塞特仍然通过献祭和神庙受到崇拜），把提丰标定为奥西里斯和全部埃及神祇的敌人，如果人们认为，这一切在根本上是因为埃及宗教在最晦暗的远古时期是一种纯粹的一神论，那么我当然不可能同意这些观点。正相反，我坚信这一点是最为确凿无疑的，即奥西里斯-提丰是整个埃及神话和埃及神学的出发点、基础和根基，更何况希罗多德已经指出，对奥西里斯和伊西斯的崇拜是唯一的被**全部**埃及人都接受的崇拜。也就是说，那构成一个宗教发展的基础的东西，始终是普遍的。反之更高的发展过程仅仅属于少数人，比如阿蒙宗教显然不是埃及的普遍宗教。经过一个时代对材料的揭示和发掘之后，才会出现批判的时代，而批判必须在一切地方探索可能性，比如在三千年的时光里，类似于象形文字这样的精妙文字为什么能够仅仅发生一些无关紧要的变化。只有通过批判的考察，尤其是通过当代最伟大的学者对著名的方尖碑的批判考察，近代的编年史研究和历史考据才获得其完满的价值。

XII, 421

现在我们转向最后一个要点，即对于埃及的**动物崇拜**的解释。

毫无疑问，埃及宗教里面与我们的概念和情感最为相悖的是这种宗教在某些方面对于动物的偏爱，以及某些神祇完全或至少在某些方面具有动物的形态。我说的是"某些方面"，因为在绝大多数情况下，只有头部（理知性的部分）藏在一个动物形式（比如狼头或鸟头）后面。如果人们不是从头至尾追溯意识经历的整条道路，确实会觉得这是一个不可理解的现象。因为埃及人看待动物的方式和

XII, 422　我们是不一样的，他们不是从观察动物出发，然后像人们常说的那样，要么基于它们的用处和好处，要么基于它们的危害而将它们予以**神化**；诚然，这种与用处或危害有关的情况也是不能排除的，比如白鹭在埃及是伴随着尼罗河的丰水期出现的，它们会啄食蛇类和泛滥的尼罗河带来的那些危害庄稼的昆虫。也就是说，白鹭与周期性泛滥的尼罗河的这种关系，它们的有规律的出现，确实是埃及人把它们当作宗教崇拜对象的原因之一；但这些情况并不足以导致人们对白鹭的崇拜，除非埃及意识里的神谱过程本身包含着一个环节，即过去是在天体之内看到神性东西，现在却是在动物之内看到神性东西。实在的（非精神性的）本原必须遭到否定——遭到贬低并成为质料——，然后才能达到精神性东西。也就是说，那些自然史的情况仅仅与埃及人的一般的宗教气质，与他们对于自然事物和神性事物的整个观点合在一起发挥作用，而这个观点是通过一种**内在的**必然性而产生出来的，亦即不依赖于那些外在的自然史意义上的事实。埃及人在尼罗河的周期性的泛滥和退潮中仅仅看到他们的神（提丰和奥西里斯）的故事在每一年里重新上演，因此他们必定会觉得一切与这个场景有关的东西都是与他们的诸神历史交织在一起。诚然，白鹭的那些特殊属性确实可以解释埃及人为什么在各种鸟儿里面恰恰选择这种鸟的头去标示一位代表着科学、理智和审慎的神。但动物本身之所以被看作神圣的并受到崇拜，这件事情的根据还是在于意识自身之内的一个深刻得多的关系。

XII, 423　另一个常见的解释是，某些动物原本只让人们想到神性的一些谓词、属性或特性，好比希腊诸神身边的动物就代表着他们的**属性**；到后来，当宗教堕落了，动物本身就成为崇拜的对象。动物长久以来就被当作某些道德属性的象征，这是很自然的；因为，正如在人类那里，每一个个体都分有了众多可能的性格，在动物王国里，每一个特定的性格都被分配给各个族类，而且动物本身在这种情况下也成为disjecta membra poetae [碎片]①，亦即人的碎片。真正说来，人身上的一切属性都应当达到一种和谐的平衡。任何一个单独显露出来的特征，比如狡诈，都是某种动物性的东西。在希腊人的观念里，诸神身边的动物标示着一些道德属性，至于宙斯的雄鹰、阿佛洛狄忒的鸽子、雅典娜的猫头鹰等是否可以被看作希腊意识里的一个较早的、与埃及环节类似的环节的痕迹，以及这个环节本身在希腊意识里是否也和在埃及意识里一样已经**显露出来**，从而只留下一些痕迹，这些是一个特殊研究的对象，而我们在这里当然不可能做出决断。但不管怎样，那些在埃及的真实动物里展现出来的崇拜是如此之严肃，以至于我们不能仅仅用宗教的堕落（这个堕落根本是无法证明的）而导致的标志与标的物的混淆去解释这种崇拜。埃及意识绝不是出于任性或偶然而把动物看作神圣的。对埃及人而言，动物不是神，而是一些环节，因此同时是诸神的生命留下的痕迹。动物的**现象**在**自然界自身**之内不是什么偶然的东西，而是普遍的、逐步推进的自然过程的一个必然的环节，同理，动物在埃及神话里也不是偶然出现的，而是必然出现的，并且标示着神谱过程的一个现实的环节。

除此之外，人们试图通过一个假设来更轻松地解释动物崇拜，　XII, 424

---

① 这个谚语出自罗马诗人贺拉斯，字面意思为"诗人的分散的肢体"，后来也引申出"残篇"和"碎片"的意思。谢林在《先验唯心论体系》（先刚译，北京大学出版社，2024年，第288页）也使用了这个说法。——译者注

即首先有一些动物形象被放到天上，随之仿佛具有神圣的意义，**然后**尘世里的动物作为天上的那些动物的代表才受到崇拜。但埃及人奉为神圣的那些动物恰恰没有被放到天上。诚然，最古老的星辰崇拜者在作为牧人经过荒野的时候，确实有可能把那些在天上闪烁的星星看作天上的牧人在空旷的以太里放牧的畜群；但他们不可能想到把动物放到天上，也不可能把动物与那些具有纯粹精神性意义的存在者混淆起来。就此而言，无论黄道十二宫具有多么悠久的历史，都不可能比意识的这个当前环节更早出现。单是用动物形象去标示太阳每一年的运行轨迹，就必定需要一个与此前完全不同的看待天空的观点。从这个理由来看，那个通过古代的普遍传统而广为流传的说法，即黄道十二宫是埃及人的发明，很有可能是真实的。动物必须首先在大地上获得神性的意义，否则它们不可能被放到天上。

所有这些解释都表明，埃及的动物崇拜是一个棘手的问题。通过一个**普遍的**思想，即神话一般而言是基于人类的一种自身异化，我们可以更容易理解这个现象。我的意思是，动物不是由于它们自身，而是作为提丰的最终现象，才受到崇拜，因为埃及意识仍然长久地执着于提丰，而这始终阻碍着那些纯粹精神性的神的显现。在埃及，整个**动物王国**作为一种原初地与诸神历史融为一体的东西具有某种神圣的意义。如果有人杀死了一只白鹭、雀鹰或神圣的山鹰（它由于其强大的飞行能力而象征着最高的精神性），那么他本人也会被杀死。某些动物在神庙里被喂养，但除此之外，每一座房屋，每一个家庭都有自己的神鸟，它得到最精心的照料，并且在死后与家族成员埋葬在一起。除非人们承认，埃及民族注定所属的那个意识环节本

XII, 425

身与自然界里面形成动物的环节处于一种平行的关系,否则这一切都是不可理喻的。埃及意识仍然处于斗争中,亦即刚刚走上那条通向人类的诸神的**道路**。对埃及意识而言,动物就标示着这条道路,这一点在根本上已经得到证明。库柏勒相当于从无机的时间到有机的时间的过渡,她的出现是为了让第三个精神性的潜能阶次加入前面两个潜能阶次,而埃及意识的独特之处正在于此。尽管如此,**纯粹精神性**的东西不可能立即产生出来,因为这必须以实在本原的完全咽气为前提,但奥西里斯与提丰的斗争已经表明,这种咽气不是直接发生的。

在神话里面,没有任何东西是来自自然界,毋宁说,自然过程作为神谱过程在意识之内重复自身。基于某些前提,人们可以说每一个自然事物都是一位变形的神。这一点尤其适用于动物,因为在动物那里,大全的潜能阶次确实已经呈现出来,哪怕它还没有达到那个最高的、将一切东西都消融的统一体,那个只有在人身上才达到的统一体。自然界的盲目本原在其位于自身之外的存在中显现为非感性的、非精神性的本原,当它重新返回到它的自在体(An-sich),回转为纯粹的能够,它就接纳了一些精神性属性,在动物的自由而随意的运动里显现为一个**在某种程度上掌控着自身**的东西,并且在动物的感性的表象能力里显现为一个能够进行区分和通过区分而进行认识的东西。动物呈现出实在的神本身的过渡。当这位神作为神而死去,就活在动物中。对埃及人而言,动物是提丰的抽搐着的肢体。人是一位作为精神而**完全**掌控着自身的神,一位复活的神。人们不要以为这在某种意义上是在为偶像崇拜辩护,因为那个崇高的诫命,"不可为自己雕刻偶像,也不可作什么形像,仿佛上天、下地和地

XII, 426

底下水中的百物"①，与"自然事物是神性东西的虚假形象"这个理论命题或科学命题并不矛盾，它仅仅禁止人们去崇拜这些东西而不去崇拜神，但这不是因为这些东西实际上**不是**simulacra divinitatis [神性的虚假形象]，而是因为对着神性的虚假形象祈祷是对于人的贬低，因为人自己就是神性的形象，他有能力、有义务与神性直接交往，与神性合为一体。

除此之外，对于那种在埃及已经得到证实的动物崇拜，我们还需要做出某种区分。当人们在神庙或一座房屋里喂养一只神圣的动物时，他们崇拜的不是个体，而是那个在族类中活着并表现出来的理念，亦即神话过程的一个环节。这一点也体现于某些法国人在后来的科学探险中注意到的一个情况，即在动物的墓地里，**整只**动物（如果是大型动物，那么至少是它的部分肢体）都完全和人的尸体一样被制作为木乃伊并加以保存；这恰恰表明，埃及人把每一只动物都看作一个**永恒**的概念，因为如若不然，还有别的什么原因会促使他们像对待人的尸体一样对待动物的尸体呢？在这类墓地里，人们也注意到，那些类似的或属于同一个族类的动物总是以阵列的方式摆放在一起。比如在埃及神话里，布巴斯提斯出于对提丰的畏惧而化身为一只猫，因此猫是布巴斯提斯的一个现象，但在布巴斯提斯神庙附近，不仅有猫的木乃伊，也有各种掠食动物比如狮子、老虎等（即**我们**所说的猫科动物）的尸体或部分肢体的木乃伊。

如果布巴斯提斯是因为躲避提丰而化身为一只动物，那么人们很自然地会把这看作布巴斯提斯在意识里的第一个现象。但所有这

---

① 《旧约·申命记》5: 8。——译者注

些神祇在意识里的第一个现象都是充满争议的。虽然布巴斯提斯代表着已经被征服的提丰的意识，但她毕竟在斗争的过程中已经显露出来，而这里有一个极为重要的标志，即人们认为那个仿佛第一次看到了精神的潜能阶次的意识就隐藏在掠食动物里面。因为在自然界里，掠食动物（我们可以首先把它们称作"意志动物"）同样是在人类之前不久出现的。我不可能同意二十多年前的一个流行的观点，它认为动物王国里面有着双重的序列，即进化的序列和退化的序列，而且掠食动物就属于退化的系列。这个温柔的、有点多愁善感的观点希望把自然界里的野兽看作一种堕落。但整个自然界从一开始就是立足于一个**真正说来**不应当存在的东西，因此这个本原在即将被征服的时候，必然会以最猛烈的方式爆发出来。一般而言，自然界里的全部事物都是处于一种无理智的状态，相应地，我们发现那些属于最高级别的动物处于一种持续的疯狂状态，而这是非精神性的自然界第一次看到精神性的自然界的时候必然陷入的状态。掠食动物带着怨恨和愤怒撕咬那些柔弱的、完全不具有进攻性的动物，这种愤怒是一个觉察到自己即将死亡和沉沦的本原的愤怒，是它的怒火的最后一次爆发。

在埃及的坟墓里，同类动物的尸体被摆放在一起，这表明埃及人崇拜的不是个体，而是那个活在个体中的**永恒的概念**，过程本身的那个环节。我希望再用一个证据表明，埃及意识仿佛在重复着整个深沉的有机过程，即**唯有**在埃及的一个叫作阿纳玛或阿纳帕的地方，**人**也受到崇拜。只有两位作者亦即波菲利奥和尤西比乌谈到了这件事情，但他们并没有提供人们想要了解的更具体的信息。不过有一点是清楚的，即这个崇拜不是基于一位历史人物的神化，因为这种做法对埃及人而言是完全陌生的，他们甚至不会像希腊人那样在"英雄"的名义下崇拜某些更高级别的存在者。从埃及神话的整个特征来看，这个崇拜显然不是基于人的道德意义或精神意义，而是仅仅基于人的**自然**意义，而且埃及也只有**一个**地方才把人当作崇拜对象。因为人本身在自然界里是**唯一的**——正如圆心是唯一的。

但**另一种**动物崇拜看起来是基于不同的观点，这种动物崇拜很显然构成了一个封闭的圆圈，因此需要一个独立的考察，进而无疑也需要一个独立的解释。我指的是对于神牛的崇拜，或者如果古代的某些作者的证词是值得信任的，对于三头神牛的崇拜。希罗多德只知道孟菲斯的一头叫作阿庇斯（Apis）的神牛①，因此其他作者所说的三头神牛可能是指同一头神牛。阿庇斯显然是一个特殊的、身上带着特殊标志的个体，它的额头上有一块三角形的白斑，身体一侧也有一块新月状的白斑，舌头下面有一个类似于神圣甲虫的凸起。当一头老的阿庇斯死去之后，人们就在一个个体那里找到一头新的阿庇斯，首先把它带到赫利奥波利斯的一个每天早上开放的大厅里喂养四个月，亦即把它当作姆涅维斯（Mnevis），然后再隆重地把它带到孟菲斯的普塔神庙里。至于赫尔蒙提斯崇拜的第三头叫作帕西斯（Pacis）的神牛，只有马克罗比乌斯听说过。关于这种神牛崇拜，有一点尤其值得我们关注，即以色列民族和那个带领他们离开埃及的人[摩西]表现出的对于牛的执着。当然需要注意的是，以色列人所指的是**小牛**，但希罗多德也把阿庇斯称作μόσχος [牛犊]。简言之，这种神牛崇拜的独特之处在于：1）它所崇拜的是个体本身；2）它与

---

① 希罗多德：《历史》，第三卷，第28节。——谢林原注

一种"贞洁受孕"的理念有关(生下阿庇斯的母牛是受到天光照耀而怀孕)。除此之外,阿庇斯与"灵魂转世"的理念也结合在一起,也就是说,每当一头阿庇斯死去,它的灵魂就进入一头新的阿庇斯体内。这些看起来根本不符合埃及人的观念,而且和埃及人通常的那种灵魂转世学说也没有关系(后者认为灵魂不是进入同类的另一个个体的身体,而总是进入另一个种类的动物)。最后这个理念带有某种陌生的意味;它让我们想起喇嘛教,因为在这个宗教里,当一位活佛死去,他的灵魂就转移到他的继承者之内。因此如果阿庇斯如普鲁塔克说的那样被看作奥西里斯的一个活生生的形象①,或者说如果阿庇斯是一位转世的奥西里斯,那么在我看来,这仅仅意味着另一种文明与埃及文明的结合,因此前者原初地是属于一条对于埃及宗教来说完全陌生的路线,但它不可能被完全征服或克服,并且在这种情况下与埃及理念结合在一起。

从这个角度来看,以色列民族念念不忘地执着于对牛的崇拜是尤其值得注意的,只不过以色列人崇拜的是一头仅仅位于形象中的牛,而埃及人崇拜的是一头活生生的牛。但那头应当在形象中受到崇拜的牛很有可能只不过是一头真正的活生生的牛的形象。埃及的这种神牛崇拜或许可以让我们回过头来更好地理解埃及的希克索斯时期。但这种神牛崇拜本身应当作何解释呢?无论如何,有一点是值得注意的,即第一头神牛姆涅维斯是在希克索斯人(一个所谓的牧人部落)建立的太阳城里受到崇拜,然后再从那里被带到孟菲斯。从希克索斯人为自己建立一座城市似乎可以推断出,他们已经不再

---

① 普鲁塔克:《伊西斯和奥西里斯》,第43节。——谢林原注

是**纯粹的**游牧民族,也就是说,他们仅仅是另一个源头下来的部落,并且遵循着一条不同于埃及人的宗教路线。以色列人至少在埃及居住的最后那段时间看起来也不再是纯粹的游牧民族,他们虽然保持为牧人,但已经开始融入埃及的农耕部落和市民制度。摩西之所以带领他们离开埃及,或许主要就是为了阻止这件事情,而他们离开埃及之后,有40年的时间是生活在荒野里,亦即保持游牧民族的生活状态,而这显然是为了杜绝偶像崇拜,重新适应纯粹的信仰以及他们在埃及时已经遗忘的游牧民族习俗。

按照一些颇受欢迎的天文学解释,神牛意味着春天的太阳,但如果人们不是这类解释的忠实拥趸,他们仅仅会认为,神牛象征着一个粗野的,但通过更高的力量可驯服和已经被驯服的自然界,象征着从最古老的时间的粗野放纵的生命过渡到受法律约束的生命,而这种生命是从农耕开始的——因此也象征着从游牧民族的生活过渡到农耕状态。众所周知,阿庇斯不是指野牛,而是指那种温顺的、已经为人类服务并听从于人类的牛。就此而言,我认为阿庇斯崇拜必定属于埃及部分地区的一条特殊的宗教路线,这条路线的痕迹从未消散,而是以刚才提到的那种精细的方式与奥西里斯学说结合在一起,也就是说,赫利奥波利斯的神牛被带到孟菲斯,随后被宣称为奥西里斯的转世形象($\varepsilon\iota\kappa\grave{\omega}\nu\ \check{\varepsilon}\mu\psi\upsilon\chi o\varsigma$),而奥西里斯恰恰是农耕的守护者![1]在服务于人类并承担农活的牛身上,人们看到了奥西里斯的形象,并且崇拜这个形象。

---

[1] 普鲁塔克:《希腊习俗问题》(*Fragen über griechische Gebräuche*),第36节。——谢林原注

第二十讲
印度神话中的梵天、湿婆和毗湿奴

　　正如前面已经指出的,伴随着埃及神话,我们第一次进入完整的神话(亦即那些达到了潜能阶次的大全的神话)的领域。这些完整的神话,正因为都是完整的,所以彼此之间处于**平行的**关系,而我们接下来必须提出的一个问题,就是在这种情况下如何思考它们之间的一个前后顺序。当我们在这些完整的神话里把第一个席位指派给埃及神话,这已经与一个强大的成见相对立。这个成见是最近40年才形成的,最终几乎得到了普遍的认可,而在它看来,印度神话包含着全部神话的原初体系,一个在其他的神话里已经破碎的原初体系。按照这个甚至已经被写入教科书的前提,印度民族必定也被看作一个原初民族,于是人们毫不犹疑地断定,印度人不但早于埃及人和腓尼基人,也早于亚述人、波斯人、梅地亚人,甚至早于希伯来人。因为博伦①在他的《创世记评注》里甚至宣称,《创世记》里关于

---

① 博伦(Peter von Bohlen, 1796—1840),德国东方学家。其影响较大的著作除了上面提到的《创世记评注》(*Die Genesis, historisch-kritisch erläutert*)之外,还有1830年发表的两卷本《古印度与埃及的特殊关系》(*Das alte Indien mit besonderer Rücksicht auf Aegypten*)。——译者注

创世、伊甸园、人被驱逐出伊甸园之类所谓的神话都是从印度传统那里继承过来的。尤其是印度人的圣书《吠陀》，现在被看作全部后来的智慧、宗教和科学的原初源泉。后面我们将会看到，《吠陀》是一部把许多短文和构想收集起来的具有科学价值和某种学术价值的汇编，其中有些篇章展现出一个极为古老的世界，但恰恰这些篇章无疑是起源于一个比印度更为古老的世界。诚然，作为人类的各个部分，全部民族都具有一个同样伟大的过去。哪怕人类的**一个**部分晚于印度民族而明确地出现，它在原初的意义上也包揽在普遍的人类之内，并且就其自身而言，作为普遍人类的一个部分，也可以回溯到最久远的远古时间。但真正意义上的印度人的历史是从印度人把自己规定为印度人的那个点才开始的，而毫无疑问和无可辩驳的是，这个点一方面以他们的语言为标志，另一方面以他们的神话为标志。现在，所有的梵文专家都一致认为，梵文从语法发展来看是希腊语的直接先驱，而印度人通过他们的神话也表明他们是希腊人的直接先驱。既然如此，把印度看作文明和宗教的原初故乡，尤其看作全部神话的原初故乡，这究竟能有什么意义呢？

造成这种想法的原因之一，是英国人统治了印度半岛并在加尔各答建立了一所亚洲研究院，当人们第一次接触到印度神话的形式和理念，感受到了某种惊诧，而这种惊诧很快导致一些最为夸张的期望。在人们的想象中，在印度可以找到最古老的体系的真正源泉和最初起源，以及那些已经传播到世界各地的宗教观点和哲学观点的整个链条上面的第一颗钻戒，至于这些观点的原初意义，按照人们的承诺，在印度可以有更可靠的发现，因为印度研究不像现在的古代研究那样仅仅与一些早已没落的民族（比如埃及人、腓尼基人、波斯人）的早已散失的文献残篇和艺术品作品打交道，而是与一个作为整体延续到今天的民族打交道，这个民族的书籍，哪怕是最古老的书籍，都完好无损地保存下来，更何况这里还有一个便利之处，即这个仍然存在着的民族拥有一些活着的老师傅，而人们相信，这些老师傅不但能够解释这些书籍的语言，而且能够解释其中的科学内容。针对这种最初的狂热，恐怕只有一个想法能够让我们冷静下来，即一个像印度的神话、宗教和哲学这般如此复杂的体系不可能是原初的、单纯的、开端性的东西。既然如此，印度怎么可能是全部宗教和文明的摇篮，甚至是人类本身的摇篮！[①]

XII, 433

或许是出于上天的一个特殊安排，当那些通过英国人的辛勤劳作而保存下来的印度启示开始受到普遍的关注，几乎在同一个时间，通过法国人的探险考察，长久以来处于晦暗状态的埃及思想也被揭示出来。当人们察觉到埃及文明和印度文明之间的某种相似性，很自然地会设想两个民族之间有一个历史联系和一种**质料上的**观念传承，只不过他们觉得相比之下从埃及文明到印度文明的过渡是更不可信的。实际上，就我们所知，印度祭司一直试图利用基督教传教士的热情去传播他们自己的宗教观念和神话观念。在这种情况下，人们更愿意把更封闭的埃及看作印度的一个精神殖民地，而不是反过来认为埃及观念传到了东方；也就是说，要么是一些埃及祭司去了印度，在那里学习了《吠陀》的体系（关于这个体系，人们直到不久以前都只有一些极为模糊的了解），要么更有可能的是一些印度祭司经过阿拉伯海湾和麦罗埃移居到了埃及，而且有人甚至认为

[①] 参阅谢林：《神话哲学之历史批判导论》，第21页以下（XI, 21 ff.）。——原编者注

他能够证明这条道路的存在，因为这条道路上能够找到一些同时具有埃及风格和印度风格的宗教建筑。这主要是赫伦所做的工作。但最新的探险考察的一个贡献，就是彻底驳斥了这个认为有一种从埃塞俄比亚传播到埃及的文明的观点。诚然，如果要对各种神话的相对年代做出一个判断，并且明确地判定埃及神话在本质上具有一个比人们通常设想的还要更古老的年代，这看起来确实是一个专断的做法。但是，如果人们不认为自然研究者的工作是一个专断的做法，如果人们想要规定不同类型的文明乃至于相同类型的文明的相对年代，就必须认可历史研究者采取同样的做法。关于各种神话体系的最初产生过程，就和关于地球的最初形成时期一样，都没有什么书面记载。但地球本身就是它自己的纪念碑，是它自己的历史的最确凿无疑的文献，而且，正如创造性的活动在其漫长道路上的每一个点那里都留下一些不可磨灭的痕迹和坚不可摧的纪念碑作为标记，同样，真正意义上的神话也是它自己的历史的最可靠线索，而只要人们揭示出神话里的这条线索，就可以稳妥地而非专断地判定，哪些神话属于较早的文明，哪些神话属于较晚的文明。在这样做的时候，或许人们根本没有必要区分大量的神话，甚至根本没有必要在数量上区分各种神话。正因如此，一种就发展过程的内在环节来看较晚的神话很有可能和一种较早的神话刚好同时出现，或至少是几乎同时出现。

假若在我们的完全合乎法则的推演过程的某一个点那里，我们看到一种神话必然会出现，而且它的主要特征就是我们在印度神话里认识到的那些主要特征，那么我们就可以把这个位置指派给印度神话。但我们并没有看到这样的一个点。尽管如此，印度神话与埃及神话的相似性仍然是显而易见的。但这种相似性有着深刻的根据，而且二者的区别同样十分明显，因此我们不能通过一个单纯外在的联系去解释这种相似性，更何况我们根本不需要任何外在的联系就可以理解这种相似性。这两种诸神学说里的那种以独特方式形成的材料是通过二者的一个共同的过去而被给予的；二者以同样一些要素为根据；当二者被置于一个相似的环节，哪怕它们外在地看来不依赖于彼此，也必定会制造出一致的和相似的东西。

XII, 435

但现在的首要任务是找到从埃及神话到随后的神话（无论它是什么神话）的一个科学的过渡。出于这个目的，我们必须再次看看埃及神话的真正特征和独特之处。

在整个神话过程里，关键是让意识的那个在本质上是神的设定者的东西成为一个现实地并且伴随着意识去设定神的东西。正因如此，那个仅仅作为**潜能**而是神的设定者的本原，必须 e statu potentiae [从潜能状态] 显露出来，把自己提升为现实性，而在这种情况下，它就**首先**显现为一个推翻神的东西。只有当第二个过程把它重新带回到本质和潜能，它才成为一个现实地并且伴随着意识去设定神的东西。但需要注意的是，这里说的是把这个本原带回到潜能，而不是要消灭它；这里虽然应当出现一个无比激烈的斗争，但这个斗争的意义不可能是要消灭这个本原。因此，虽然我们也谈到了这个本原的死亡或垂死挣扎，但我们的意思不是说它完全不再存在，而是仅仅表明，它不再像现在这样是一个存在于自身之外、与自身异化的东西。但是，为了让这个本原不至于**完全**不再存在，为了让它离开这种外在性，重新回到内在性，为了让它在摆脱外在存在的情况下仍旧作为**本质**而存在，意识必须竭尽全力**执着**于它，始终把它**当作**

一个在进行反抗的东西,而不是完全推翻和抛弃它。埃及意识就属于前一种情况,因为我们已经通过许多特征注意到它是如何执着于实在的本原。这一点恰恰是埃及意识的崇高的精神性的根据。也就是说,正是以那个实在的本原的反抗为中介,一种真正精神性的意识才最终产生出来。意识愈是为着实在的神进行激烈的斗争,并且把这位神当作整个神性以及它自己的精神性的真正根据(你们知道我说的"根据"是什么意思),它就必定变得愈加坚定,因为它现在已经被一个更高的潜能阶次征服,被迫放弃了严格意义上的实在的神,转而把这位神当作精神性的神而加以崇拜。

单是埃及神学的根本原理就已经揭示出这种神学下潜到了怎样的意识深度;这就是普鲁塔克当作埃及神话的主要学说而明确引述的那个说法:"完满而终结的荷鲁斯①并没有完全推翻提丰,而是仅仅削弱了他的本性里的残暴因素和越界因素(Ὁ δὲ Ὧρος οὗτος, αὐτός ἐστιν ὡρισμένος καὶ τέλειος, οὐκ ἀνῃρηκὼς τὸν Τυφῶνα παντάπασιν, ἀλλὰ τὸ δραστήριον καὶ ἰσχυρὸν αὐτοῦ παρῃρημένος)。"② 请你们注意结尾处的"他的本性里的……越界因素"这个说法,因为我们从一开始就已经把那个本原标示为这样一个被设定在它的限制(它的潜能)之外的东西。普鲁塔克随后说:"正因如此,科普特的一座荷鲁斯雕像左手拿着提丰的阴茎。"你们通过此前的解释已经知道,在神话的语言里,对一位早期的神的阉割意味着什么,也就是说,这仅仅意味着这位神被剥夺

---

① 正如你们所知,荷鲁斯这个称谓标示着一位被设定为**精神的**神。——谢林原注
② 普鲁塔克:《伊西斯和奥西里斯》,第55节(参阅第49节的表述)。此外亦参阅第40节正文和第43节附释。——谢林原注

了独占的权力,而不是意味着他被消灭。除此之外,普鲁塔克还说,根据那种脱胎于神话的埃及神学和埃及哲学的传说,赫尔墨斯——他在埃及的诸神体系里是一个最高的、把一切东西统一起来的意识,同时是音乐艺术的发明者——割下了提丰的肌腱(剥夺了提丰的权力和力量),然后把这些从提丰身上割下的肌腱当作琴弦;普鲁塔克认为,这个传说是为了表明,这位把一切东西整合起来的神从矛盾中召唤出了和谐,但他又认为,这个传说其实是要表明,这位把一切东西整合起来的神并没有**摧毁**那种破坏性的力量,而是让它的力量和能量达到一种更高的和谐,以制造出一个把一切东西都消融在和谐里的统一体。在另一处地方,普鲁塔克简明地宣称:"提丰仅仅被征服了,但没有被消灭(Ἐκρατήθη μὲν, οὐκ ἀνῃρέθη τὸ Τυφῶν)。"① 随后他补充道:"这是因为那个统治着地球的神性不允许一种与湿润(消融)相对抗的本性被完全消灭,但它已经让这种敌视着湿润,同时也敌视着生成(γένεσις)的本性**舒缓**下来,将其**削弱**;也就是说,它希望保持一个合适的温度。因为如果一种类似于火的东西完全缺失,世界就不可能存在。"

XII, 437

普鲁塔克是基于**他自己**的立场而表达出那个埃及学说的哲学真理,而从这个立场出发,他仅仅强调了神话里面的物理学意义;但通过迄今的课程,你们也可以把普鲁塔克的这个解释很轻松地应用于一些比单纯的物理学关系更高的关系,即**我们**在神话里看到的那些关系,因为一切物理学关系都仅仅是那些更高的或者说最高的神性关系的折射和余晖。也是由于这个原因——为了提醒大家注意一

---

① 普鲁塔克:《伊西斯和奥西里斯》,第40节。——谢林原注

个此前已经提到的事实——，荷鲁斯和其他神祇的大神庙旁边或前面才会有一些较小的提丰祭坛，以此暗示着提丰的虽然已经收缩，但并没有被消灭的力量，同时表明这个力量对于最终的结局（即一种精神性意识的重生）来说仍然始终是不可或缺的，并且实际上也发挥着作用。因为这个本原在埃及意识里没有放弃反抗，因为坚持着斗争，埃及意识最终才获得一个奖酬，即那位实在的神作为精神性的神保留下来，作为阴间的奥西里斯——作为 sui ipsius superstes [他自己的幸存部分]——，成为重新赢得的精神性世界和神性世界的最深刻的根据。在埃及意识里，这个过程的终点是伴随着一种痛苦的斗争才达到的。埃及人一直在为死去的神哭泣，就像古代的一位修辞学家所说的那样，埃及人为他们的神祇献上同样多的尊崇和泪水。他们为着死去的神哀叹，但对他们而言，只有实在的本原才真正**死去了**，也就是说，这个本原并没有被推翻和消灭，而是在被征服之后从存在转化为本质，成为一个精神性的本质，即纯粹的 A^1。

　　从我们现在所处的位置来看，唯一还需要讨论的是这个过程的**结局**。只要设定了完整的神话，就不会再推进到另外一种新的神话；**如果**除了这种呈现在我们面前的神话——这在当前是埃及神话——之外还有另外一些神话，那么这些神话和当前神话的区别以及这些神话相互之间的区别就只能取决于这个过程在每一种神话里达到的不同结局。但只有那种**真正死去**的东西，亦即那个在死去的时候维系着自身，不是被消灭，而是幸存下来的本原，那个在离去的时候仅仅重新回到它的真正本质或它的自在体的实在本原，才会达到真正的结局。实在的本原只需要**死去**，亦即放弃它的位于自身之外的存在，返回到自身之内或它的潜能状态之内，**就可以保留和确立潜**

能阶次的统一体。在潜能阶次的最终统一体里，第一个本原只能是一个**纯粹的**潜能阶次，它已经返回到自身，从而掌控着自身和意识到自身，并且在这个意义上是一个精神性的潜能阶次，但它和那个完完全全是**精神**（A^3，在埃及神话里即荷鲁斯）的潜能阶次的区别在于，它仅仅是一个返回到自身，**转变为**精神的潜能阶次，而A^3原初地就是精神。实在的本原只有返回到不可见状态和隐蔽状态，使自己成为整个统一体的常驻而永恒的根据，才是经历了真正的死亡。但是如果意识寻找另外一条出路，那个本原就不可能经历真正的死亡。**只要意识放弃了潜能阶次的统一体**，它就走上了这条不同的道路，在这种情况下，这些潜能阶次当然会在意识中保留下来（因为它们从早先的环节开始就存在于意识之内），但没有统一起来，因此它们是在自身**之外**而不是在自身**之内**具有它们的统一体。在这里，一方面看来，潜能阶次就单纯的质料或单纯的**材料**而言被设定在意识之内，另一方面看来，**统一体**也出现在意识之内，但这个统一体是**单独的**，被设定在潜能阶次之外。这个被设定在潜能阶次之外的统一体将显现为一个非质料的、无材料的统一体。它在潜能阶次里本来应当显现为一个已经得以实现的东西，因为它在埃及意识里已经得以实现，但对意识而言，它是一个位于潜能阶次之外的统一体，一个并非已经得以实现，而是必须加以实现的统一体。你们不要忘了，潜能阶次此前已经被规定为神的存在的单纯质料。在潜能阶次的统一体里，对意识而言（正如我们在埃及意识那里看到的），神已经得以实现，仿佛具有了形体；反之如果放弃了潜能阶次的统一体，神性东西作为一个**通过**它们的统一体才得以实现的东西就不会进入它们，而是保持在它们之外，就好像是一个要求或一个无形体的**理念**，而意识觉得这个理念不是通过一个自然的过程而产生出来的，毋宁只有通过一个超自然的努力才能够使其成为一个实在的东西。

过程的**这个**结局首先只是表现为一个可能的结局。哲学的最初任务始终是去探究可能性。至于是否有一个现实性与已经发现的可能性相对应，这一点只有通过进一步的研究才能够确定。这里同样也是如此。就开端而言，只要我们认识到这是一个**可能的**结局，这就够了；相应地，我们可以把这种可能的结局称作一种虚假的大分化（Krisis），因为真正的大分化意味着，实在的本原不是被消灭，被排除和驱逐到当前的意识之外，而是**内在地**被克服，并且作为这样的东西保持在当前，永恒地确立下来。至于这种大分化是否真的出现在埃及神话之后的一种神话里，这只有通过进一步的研究才看得出来。这就是我们现在希望采用的方法。我们已经规定，这个结局的第一个标示就是潜能阶次就单纯的质料而言在意识里确实已经出现，但仿佛是四分五裂的、彼此外在的，没有结合为一个统一体（这个统一体只有通过实在本原的一种真正的**死亡**才是可能的）。

乍看起来——我故意使用了这个表述，因为通常说来，我们不可能第一眼就看清楚事情——，**印度**神话里面确实就有这样一种碎裂的统一体，也就是说，潜能阶次没有形成一个统一体（这个统一体在埃及意识里把它们维系在一起），仅仅松散地并列存在着，并在这个**意义**上仅仅就质料或材料而言存在着。

至于这个可能的结局的另一个标志，即统一体在潜能阶次之外作为一个单纯观念上的、必须加以实现的、尽管如此仍然存在着的统一体，我们姑且存而不论，以便暂时专注于潜能阶次的那种彼此外在的存在，在这种情况下，它们缺乏内在的关联，没有融合为一个具体的精神性统一体。

正如我所说的,这样一种并列存在看起来在印度意识里是可以证实的,因为在印度意识里,我们在埃及意识里看到的那种激烈斗争已经成为一个单纯的过去,我们甚至在其中看不到**斗争本身**,而是仅仅看到斗争的已经瓦解的要素体现为单纯的结果。不可否认,我们在印度神话里也能够认识到那些伟大的潜能阶次,它们在埃及意识里是提丰、奥西里斯和荷鲁斯,在印度意识里同样是三位人格性,一切东西都围绕着他们运动,而其他神祇仿佛仅仅是顺带出现的、居于其间的东西。——**梵天**(Brama)在印度神话里是实在的神,并且被公认为开端之神。但这位神仿佛已经完全退出了印度意识,以至于他在印度意识里**仅仅**作为过去而出现,而在埃及神话里,那位已经告别存在而提升为精神,亦即已经转变为奥西里斯的提丰虽然作为提丰而言是一个过去,但作为奥西里斯而言却是一位常驻于当前的神,代表着最高的、精神性的意识。对于印度的梵天,人们却必须把普鲁塔克关于埃及提丰所说的那句话反转过来。人们必须说,梵天ἀνηρέθη, οὐκ ἐκρατήθη [虽然被消灭了,但没有被征服],即他被清除出意识,被完全驱逐出当前。提丰仍然始终处于当前,但梵天在印度意识里已经被完全推翻了,仿佛成为一位失踪的、被遗忘的神,对此的一个证据是,梵天在印度不像提丰在埃及一样仍然拥有祭坛,而是以无形象和无神庙的方式受到崇拜。他是一位对于当前而言已经失去全部意义的神。但宗教意识恰恰应当执着于这个本原,就此而言,这里有一个虽然与普遍认可的看法针锋相对,但并不因此失去严肃意义的真理,即在印度神话里(注意我说的是神话),真正的宗教本原基本上已经被放弃了。梵天神庙的完全缺

XII, 441

失并非像人们通常解释的那样是基于一个更早的和更纯粹的文明，仿佛梵天是作为一位**自在地**无形象的、绝对的神而受到崇拜，毋宁说，这种缺失意味着印度的宗教意识的虚弱性，而这种虚弱性的主要表现就是，那个位于**全部宗教**的根基处，并且在全部宗教之内被克服并达成和解的本原（亦即一个需要被克服并达成和解的本原）被完全忽视了。我们德国也有这样一类具有宗教信仰或基督教信仰的精神印度人，他们只知道逃避眼前的那个不应当存在却又存在着的东西，不懂得把这个东西的肌腱用作琴弦，用其弹奏出完满而透彻的科学的优美乐曲；正因如此，在这些人身上，宗教意识仅仅作为一种憧憬或渴慕发出捉摸不定的和吱吱呀呀的音调。

XII, 442

在埃及意识里，正如我们已经看到的，那位真正告别了世界和外在存在的神，那位在自身之内已经被征服，但仍然始终被挽留的神，转化为阴间之神或不可见王国的神，并且作为这样一位神充当着根据，让埃及神话和后来的希腊神话达到一种完整的、更高的意识。印度意识既然放弃了这样一位神，**梵天**就从未被看作魂灵世界的神或亡灵的统治者，不像提丰那样在被征服之后转化为温和的、充满善意的奥西里斯，比如托勒密王朝时期的埃及石棺上面，死者的朋友仍然给死者写下这样的悼词：愿你和奥西里斯一起享有至福（Εὐψύχει μετὰ τοῦ Ὀσίριδος）！尽管如此，在许多至少通过翻译和摘录而为我们所知的印度著作里，我还是找到了梵天的这样一个观念的痕迹；我是在克罗伊策那里注意到这个唯一的痕迹，他告诉我们，据基督教传教士说，梵天崇拜之所以在今天的印度教徒那里完全式微，是因为印度教徒普遍相信梵天仅仅掌管着**来生**的幸福。也就是说，按照基督教传教士的说法，这是一个在印度占据支配地位的观点。但是,第一,人们只因为一位神掌管着来生的幸福就不去崇拜他,这是非常奇怪的。正常的想法毋宁是,像印度人这样的把当前的生命看得无比悲惨的民族,其最应当崇拜的恰恰是一位掌管着来生的幸福的神,或至少是**部分地**或以一种方式崇拜这样一位神。第二,"来生的幸福"这个说法根本不符合印度人的观念,因为绝大多数印度人或真正的印度民族普遍相信灵魂转世是一个不可避免的命运,而且他们并不认为这种把他们重新带到"存在的恐怖世界"或这个在他们看来属于"悲惨存在"的世界的灵魂转世是一种幸福。实际上,"**来生的幸福**"这个说法听起来更像是基督教传教士自己的观念。第三,根据尼布尔①的阿拉伯旅行记的描述,印度人所信仰的毋宁是玛哈里哇(Mahadewa),亦即湿婆(我们后面会更详细地谈到他),而他的诸多名字当中有一个名字意味着照料人死之后的灵魂。经过一番调查之后,我发现克罗伊策只不过是从一位传教士那里听来前面那个说法,这位传教士就是英国人沃德②,他关于印度斯坦的宗教的当前状态的著作在德国也已经广为人知。换言之,克罗伊策宣称这是许多传教士的说法,但实际上这仅仅是一位传教士的说法,因此我觉得事情大概是这样,即沃德询问一位婆罗门或潘迪特(印度学者),为什么所有公开的祭礼都把梵天排除在外,而对方要么不愿意,要么更有可能的是不能够说出这件事情的真正原因,于是给出了一个在他看来能够让一位基督教传教士理解的答案。但众所周知,尤其是根据亲身经历者的描述,这些婆罗门

XII, 443

---

① 尼布尔(Carsten Niebuhr, 1733—1815),德国数学家、东方学家、画家。——译者注
② 沃德(William Ward, 1769—1823),英国传教士和作家。——译者注

或潘迪特给出的答案经常是欺骗性的和充满算计的。比如威尔福德船长[①]就有一个极为糟糕的经历，他很好奇地向一些婆罗门提出了很多问题，对方听出他的意图之后，就投其所好完全按着他的愿望进行回答，甚至拿出一些书籍迎合他的意思曲解其中的段落。

关于梵天为什么在印度没有受到公开崇拜，有人试图给出的另一个解释是：梵天是另一个更纯粹的原初宗教的神，但这个宗教在印度已经消失了，仅仅活在印度民族的记忆里，没有现实的追随者。人们把这个宗教称作"纯粹的婆罗门教"，企图把它比作远祖的那种纯粹祭礼亦即所谓的"亚伯拉罕宗教"——有些学者沉迷于偶然相同的发音，甚至在"梵天"（Brama）和"亚伯拉罕"（Abraham）的名字之间看到了一个联系，进而把亚伯拉罕看作那个纯粹宗教的一位婆罗门。也就是说，梵天是一位被驱逐的神，属于一个原初地更纯粹的，但通过后来兴起的多神论而被遗忘的宗教，但这个观点与两个事实相矛盾：第一，《吠陀》至少应当包含着这个纯粹的婆罗门教的痕迹，而我们后面将会表明，事情并不是这样；第二，在印度的绝大多数地区，真正把梵天驱逐出去的是湿婆，但湿婆并没有被看作属于另一个与梵天毫无关系的宗教。毋宁说，无论在什么地方，湿婆都是以梵天为前提，二者始终仅仅被看作同一个宗教的相对不同的潜能阶次，就像印度的三相神已经表明的那样。假若他们是两位绝对对立的神，一位属于纯粹的原初宗教，另一位属于现在的印度盛行的那种多神论宗教，那么他们根本就不可能以这样的方式统一起来。

[①] 威尔福德（Francis Wilford, 1761—1822），英国在印度的殖民官员和印度学家。——译者注

既然如此，我们就来到了印度神话的第二个潜能阶次，即**湿婆**（Schiwa）。湿婆是普遍的狂欢之神。如果说在埃及意识里，实在的神仍然始终占据着主导的地位，而这样的神在印度意识里已经失踪了，那么这本身就表明，印度意识已经完全投身于湿婆。从根本上说，真正的印度宗教仅仅是湿婆教。与此同时，人们对于湿婆有着极大的误解。通常人们都是以一种不确定的、普遍的方式把他解释为**毁灭**本原。但这并没有规定，这个毁灭本原所针对的是什么。诚然，按照这个概念，人们也可以把地震、火山爆发、土地和城市的败落或那种吞噬陆地的海啸看作湿婆的作用。但印度意识根本不会把埃及意识可能会归于提丰的这些作用归于湿婆。通常说来，人们会尝试以这种方式把湿婆解释为一个神性的潜能阶次，即自然界里面有着产生和消灭的持续更替，万物会持续地更新，因此每当一个东西消灭，就产生出另一个东西，而湿婆就是一位总是通过毁灭而创造出新事物的神。这个观点虽然已经接近于真理，但并不是一个正确的观点。反之弗利德里希·施莱格尔的判断却包含着一个完全的误解，因为他在他的哲学史里以无比憎恶的口吻说道，印度意识把一个毁灭性的原初力量，把恶的本原或死神纳入到神性自身之内。但一个毁灭一切的东西并不因此就是恶的本原。我们知道，有些人自诩为保守主义者，仿佛这个名号本身就带有某种卓越性。但问题在于，什么东西应当被保守。因为如果一个人企图保守的是糟糕的或恶劣的东西，那么这实在没有什么值得夸耀的。这里也是同样的道理；如果一个本原不是恶本身，却吞噬了那些阻碍着人类自由的东西，那么它本身就是一个行善的力量，一个善的本原。现在看来，直接与湿婆相关联的，仅仅是梵天。因此我们可以合理地说：湿婆恰恰是

XII, 445

梵天本身的毁灭者，正如形式毁灭了纯粹的质料。[①]我们的这个假设，即湿婆毁灭性的、带有否定意味的属性与梵天相关联，是潜能阶次的原初秩序的一个自然结论，按照这个秩序，第二个潜能阶次始终是对于第一个潜能阶次的否定，而第三个潜能阶次则是以对于第一个潜能阶次的否定为中介。

  第三个潜能阶次（即一个作为第三个潜能阶次而存在着的精神）确实也出现在印度意识里。印度三相神的这第三个人格性是**毗湿奴**（Wischnu）。但在印度意识里，第三个潜能阶次仅仅是一个**有争议的**现象。毗湿奴的信徒在印度仅仅构成一个**教派**，他们与湿婆的信徒持续地发生冲突，甚至展开了血腥的斗争。只有在这个意义上，亦即只有在这个对立中，才可以说湿婆教也是一个教派，因为真正说来，湿婆教在任何地方都是占据主导地位的宗教，尤其把普通民众完全掌握在手里。毗湿奴的信徒也不允许把湿婆当作一个哪怕居于从属地位的崇拜对象，而是完全排斥湿婆，正如湿婆的信徒也根本不承认毗湿奴。对于这两个教派而言，他们的神都是最高的神，但正因如此仅仅是一位片面的神。真正的大全一体并未出现（尽管其全部要素都已经齐备），而且梵天根本就没有受到崇拜，唯有他看起来没有任何信徒（哪怕婆罗门是用梵天的名字称呼自己，至于这个做法的原因和意义，我在后面会加以解答）；简言之，梵天真正说来并没有受到崇拜，至于另外两位"德约塔"（Dejotas）——这是人们

[①] 湿婆所毁灭的，不是现在这位已经完全放弃抵抗的梵天，这位仿佛仅仅作为湿婆的温顺质料而存在着的梵天，而是那位曾经存在于非印度的意识之内的梵天。在湿婆的一些形象里，其脖子上挂着一圈用绳子串起来的骷髅，而这些骷髅恰恰是被毁灭的梵天（或者说梵天的被毁灭的早期形式）的摆放整齐的骷髅。——谢林原注

对于这三个人格性的称呼,意思是"神祇"(deitates)——,湿婆和毗湿奴都是单独受到崇拜,甚至是在彼此对立的关系中受到崇拜,以至于正如前面所说,一方的信徒会排斥和迫害另一方的信徒。由此可见,印度神话在自身之内确实呈现出了统一体的完全瓦解和碎裂的环节,从而也呈现出了精神性意识的环节。这个精神性环节在印度不是位于神话**之内**,而是位于神话之外。这是一种在形态上最为极端的多神论。有些钟爱印度和印度智慧的人经常谈到一位凌驾于三位神祇之上的神,即所谓的**大梵天**(Parabrahma);据说他是绝对的、唯一的神,但这个说法只不过是出自著名的白衣修士圣巴托洛梅奥的弗拉·保利诺[①],而他的不可靠是人尽皆知的。甚至"大梵天"都有可能是一位婆罗门或潘迪特一拍脑袋发明出来的词语,也就是说,当他听到基督教传教士指责印度有三位神,就迅速拿出这个轻松组合起来的词语予以回应。总的说来,这里并不是要追问,印度哲学和印度神学究竟是打算重新推翻意识的碎裂状态呢,还是打算医治这种状态。这件事情在很大程度上已经发生了,因为有些印度哲学就试图把最高的、大全一体的神的全部属性都放在三位神祇之一(比如毗湿奴)身上,或者把这位个别的神拔高和拓展为一位绝对的神。

XII, 447

此外人们经常引用的一个说法是,印度的著作并没有使用阳性词语"**梵天**"(Brahmà,这个词语的真正发音必须是如此),而是使用中性词语"**梵**"(Bram),后者是纯粹的神性本身(τὸ θεῖον),而

[①] 弗拉·保利诺(Fra Paulino, 1748—1806),奥地利加尔默罗派(白衣修士会)传教士和东方学家,被认为是欧洲出版的第一部梵文语法著作的作者。——译者注

三位神祇仅仅是它的个别现象或个别代表。不可否认,梵天仅仅是三个人格性之一,反之人们相信可以证明梵是绝对的神性,而且奥古斯特·威廉·施莱格尔甚至宣称:1)中性词语是更为古老的,因此它很有可能在极为古老的**著作**里已经出现(这没有证明任何事情,因为印度宗教本身比所有的印度著作都更为古老);2)从那个中性词语的使用可以推断出,在印度观念里(从前后文可以看出,施莱格尔所理解的"印度观念"主要是指把神看作一位人格性的神),无论是多神论和神话,还是神人同形论,都是后来添加进来的,因此最古老的婆罗门教其实是在教导一种对于神性本质的纯粹崇拜。在这里,神性本质被当作人格性的神的对立面,正如我们德国的理神论者(Deisten)也不喜欢说"神",宁愿说"神性东西"或"神性",而这对他们而言是一个完全抽象的概念。但按照我的原理(这些原理你们是知道的),我不可能同意这一点。在我看来,那个中性词语是一种在《薄伽梵歌》里才出现的哲学后来发明出来的东西,这篇诗歌之所以频繁使用"梵"这个中性词语,是为了用它去替代一位失踪的神,而这位人格性的神对印度人而言确实仅仅是一位有限的神,仅仅要么是梵天,要么是湿婆或毗湿奴。

XII, 448

关于这三位神的顺序,我还要解释一下。在绝大多数书籍里,或许在所有的书籍里,你们都会发现另一个顺序,即把毗湿奴放在湿婆前面,因此湿婆是印度的三相神里的第三个或最后一个人格性,而毗湿奴是第二个人格性。但实际上,这个不同的顺序只不过是基于一种误解。也就是说,湿婆的信徒和毗湿奴的信徒在印度是相互独立的,因此前者很自然地拒绝承认毗湿奴的优越性,反过来后者却宣称毗湿奴高于湿婆。印度的一个叫作佩尔乌图姆的地方甚至有一幅画像,在其中,梵天拿着一把秤,两端分别挂着湿婆和毗湿奴。毗湿奴的托盘垂得很低,而湿婆的托盘却吊在空中。由此看来,确实可以说毗湿奴高于湿婆。但最近一些法国作家又说,梵天(他确实低于湿婆和毗湿奴)本身被看作毗湿奴的一个流溢,而毗湿奴在三位神当中不仅被看作**最高的**神,而且被看作第一位神。这是一个纯粹的扭曲。梵天始终是第一位神,是万物由之出发的开端和源泉,而毗湿奴是万物的终结之处,就此而言是最高的神,但这并不意味着他也是一位开启万物的神,也不意味着可以把他放在湿婆前面。

为了完全捍卫我们所选择的三位神祇的顺序,为了证明印度人里面的思想家也是以这个顺序思考三位神祇,我还可以引用一个印度哲学论题,即印度哲学家关于三种**可分离的**属性和性质的学说,而这些属性和性质的组合因此叫作三性(Trigunaya)。与此同时,三 XII, 449
个人格性(梵天、湿婆、毗湿奴)当中的每一个人格性都对应于一种基本性质。这三种性质,或者说那种印度学说为万物划分的三个区域,分别是:1)纯粹真理或纯粹光明的世界;2)居间的假象区域或幻觉区域;3)黑暗的区域。通常都是按照这个顺序叙述三个区域,其中最后一个区域亦即黑暗的区域被归于湿婆。正因如此,弗利德里希·施莱格尔在谴责印度神话之后又来谴责印度哲学,即后者以一种稀奇的方式把那个代表着毁灭和败坏的恐怖本原(它同时是黑暗的本原)纳入到整个神性的形象和构造里面。但事实根本不是这样的。因为在那个哲学论题里,一个信奉流溢观念的人只会看到这样一种**意义**,即世界从纯粹真理的区域经过假象区域逐步下降到黑暗的区域。印度哲学比这位学者想象的深刻得多,他对于这个文本的翻译虽然不是错误的(这也是我熟悉的一个文本),但他的理解却无疑是非常错误的。至于这个文本的真正意义,用不着再加以解释。

当《吠陀》的学说做出这种区分,就已经是一种哲学学说或思辨学说。也就是说,这种思辨的学说区分了三位神祇分别具有的三种属性(Gunas),即罗阇(Raja)、答摩(Tama)和萨埵(Satwa)。①

梵天的属性是**罗阇**。根据威廉·冯·洪堡的说法,行动的能力、炙热的激情、迅速的决断等都属于罗阇。这是国王和英雄所具有的属性,但总是有某种向着深处和地底拉拽的东西和它混杂在一起,使它区别于那种寂静而伟大的、**纯粹的**本质性。那些被罗阇附身的人热爱一切伟大的、强大的、辉煌的东西,但他们也追求假象,迷惑于摩耶或阿帕忒女神(Ἀπάτη)制造出来的缤纷世界。从这个解释可以看出,"罗阇"的概念也包含着一**种存在**,但这个概念所指的不是一种静止的、安息在自身之内的存在,而是一种仿佛激情四射的、立足于强烈意愿的存在。但**这种**存在恰恰是**最初的**存在,而正如我已经详细阐述的,这种存在**只能是**一种盲目的、直接的,正因如此激烈而无理智的意愿的存在。不难理解,正因为梵天是第一个神性形态,而通过这个形态,神性能够具有一种直接的存在,所以印度哲学才会说:梵天的属性是罗阇。如果这种最初的、直接的存在同时是一切创造活动的开端和根据,那么人们就可以说:罗阇仿佛是梵天之内的第一个欲求和创造激情。但因为任何激情离开变异都是不可想象的,与此同时,那个以**这样的**方式意愿着从而存在着的东西必然变得

---

① 这是三种属性在汉语佛经里的音译,如果按照其含义,则分别被译作"激质""纯质"和"翳质"。——译者注

与自身不等同,所以我们也可以把这种存在称作完全**虚假的**存在。关于罗阇属性就说这么多。梵天是一位引发和制造出完全虚假的存在的神,他不是真实的存在,而是一种与自己的本质异化的存在。

湿婆的属性是**答摩**。诚然,这个东西意味着阴沉和黑暗,但它岂非就是印度的原初思想本身包含着的一个形象的表述,以标示湿婆的那种否定的、做出否定的属性?因此这个顺序岂非就是真实的顺序?梵天是一位设定假象和完全虚假的存在的神,湿婆是假象的毁灭者,是对于虚假的、真正说来不应当存在的东西的否定。只要人们承认,湿婆之内的黑暗属性仅仅意味着他的做出否定的属性,那么按照这个具有哲学意义的观点,一切东西都是**现实地**结合在一起,而按照另外的解释,人们就根本看不出任何联系和意义,但我们不要忘了,这里讨论的是印度哲学,一种就深刻性而言与所有时代和所有民族的哲学都足以匹敌的哲学。假若人们把阴沉和黑暗理解为一种甚至比假象**更低级**的东西,那么它就是无,而因为它是无,所以也不可能被生产和引发出来。诚然,人们可以假设层级秩序是这样的:a)最低的区域是那个完全是无的东西,即纯粹的黑暗;b)第二个区域是假象;c)第三个区域(正如我们马上就要看到的)是真理,而且从假象到真理有一个**直接的**过渡;但这种直接的过渡是不可能的;从假象王国不可能过渡到真理王国,除非消灭了假象,而这只能**通过**毗湿奴具有的第三种属性或最高属性,因此一种发挥中介作用的属性是不可或缺的。但这种居间的、发挥中介作用的属性只能是阴沉和黑暗,因为当假象和虚假的存在被消灭之后,首先产生出来的是黑暗,并且会一直持续到一种更高的、真实的存在冉冉升起,或者说首先产生出来的是一种晨曦,因为在这个时候,祛除假象的

XII, 451

光已经逝去了，一种更高的光还没有冉冉升起。实际上，答摩就是晨曦。也就是说，湿婆是晨曦之神，因为那些仅仅推进到**他**的东西还没有达到完满的真理。

  按照《吠陀》的学说，第三种属性是**萨埵**。根据威廉·冯·洪堡的一个解释，这个词语意味着**存在**，但需要注意的是，这是指一种摆脱了全部缺陷的存在，或按照洪堡的一个更贴切的说法，一种摆脱了全部非存在的绝对真实的存在，因此包含在对于真理的认识中。既然第三种属性是第三个人格性亦即毗湿奴的属性，这个顺序与我们起初提出的概念就是完全吻合的。也就是说，首先设定的是一个**并非**作为自己（就此而言作为另一个东西）而存在着的本质。随后是一个与那个并非作为自己而存在着的东西相对立的本质。当它与那个并非作为自己而存在着或并非真实存在着的本质相对立，在这种情况下，虽然它自在地看来是真实存在着的本质，但因为它在与虚假存在的对立中也被设定在自身**之外**，所以它没有权利要求作为自己，亦即作为真实存在着的本质而存在。但只有通过对于假象的否定，通过对于并非作为自己存在着的本质的否定，一个作为自己而存在着的本质才是可能的，进而被设定为现实的。这样一来，这个第三者就是当第一个东西毁灭的时候**保存下来**的东西，于是这里就出现了"保存"的概念。毗湿奴在假象和对于假象的否定里挽救了真实的存在，亦即保存了真实的存在。真理不可能是直接的东西。因为一切**直接的**存在都只有借助于本质的一个自身出离才是可设想的，也就是说，只有借助于一种转变（转变为另一个东西，转变为与自身不等同），但这种转变必须并且应当达到存在。因此只剩下一个情况，即那个非真实的存在者（那个在存在里与自身不等同的存在者）**存**

在着。它是真实的存在的conditio sine qua non [不可或缺的条件]。它不是我们所意愿的东西,但它是一个必然的、不可避免的、不能绕开的开端。最初的存在**只能**是一种欺骗性的存在。但这种存在之后直接出现的是一个必然与之不同的潜能阶次,后者又推翻了非真实的存在,把它带回到本质,让它**作为**非存在者**存在着**(把它设定下来或固定下来),同时**非存在**——本质——对它而言已经成为存在。按照印度的学说,感官世界是在摩耶里被感受到的,也就是说,感官世界就其最终的根据而言仅仅是幻觉和错觉,仅仅具有一种虚幻的、转瞬即逝的存在(现象)。因此,只要感官世界中的非真实的存在被克服,被带回到本质,世界就重新具有了真理——但全部感性事物的存在始终保持为一种由假象和本质、幻觉和真理混杂而成的东西,一种**同时**交织着二者的东西(朦胧的东西)。所谓真理出自幻觉,就是这个意思,除此之外还有一个意思,亦即只有当那个真正说来不应当存在的东西退回到它的**非存在**,某个本质才会取而代之,被设定为客观地、**现实地**存在着的东西,而除非是通过这个中介活动,否则它根本不可能以别的方式被设定下来。真理仅仅出自被摧毁的幻觉,但这是指那种摆脱了假象、作为**自己**而被认识到、已经固定下来而且也最终设定下来的真理。

通过这个方式,印度的三相神也在哲学或逻辑的意义上最精确地联系在一起,又因为是毗湿奴具有萨埵或那种不再包含着任何幻觉的**真实**存在,所以我可以毫不犹豫地指出,"毗湿奴"这个名字本身无疑与那个在许多语言里意味着"存在"的词根有关;拉丁语的Est和德语的Ist都是起源于这个词根,而它在希伯来语里是ʾw(ʾwh的词根),由此派生出的hšwth也同时意味着本质性和真理。我的意

XII, 453

图绝不是要从希伯来语推导出印度诸神的名字。这样的推导实际上对于当前状态的比较语言学和语言学研究来说太狭隘了。但我曾经多次向我认为造诣极深的一些梵文学者请教，印度语言里的"梵天""湿婆""毗湿奴"等名字是否包含着一种词源学，而我得到的始终是否定的答复。如果事情确实是如此，那么这三个名字可能属于一个比梵文构造更古老的构造——从语言形成过程的真实编年史来看，梵文在根本上并不比希腊语更古老——，比如希伯来语的构造（因为梵文也包含着希伯来语的一些词语）。在希伯来语里，我们应该不难发现一些与上述三个名字相对应的基本词语和基本概念。难道我们真的看不出，梵天作为单纯质料的创造者，他的名字与希伯来语的אֶרֶב有关，这个词语虽然在后来的希伯来语里有着各种用法，但原初地并且在最古老的语言里意味着单纯质料的创造？因为《创世记》一开篇就明确地说"起初上帝创造（אֶרֶב）天地"，接着又马上说地是"空虚混沌"（tohu vabohu），亦即是一种无形式的质料。"湿婆"的名字同样让我们立即想到那个也包含着עשׂו的希伯来语词族，因此湿婆是一位把万物从局促之地带到开阔之地，带到存在的杂多性的神。在梵文里面，人们不仅发现很多与希腊语和日耳曼语共有的基本词语，而且早就发现一些与希伯来语共有的基本词语。甚至《吠陀》这部包含着神圣的科学，得自梵天亲自的启示的书籍的名字也可以证明这一点。在梵文里，"吠陀"（Veda）这个名字是与一个意味着"知识"的词语联系在一起的，因此和希伯来语的עָדָה（veda 仅仅是一种方言上的差别）以及拉丁语和希腊语的"看"（videre，εἴδειν）是同一个词语。就此而言，德语的"知识"也属于一个从远古保存下来的词族。我的意图不是要把这个结论用于当前的研究，而

XII, 454

是用于将来的探讨。这里的目的仅仅是要表明，虽然湿婆是一个代表着毁灭乃至死亡的潜能阶次，或者说是一位通过消灭假象而带来晦暗知识的神，但他在印度神祇里仍然有自己的一席之地，因此人们也不必赞同那个认为印度神话里有某种**特殊的**妖魔鬼怪的判断。

关键在于，我们必须明确理解那三个在印度意识里仅仅作为结果而保存下来的伟大的潜能阶次的顺序和意义。关于这个也得到印度哲学证实的顺序，我还想指出一点，即在很多雕像作品里，毗湿奴就体态和面庞而言都呈现为一位比湿婆更年轻的神。至于这件事情的**意义**，可以参考大象岛的地下岩石神庙里的一座高达13尺的巨大半身像，据尼布尔说，它所呈现的是印度的三相神。这里可以看到毗湿奴戴着很多头饰（这是青春的标志），左手拈着一枝花，右手拿着一颗好像是石榴的果实，一边的脚踝上套着一个金环：左手的花和右手的果实表明他是完满之神，而脚踝上的金环可能也暗示着这一点。

在明确理解印度的三相神之后，我们也必须指出，三相神并不是印度神话的全部。总的说来需要注意的是，我们首先处理的仅仅是材料，而现在的任务就是把其余的组成部分也揭示出来。

对印度神话加以阐述是一件困难的事情，部分原因在于，人们假定它是一个现实的统一体。但我们此前在各个民族那里看到的神话过程的那些环节，似乎在唯一的印度民族里面已经分化为不同的组织，以至于人们可以说：印度没有唯一的宗教或唯一的神话，毋宁实际上只有许多不同的宗教和不同的神话，而这也是印度的种姓区别的最深刻的根据。当然，希腊也有某种类似的情况。在个别地区或聚居地，仍然有一个更古老时代的某些失传宗教的残余。但希腊人不知道什么是种姓。反之在印度，那些环节恰恰通过种姓区别

XII, 455

而仿佛成为永恒的东西。比如我们在**普遍的**推进过程里用乌拉尼娅标示的那个早期环节(在这里,此前的男性神祇转变为女性神祇),看起来已经在一个甚至在印度本土都遭到蔑视的教派亦即**性力派**(Sakta)那里完全固定下来。据科尔布鲁克①说,他们仅仅崇拜一位女性神祇,即那位与**湿婆**相对应的女性神祇巴瓦尼(Bhavani)。② 这个教派与湿婆教(Saiva)的区别在于,后者同时崇拜湿婆和巴瓦尼。那个仅仅崇拜女性神祇的教派的信徒在印度遭到的蔑视丝毫不亚于所谓的合理行乞派(库柏勒的行乞祭司,或宙斯-萨巴兹乌斯的祭司)在希腊遭到的蔑视。至于湿婆教的特征,则是对林伽(Lingam)——它是交合在一起的男女生殖器的象征——的无节制的崇拜。尤其从大象岛神庙的墙上那些匪夷所思的无耻而淫荡的画像可以推断出,这里呈现的是第一位湿婆,即第一次显现的湿婆(在这里,他和那位与乌拉尼娅平行的狄奥尼索斯或希腊人所说的宙斯-萨巴兹乌斯是相对应的)。也就是说,在印度神话里,所有早期形式仍然和后期形式同时出现,但低于后者。比如这个主要崇拜林伽的教派的信徒就仅仅出现于最低贱的民众阶层,即所谓的旃陀罗(Tschandala)。除此之外,正如科尔布鲁克所说,湿婆教和性力派之间的区别又体现为庄重祭礼和淫乱祭礼的区别,或按照他们自己的说法,体现为右行的道路和左行的道路的区别。右行的道路是前进的道路,即向着神话过程的一个更高的环节前进。淫乱祭礼的信徒通常都是躲藏起来,不会公开宣扬他们的学说(仅仅举行隐蔽仪

---

① 科尔布鲁克(Henry Thomas Colebrooke, 1765—1837),英国梵文学者和东方学家。——译者注
② 《亚洲研究》,第七卷,第281页。——谢林原注

式),也就是说,他们仅仅把这种学说看作他们所坚持的**一个**过去的环节。这个教派(性力派)也有自己的特殊圣书;他们的各种学说都是基于密宗或坦陀罗派(Tantra),正因如此,坦陀罗派的信徒在其他教派的信徒那里,尤其在《吠陀》的信徒那里,遭到极大的蔑视。

除了这些仍然保存在印度神话里的过去的要素之外,还必须区分出**另一个**结构序列的神。正如我们此前在埃及诸神那里看到的,在这里,在印度诸神这里,通常的各种阐述也是纵横交错,仿佛一切东西都能够具有同样的意义和得到同样的对待。但在所谓的印度诸神学说里,除了三个属于更高区域的伟大的潜能阶次之外,我们还能够认识到神话诸神的第二个完全不同的结构顺序。这个结构顺序出现在**质料性的诸神**里,他们也必须被看作神话过程的现实产物。无论在什么地方,这些质料性的神都仿佛是那位被摧毁的、碎裂的实在的神的残余或产物。梵天作为最初进行排斥的神,必须被看作一位瓦解或碎裂为许多神祇的神,他把**自己的**位置留给那种**质料性的**神的多样性,而这种神的多样性成为印度民族的普通信仰的对象或内容。排他的本原不可能消失,除非把**它的**位置留给当前的一种杂多的、纷乱的生命。神的多样性(Göttervielheit)——区别于多神论(Vielgötterei)①——取代了进行排斥的神,仿佛彰显着和标示着这位神已经被驱逐。但正因如此,这些取代了梵天的多样的神仿佛是由梵天的材料构成的,并且在这种**意义**上也表现为质料性的神,也就是说,他们全都被认为代表着自然界的某些部分,或者说与这些部分相对应。正如唯一而均匀的存在在自然界自身之内划分为许多

XII, 457

---

① 参阅谢林:《神话哲学之历史批判导论》,第121页以下(XI, 121 ff.)。——原编者注

区域并逐级下降，对于意识而言，唯一的神也按照神话过程划分为一群自然神。**因陀罗**（Indra）被看作这些纯粹质料性的神的首领，他是高空之神和以太之神，就此而言通常被比作希腊的宙斯。至于其余的神，我必须指出，既然我们可以证明希腊神话的质料性诸神之间有一个联系，那么我们同样应当证明这些仿佛取代了梵天而保留下来的质料性诸神之间有一个联系，但印度神话的这个方面恰恰被严重忽视了。

我们对于印度神话的知识主要是来自印度的那些受过教育的高级种姓的著作，而他们所关注的是那些形式化的更高级的神，而不是上述质料性的神。希腊没有区分种姓，那些质料性的神是希腊民众**普遍**信仰的神。直到现在为止，我们熟悉的都是印度的某些宣教式著作，而不是他们的叙事诗或史诗。假若我们没有荷马，恐怕我们也很难系统性地呈现出希腊人的质料性多神论。但印度没有一位荷马。印度意识仿佛在神话刚刚产生出来的时候就走上了唯心论的、精神主义的道路，对质料性的多神论漠不关心。神话的真正力量和内核，神话过程的真正驱动者，位于质料性的诸神**之外**。这些神仅仅是一些与实在的神（梵天）的消亡相伴随的现象。湿婆把梵天设定为过去，因此是他造成了质料性的多神论，是他促使梵天分裂为那些居于从属地位的神，或更确切地说，促使梵天让位给许多彼此不同的神。毗湿奴用一个更高的精神性统一体重新取代了那个已经消亡的实在统一体。也就是说，同一位**神**作为消亡的统一体是梵天，作为统一体的毁灭者是湿婆，作为已设定的杂多性的重新统摄者是毗湿奴。这就可以看出那些更高的、原因性的神与多样的质料性的神的关系。印度的大量不属于低贱种姓的民众都是纯粹质料性的多神

XII, 458

论者,而从《薄伽梵歌》可以看出,他们崇拜和追随的是个别的质料性的神。这些属于纯粹多神论(亦即纯粹质料性的多神论)的印度人不是别的,正是那些完全受湿婆支配的湿婆教徒。对他们而言,梵天是一位已经完全消失的神。至于印度的第一种姓婆罗门为自己取的名字,可能有两种含义。一方面看来,婆罗门可能是一些执着于梵天,正因如此在毗湿奴身上重新认识到或找到梵天的人,并且在这种意义上区别于其余的仅仅归属于质料性的多神论和湿婆的民众。另一方面看来,鉴于婆罗门与民众的真正关系,人们必须注意到,从过去直到今天,尤其在经历了与佛教的血腥斗争之后,婆罗门的最主要的目标都是让民众通过各种祭礼、仪式和迷信崇拜而继续忠于所有那些起源于梵天,仿佛是由梵天的实体构成的纯粹质料性的神,而且他们甚至不赞成对于湿婆的崇拜(哪怕湿婆始终是一位精神性的神),而是致力于让民众保持在梵天崇拜和质料性诸神崇拜的层次,而这可能就是他们为自己取名婆罗门的原因。

XII, 459

  总的说来,我们没有办法证明印度的质料性诸神和希腊的同类型的神一样有一个清晰而明确的体系,因为印度意识迅速抛弃了这些居于从属地位的神,走上了一些更高的道路,尤其是毗湿奴标示着的那条道路。对于我们当前的目的而言,只需要在人们通常所说的印度神话里面区分出三个完全不同的结构就够了,这就是:a)那些起源于印度的远古神话的要素;b)那些形式化的神,即梵天、湿婆和毗湿奴,他们相对于质料性诸神而言仅仅是一种原因性的潜能阶次;c)真正的质料性诸神。除了印度神话的这三个方面之外,还需要指出第四个方面,通过这个方面,印度神话完全区别于迄今的**所有**别的神话。

第二十一讲
《吠陀》的神秘主义和印度的各种哲学体系

在印度意识里，三个潜能阶次仅仅是以分离的方式出现的，没有把自身扬弃为真正的大全一体，而那些低级的组织则是完全掌握在湿婆手中。一位深思熟虑的神的更高概念只有在与湿婆的对立和斗争中才能够立足——但因为毗湿奴对意识而言是一位孤立的、脱离了他在意识内的那些前提的神，仿佛在空中游荡，所以意识不可能保持在这个高度中，而是重新转向质料性东西，仿佛神也降格为质料性东西，在这种情况下，这个东西不是显现为一个原初的和**自然**的质料性东西，而是仅仅显现为一个接纳的而且是自愿接纳的质料性东西。就此而言，伴随着毗湿奴，印度神话开启了一个全新的结构，即这位毗湿奴的一系列化身，这些化身是所谓的《往世书》（*Puranas*）的材料，而《往世书》作为第二位神的圣书，虽然也具有某种宗教法规的权威性，但与《吠陀》并不具有同等的神圣性。除此之外，这些化身也是印度的大量叙事诗的主要基础，但这些叙事诗仅仅讲述毗湿奴的传说。在近代和最新的印度神话研究中，有一个误解，仿佛梵天、湿婆和毗湿奴是同一位印度神祇的化身。这是完全错误的。那些化身仅仅是一些居于从属地位的神。克罗伊策在任何地方都仅仅以一神论的一个形式化的或抽象的,或至少是非常不确定的概念为前提,因此他认为印度的三相神仅仅是一个已经发生的化身的结果。但这是一个极为随意的诠释,根本不符合印度神话的实际情况。印度神话虽然承认毗湿奴有很多化身(这里不能说"化身为人",因为他也化身为动物),但把这些化身限定为九个,或者把即将发生的化身算上是十个,而且已经化身的神不可能再次进行化身。也就是说,毗湿奴是一个纯粹精神性的潜能阶次。

XII, 461

伴随着印度诸神历史的这个部分,迄今为止的那个必然的和合乎法则的神话进程转变为一种随意而玄幻的东西,完全脱离了科学考察的范畴。至少在我看来,我们不可能在毗湿奴的前后相继的化身中认识到某种必然性。这些化身给人一种刻意为之的感觉,而它们本身具有的某种滑稽性和幼稚性甚至让人联想到北欧的某些神话传说。在最初的几个化身里,人们还能够认识到某种意图,亦即希望把毗湿奴教的最早产生年代追溯到大洪水时期。有些人对于这类故事的崇拜达到了迷信的程度,竟然认为毗湿奴的第一个化身在不依赖于《旧约》的情况下证实了摩西关于大洪水的说法。另一方面,那些最可靠和最具有批判精神的梵文专家,比如威尔逊①、科尔布鲁克和最近的布尔诺夫②,都公开宣称《薄伽梵往世书》(*Bhagawatpurana*)大概是公元12世纪的时候才写成的。这个时候基督教关于大洪水的说法已经有足够的时间传播到印度,虽然这个传播也有可能在基督诞生之前早就已经发生。因此人们在这个故事

---

① 威尔逊(Horace Hayman Wilson, 1786—1860),英国东方学家,《梨俱吠陀》的首位英译者。——译者注
② 布尔诺夫(Eugène Burnouf, 1801—1852),法国东方学家。——译者注

里只能看到一个尝试,即把毗湿奴教的开端追溯到大洪水时期。

XII, 462　　随后的几个化身与毗湿奴教的历史有关,涉及毗湿奴教在印度的斗争和最终的胜利。在第六个化身里,毗湿奴显现为一位谦卑的婆罗门,挫败了刹帝利或军人种姓的傲慢;这个时候他手里拿着湿婆给他的一把斧头。也就是说,湿婆帮助毗湿奴取得了胜利。在这个化身里,毗湿奴叫作持斧罗摩(Parasu-Rama),以区别于接下来的那个辉煌得多的化身。因为在第七个化身里,他也是罗摩,但这是κατ' ἐχοχήν [真正意义上的]罗摩,或者说室利罗摩(Sri-Rama),而室利罗摩的生平事迹是印度一系列伟大的叙事诗尤其是《罗摩衍那》(Romayana)的主要题材。

　　作为室利罗摩,毗湿奴是一位青年英雄,他俊美而强大,喜欢享受和争斗,并且注定成为世界的统治者;简言之,他拥有一位最高意义上的叙事诗主人翁所能够拥有的一切。这里我们看到,印度神话如何借助于化身这个工具找到了向着叙事诗过渡的可能性,而印度神话原本完全缺失这类诗歌。因为印度意识对于人本身以及人的脆弱性抱着一种如此轻蔑和鄙视的态度,以至于它不可能把单纯的人当作叙事诗的主人翁。这部歌颂罗摩的事迹的叙事诗主要讲述的是他针对斯里兰卡或锡兰的国王发动的战争。在这场战争中,罗摩与居住在山上的猴子国国王结盟,而这位国王的仆从和统帅就是伟大的哈奴曼(Hanumar)。[①]这支猴子大军的最著名的,甚至在很多雕像里呈现出来的事迹就是在那个把锡兰和大陆分割开的海湾之上修建

[①] 哈奴曼是一只神猴,能够随意变身,腾云驾雾,因此被有些人(比如胡适)看作孙悟空的原型,但这个猜想并没有得到任何史料的证实。——译者注

了一座桥。当这座石桥建成之后,猴子大军就进入锡兰,发起了二十场战役,直到罗摩在最终决战的第二十一场战役里打败他的敌人,将其处死并抛入深渊。在班师回朝的时候,猴子大军重新摧毁了石桥,但还是留下了少数耸立在水面之上的石块,这些石块直到今天都仍然被称作"罗摩桥",而穆斯林则是把它们称作"亚当桥"。在与锡兰隔海相望的大陆岸边,罗摩为湿婆修建了一座神庙,而被打败的锡兰国王曾经是湿婆的伟大崇拜者。从锡兰回来之后,罗摩接管了此前为他保留的阿逾陀国的王位,直到他回到自己的天居(外琨塔)之前,都作为智慧的立法者和护佑人民与世界的国王统治着这个国家,而即使在外琨塔,他也始终守护着世界的福祉。印度的所有神庙和神殿都摆满了各种描绘罗摩及其神奇大军的这些事迹的雕像和画像。在一些载歌载舞的公开庆典和喧嚣的战场音乐里,人们都能够看到这些事迹的呈现,而在这些场合,不仅猴子扮演着重要的角色,那位已经落入深渊的锡兰国王也应当有一个专门的角色。

XII, 463

　　如果说室利罗摩主要是印度叙事诗的主人翁,那么毗湿奴随后的第八个化身克里希纳①就是一个主要属于印度的**宗教**发展过程的现象;克里希纳是毗湿奴教的最高意义上的历史升华。从根本上看,毗湿奴教在印度仅仅作为克里希纳教而存在。在印度的普遍教会里面,克里希纳的信徒仿佛构成了一个占据主导地位的特殊教会。在克里希纳诞生的时代,暴君康萨(Kamsa)统治着马图拉,而他的妹妹就是克里希纳的母亲。早在克里希纳诞生之前,马图拉的暴君就

---

① 这里采用的是这个名字的音译,亦译作"奎师那"。从字面上看,Krischna 的意思是"黑"或"深蓝",因此也被译为"黑天"。——译者注

听说他会来临，而为了阻止这个预言灵验，他连着杀死了妹妹的七个孩子，直到第八个孩子亦即克里希纳的诞生打乱了他的计划。关于这件事情，有很多种说法，总之克里希纳是午夜的时候出生的，全身散发着神性的光芒，因此让他的父母感到震撼；这时克里希纳**亲自**向他们提议，让他们把他送到亚穆纳河对岸的戈库拉牧场，交给一位牧牛人收养。在这里，他和年轻的牧童一起玩耍，渐渐地能够用一根手指抬起大山，能够打败各种怪物和巨灵，甚至能够用优美的琴声驯服所有的野兽，让它们恭恭敬敬地来到他身边倾听他的音乐；通过各种恶作剧，他也让那些牧牛女孩神魂颠倒，但他最终摆脱了各种游戏，把年轻的战士召集起来，向他的暴君舅舅康萨宣战，将其打败和杀死，并且把他的父母从康萨建立的监狱里解救出来。作为主人翁，克里希纳在库鲁族和般度族之间的战争里扮演着主要角色，而这场战争是印度的第二部伟大的叙事诗亦即《摩诃婆罗多》（*Mahabharata*）的主要题材。

XII, 464

  关于克里希纳的死也有很多种说法，最常见的说法是，他在靠着一棵树的时候被一只箭射中，因此按照这个方式而言是死在**木头**上面，而他在倒下的时候预言了所有那些在未来的末法时代（Kali-Yuga）将散播在全世界的灾厄。他出生时的各种神奇现象，还有他最终死在木头上面这件事情，都让我们不得不想起基督教福音书讲述的类似情形，而他的另外一些情况同样让我们明确地想到希腊神话的类似特征。关于前面那些与基督教福音书的记载相吻合的特征，我们当然不至于愚蠢到认为这里面有一个更深层次的或神秘的联系。因为无论我们怎么看待基督教传统通过使徒托马斯的印度之行而传过去这件事情，有一点是不可否认的，即基督教在诞生之初的几个世纪里已经被印度人了解,尤其是那些伪福音书已经传到了印度。但凭什么说印度人的这些传说故事一定是从基督教的记载而不是从希腊神话借鉴了这些特征呢?我们是通过所谓的《往世书》知道这些传说故事,但近代以来,这些书籍的产生年代愈来愈变得可疑,以至于没有人敢于宣称当前这个编排结构的《往世书》是亚历山大大帝东征印度的时候才出现的,而刚才所说的那些一致性也愈来愈失去说服力。威廉·琼斯①把克里希纳比作希腊的作为Nomios [牧羊人]的阿波罗,因为阿波罗在遭到惩罚的那段时间也是与牧民生活在一起;至于克里希纳最为钟爱的九个牧牛女孩,琼斯认为她们就是阿波罗身边的九位缪斯。著名的保林诺神父比较了罗摩的征战和酒神巴库斯的胜利进军,而克罗伊策更愿意把罗摩看作赫拉克勒斯的一个原型。②但一致性愈大和愈多,就愈是只能证明一点,即这些印度神话传说按照其现在的形式而言,一方面是在基督教观念的影响之下,另一方面是在希腊观念的影响之下形成的。毕竟在近代,人们甚至发现俄狄浦斯的故事就其整个内容而言也出现在印度。或许有一些充满执念的人,仍然倾向于从印度推导出希腊的诸神学说之类传说。这样的信念当然是无法反驳的。但我之所以列举毗湿奴的这一系列化身,主要是为了向你们表明,这部分神话传说对于印度的诸神学说的**内核**而言是没有意义的。

XII, 465

目前说来,我们的意图仅仅在于勾勒出印度神话的一幅完整的肖像。因此在谈过毗湿奴的化身之后,我要立即指出另一个问题。毗

---

① 威廉·琼斯(William Jones,1746—1794),英国东方学家、语言学家,将许多重要的梵文典籍(比如《罗摩衍那》《沙恭达罗》《摩奴法典》等等)首次翻译为西方语言。——译者注
② 《克罗伊策文集》,第一卷,第623页。——谢林原注

湿奴的化身在某种意义上看起来是真正的印度神话的一个赘瘤，即某种按照自然的过程不应当产生出来的东西。因此我们认为，这个观念是受到了一种不属于原初印度意识的思维方式的影响。"化身"（Incarnation）观念对于佛教来说是**至关重要的**，但对于印度神话而言却是偶然的。从历史学的角度来看，佛教无疑曾经在印度长时间存在，后来才通过一个血腥的斗争被驱逐出整个印度半岛，而这个斗争的真正原因（这个原因很晚才导致结果）是不为人知的。因此这里有一个最自然的假设，即认为是**佛教**把一种陌生因素输入到印度神话里面，从而导致印度神话偏离了它的自然发展过程的目标，而这种陌生因素就是我们在那些关于毗湿奴的传说故事里注意到的东西，尤其是那种关于善的魂灵和恶的魂灵以及善本原和恶本原的斗争的学说。

但当我们提到佛教时，实际上已经触及印度文明史里面的一个最大的谜，而直到目前为止，所有对于这个谜的解释尝试几乎都已经失败了。究竟什么是佛教？这个问题可以有两层意思：首先，佛教就其**内容**而言是什么？答案看起来不难，即佛教是一种泛神论学说。但鉴于"泛神论"这个不确定的概念可以把最为悬殊的东西都包揽进来，所以这个答案等于什么都没说。其次，从历史学的角度看，佛教所指的是什么东西？a）要么佛教是先于婆罗门教而出现，并且通过一种原初的佛教学说的分裂才形成一种扎根于印度的佛教学说；众所周知，这是某些人所主张的观点。b）要么佛教是在婆罗门教之后产生出来的，而这又有三种可能：aa）它产生自《吠陀》本身的那些具有神秘主义和泛神论色彩的部分；bb）它产生自毗湿奴教的那种已经达到巅峰的精神主义，尤其是著名的《薄伽梵歌》里的那种精神主义;cc)它产生自印度的一个哲学体系,而且它很有可能原本仅仅是一种哲学学说,企图在印度取代那种具有公众效力的宗教。所有这些观点都不乏追随者和捍卫者。可能它们当中**没有**一个是真实的。但如果要对它们做出一个裁决,我们就必须了解《吠陀》的神秘主义部分、印度的各种哲学学派以及成熟的毗湿奴教已经达到的那种思辨学说。

因此我们首先谈谈《吠陀》的神秘主义体系或神智学体系。但如果我们对于《吠陀》没有一般的了解,怎么可能谈论这个体系呢?既然如此,我们首先谈谈《吠陀》本身。

总的说来,我们所理解的《吠陀》是印度的一些只有婆罗门才有资格**亲自**阅读的圣书。较低的种姓只能**倾听**婆罗门诵读这些圣书,最低的种姓则完全被拒之门外。正因如此,《吠陀》在近代的印度本土已经不为人知,以至于直到索内拉[①]的时代,人们都仍然以怀疑的口吻谈到这些圣书的存在,而我们多次提到的圣巴托洛梅奥的弗拉·保利诺更是公开嘲笑那些自夸真正见过《吠陀》的人。如今距离我们发现《吠陀》已经过去很长一段时间,而且欧洲也掌握它们的完整版本,但它们始终是一部从很多方面来看紧紧封闭的书籍。虽然印度文化方面最伟大的行家,著名的科尔布鲁克在《亚洲研究》上发表的多篇论文让我们第一次至少对于《吠陀》的结构和一般内容具有了一个清晰的概念,但这项极具贡献的工作还是让德国研究者在很多方面觉得意犹未尽。至于后来通过英年早逝的罗森[②]和另

XII, 467

[①] 索内拉(Pierre Sonnerat,1748—1814),法国作家和探险家。——译者注
[②] 罗森(Friedrich Rosen,1805—1837),德国东方学家。——译者注

外许多现在专注于《吠陀》的编辑和解释的年轻学者的努力而获得的成果，还没有呈现出一个清晰的图景。科尔布鲁克似乎认为一个完整的翻译是不可能的。用以撰写《吠陀》的大部分内容的语言造成了很多如此独特的困难，以至于我们几乎可以断言，在今天的婆罗门里面也没有几个人能够自诩哪怕仅仅从语言的角度完全理解这些圣书。更大的困难来自内容，对于这些困难，如果人们没有经受专门的哲学训练，仅仅凭借一些印度评注是不能指望加以克服的，因为那些评注本身又需要评注，而且有些也得到了评注。其中那些最古老的评注是《吠陀》本身的一部分，因此和《吠陀》本身一样难以理解。最著名的评注是商羯罗（Sankara）的评注。他最关注的似乎仅仅是《吠陀》的哲学部分或神智学部分。目前看来，我们必须放弃对《吠陀》的所有部分及其相互之间的关系和相对年代等做出一个完整的判断，但即便如此，只要我们带着开放的意识和合理的批判眼光去看待科尔布鲁克和其他学者给我们提供的知识，就足以对作为整体的《吠陀》做出一个判断，并且至少一般地确定如下毋庸置疑的事实。

XII, 468

第一，《吠陀》是一部合集或文集，它的各个部分是在极为悬殊的年代里面整合起来的。按照印度人自己的说法，虽然原初的《吠陀》是梵天的启示，但最初是以口传的方式流传下来，直到毗耶娑（Vyasa）——他本身被认为是梵天的诸多化身之一——把它们搜集起来和书写下来，并划分为很多卷册，因此《吠陀》也被称作《毗耶娑吠陀》。威廉·琼斯认为《吠陀》的产生可以追溯到大洪水时期，并且认为它在摩西带领以色列子民离开埃及之前就已经被书写下来。或许《吠陀》里的个别残篇确实可以追溯到极为远古的年代，但就这部文集本身而言，我相信我引用的那些证据可以表明它是罗摩和克里希纳的传说故事广为流传之前不久才完全成书的。

第二，如果人们以为《吠陀》是一个纯净的源泉，仿佛可以借此准确地认识婆罗门教的真正体系，那么这种想法的荒谬性丝毫不亚于那种热衷于夸大年代的久远程度的做法。因为当人们在根本上假设婆罗门教有一个普遍的体系，这已经是一个谬误。假若真的有这样一个体系，那么所有的婆罗门必定会众口一词，但从他们的哲学表述和系统表述来看，这中间的差异性和其他民族的哲学家之间的差异性没有什么区别。从这个角度来看，《吠陀》恰恰不具有裁断的意义，因为每一位婆罗门都会尴尬地发现，在《吠陀》里面能够找到与他相左的观点或学说的证据。总的说来，这些圣书没有一个一以贯之的总体意义，即便我们这里所说的那个神秘主义体系或神智学体系，也仅仅是《吠陀》的某一个**部分**的体系，而不是一个能够作为基础去建构或塑造其所有部分的体系。除此之外，人们切莫以为通过《吠陀》就掌握了印度神话的源泉，也不要以为通过这部文献就能够了解印度宗教的起源。《吠陀》就其内容而言在很大程度上已经以印度的神话宗教为前提，因此对于这个宗教由之产生出来的那个神话过程，它不能提供任何教益。

XII, 469

经过这些一般的评论，接下来我们希望考察那些组成《吠陀》的个别部分。当前的划分方式是起源于《毗耶娑吠陀》，因为是毗耶娑把这些印度圣书划分为现在我们看到的四个部分，而它们因此也被称作四大《吠陀》，即1)《梨俱吠陀》（*Rich-Veda*），2)《夜柔吠陀》（*Yajour-Veda*），3)《娑摩吠陀》（*Saman-Veda*）和4)《阿闼婆》（*Atharvan*）。但公认为《吠陀》之后第二古老的书籍《摩奴法典》

却只知道三部《吠陀》。也就是说，摩奴（Menu）仅仅以暗示的方式提到《阿闼婆》，但没有将其称作《吠陀》。只有那些包含着印度神话的真正传说故事的《往世书》才总是提到四大《吠陀》，但按照克罗伊策的说法，**某些**（我认为可以说是**全部**）《往世书》的产生年代是极为可疑的，尽管它们宣称自己是第五部《吠陀》的组成部分。

至于《吠陀》的内部划分，可以看出**每一部**《吠陀》的第一个部分都是由所谓的曼怛罗（Mantras）亦即一系列祷词和祈语构成的；人们也可以把它们看作针对各位神祇的赞歌。《吠陀》的这个包含着曼怛罗的部分叫作本集（Sanhita）。第二个部分叫作梵书（Brahmana）。这个部分主要包含着各种规章准则，尤其对某些宗教义务反复予以强调。第三个部分是所谓的吠檀多（Vedanta），即与科学有关的部分；它主要是由一些叫作奥义书（Upanischades）的论文构成的，而商羯罗和一些最卓越的评注家把这个词语解释为一种神性的科学或关于神的科学，即神智学。但这三个部分也不是完全泾渭分明。因为第二个部分亦即梵书也包含着一些奥义书；有一篇奥义书甚至是本集的一个部分，虽然绝大多数奥义书都是作为孤立的部分存在着。

关于第一个部分，所谓的本集，我只想指出一点，而这是针对科尔布鲁克的一个观点有感而发。他说，第一部《吠陀》（亦即《梨俱吠陀》）的开篇是大量的赞歌或者说以韵文形式作成的祈语，其中除了提到**某些名字和别名**之外，主要是诉诸自然界的对象，比如苍穹、火、太阳、空气、大气层、地球，甚至有个别的星座等。既然这里毕竟还是谈到了某些名字和别名，这些祈语看起来就不是完全诉诸那些自然对象，而是同样诉诸一些神祇，只不过在科尔布鲁克看来这些神祇仍然是自然对象。假若这些祈语是完全诉诸太阳和元素之类东西，那么由此就只能推导出科尔布鲁克想要得出的一个结论，即在印度河和恒河之间，原本有一个与古波斯宗教类似的宗教占据着主导地位，且这个宗教同样崇拜天空和元素，而科尔布鲁克真正想说的是，印度民族原本信仰的是这样一种与波斯宗教类似的宗教。但按照我们的那个多次重复的原理，印度人只有**伴随着**他们的神话才是印度人。是这种特殊的神话使印度人成为这个特定的民族，因此印度人和他们的神话是同时从那个普遍的过去中显露出来的。毫无疑问，印度人也经历了纯粹的萨比教这个环节，但那时他们仅仅是普遍人类的一部分，还不是印度人。因此，假若那些祈语是完全诉诸天空、太阳等等，由此也只能推导出，《吠陀》的**这个**部分**并非**起源于印度。鉴于《吠陀》的明显的拼凑性和其中各个部分之间明显的矛盾，我们完全有理由认为，《吠陀》虽然是在印度搜集整理而成的，但它不因此就专属于印度，而是一部普遍的宗教书籍，即那些搜集者把远古时代一切从宗教的角度看来值得保存的东西都放入其中。这个说法并没有贬低《吠陀》的价值，反而是提升了它的价值。科尔布鲁克从那些诉诸天体等的祈语推导出印度存在着一种原初的星辰宗教之后，进而拿出三份神祇名录作为佐证，而这些名录是出自《吠陀》附录的一个至少与这部文集同时出现的词汇表。他在这里说，从这些名录的编排来看，第一份名录里的神祇名字都可以被解释为火的同义词，而第二份名录里的神祇名字是气的同义词，第三份名录里的神祇名字则是太阳的同义词。但我们在这里可以清楚看出，他所说的仅仅是对于那些神祇名字的一个**解释**。除此之外，科尔布鲁克还征引了词汇表的另一个部分（索引），因为其中明确指

XII, 471

出，只有三位神，此外还有一个地方同样宣称只有三位神，他们仅仅按照各自发挥的作用而被分别命名，而且这三位神也可以归结为唯一的神，即所谓的摩诃特玛（Mahanatma）①，意为"伟大的灵魂"。简言之，科尔布鲁克依据上述三个论点想要证明，**古代**印度宗教只承认一位神，这个宗教的不纯粹之处仅仅在于没有彻底地区分受造物和造物主。

关于《吠陀》的词汇表的那个说法，人们很早以前在希腊也遇到了这样的解释，即把真正的希腊神祇解释为单纯的元素，但在这些完全缺乏历史学证据的解释里，我们看到的仅仅是那样一种努力，亦即希望把《吠陀》本集提到的**大量**神祇追溯到少数主要的潜能阶次，以便让他们更容易被理智接受，因为理智已经耻于提到他们的名字。至于那个索引指出这三位神都归结为唯一的神，即所谓的摩诃特玛，虽然我们同样可以承认这个索引是与《吠陀》（这里指的是作为**文集**的《吠陀》）同时被书写下来的，但由此并不能得出，它和这部文集的**各个部分**是同时产生的，正如犹太人的《马所拉》（Masora）虽然可能是和结集成书的《旧约》同时产生的，但并不因此和其中的每一个卷册比如《摩西五经》或个别《诗篇》是同时产生的。正相反，像犹太人那样拿着放大镜去搜寻每一个音节和字母，既担心损害文本的真实性，又要确保这个做法的可行性，这些情况恰恰表明，那个索引和那部与它一起被搜集成书的《吠陀》的起源是相对较晚的，而且人们根本不能利用这个索引为印度的最古老

---

① 这个称谓在近代主要和印度民族解放运动领导人甘地（Mohandas Karamchand Gandhi, 1869—1948）联系在一起，通常译为"圣雄"。——译者注

的宗教的状况提供一个有效的证据。这个索引把三位神归结为唯一的神，所谓的摩诃特玛，而科尔布鲁克希望以此证明，印度最古老的宗教只信仰**唯一的**造物主；既然如此，他就必须承认这位造物主的名字是同样古老的。问题在于，这根本就不是一个**名字**，因为这个词语意味着"伟大的灵魂"，由maha（意思是"伟大"，正如摩诃婆罗多的意思是"伟大的"婆罗多）和Atma（它和拉丁语的anima和德语的Athem是相对应的，意思是"灵魂"）构成。这个词语基本上和希腊哲学家所说的"世界灵魂"是同一个意思。也就是说，这是一个哲学概念。因此也可以看出，那个索引做出的注释是一个学理上的、具有哲学意义的注释，不应当被视为一个历史学证据。诸如"世界灵魂"**这样的**概念，怎么可能比梵天、湿婆、毗湿奴等在印度语言里根本不存在词源学的名字更古老呢？任何在印度的这三位神祇**之前**寻找某种东西的做法都是一个徒劳的尝试。严格意义上的印度意识是**伴随着**他们才开始出现的。

此外我必须提到科尔布鲁克本人指出的一个事实，即这些祷词和与之联系在一起的规章准则在今天的印度已经完全过时，并且被完全废弃了。但在我看来，科尔布鲁克首先必须证明这些规章准则在现实中曾经得以遵循。既然这一点无法加以证明，我们同样也有理由认为，那些祈语和与之相关的仪式**从未**构成印度文明的一个根本重要的部分，而且这些本集作为祷词的汇编，仅仅是在一种不同于宗教意图的意义上被婆罗门加以使用，正如《吠陀》在原初的意义上更像是一些具有科学意义而非宗教意义的文章的汇编，更何况它的名称也暗示出这一点。我们必须在印度的**民众**意识自身之内寻找印度宗教的基础。人们没有理由把《吠陀》称作印度宗教的基

XII, 473

础文献，因为其中包含着对于婆罗门教的各种最为悬殊的体系的证明。鉴于过去人们甚至怀疑过《吠陀》是否存在，这也表明，它对于当今印度的现实的宗教习俗的影响是微乎其微的，而且人们没有理由认为它在古代的印度就是不一样的情形。至于《吠陀》既没有提到罗摩和克里希纳的名字①，也没有提到佛陀的名字，关于前一点，人们大致可以这样解释，即虽然《吠陀》作为**文集**而言并不比毗湿奴教的那些退化形态更早出现，但至少它的个别**部分**是更早出现的。人们也不能因为《吠陀》没有提到佛陀就推论出它相对佛教而言是更古老的，因为所有在婆罗门教的间接或直接影响之下产生的书籍都对佛陀表现出一种极为奇怪的沉默不语。但人们最不应当做的是从这些情况推论出印度的一个更早和更纯粹的宗教，哪怕这是一般意义上的更早和更纯粹的宗教。此前我已经宣称，《吠陀》很有可能也包含着一些外传的、起源于印度之外的组成部分。这个推测几乎已经得到了一篇对于词语的赞歌的证实，因为它是在一种仅仅见于《阿维斯塔书》的崇高意义上赞美词语。在一篇由科尔布鲁克翻译和发表的赞歌里，词语这样描述自己："我拥有二者，太阳和大海，苍穹和火焰；我是行善的女王，知识的掌管者，第一位配享崇拜者；我是**普遍的**，无所不在的，驱动着万物。谁通过我而享受，谁通过我而观望、呼吸和倾听，却不**认识**我，他必定会迷失。我使我选择的人强大，我使他成为神圣而智慧的梵天。我是万物的创造者，像冰冷的海风一样飘过；我**高于**这个天空，**高于**这个大地，我是伟大的唯一者。"且不管梵天这个名字，你们当中但凡对阿维斯塔学说稍有了

XII, 474

---

① 科尔布鲁克认为，其中有对于罗摩和克里希纳的传说故事的暗示。——谢林原注

解的，都必定会觉得这些文字是出自《阿维斯塔书》的一个段落。在《阿维斯塔书》里，**词语**（Honover）扮演着一个和上述描述完全符合的并且如此重要的角色，以至于曾经有一些神学家企图从阿维斯塔学说的"词语"推导出《约翰福音》里的"道"（Logos），而他们后来之所以放弃这个做法，看起来仅仅是因为屈服于斐洛①的权威。

除了这篇赞歌之外，科尔布鲁克不知道《吠陀》的其他段落或另外什么印度著作同样赋予**词语**以这种崇高的意义。这是一个对于印度原始文献和整个印度哲学而言完全陌生的概念。因此我相信单是这篇赞歌就足以证明《吠陀》是基于不同的源泉而由一些完全不同的东西组成的。这一点在字面上也符合《薄伽梵歌》里的一个极为奔放的关于《吠陀》的言论："一汪清泉的四处流淌的水有多少种用途，圣书对于一位理智的神学家而言就有多少种用途。"这句话表达的意思是，《吠陀》里的一切东西并非具有同等的价值和同样的意义。因此我还是要回到刚才的那个主张，即《吠陀》更多的是一部普遍的宗教典籍，而不是一部专属于印度的宗教典籍，也就是说，最初的搜集者把他们所知道的一切与（包括印度之外的或之前的）宗教习俗或宗教仪式有关并且值得保存的东西放在一起，因此如果不借助其他的证据，我们单凭所谓的本集并不能稳妥地推断出一个理念究竟是不是印度的理念或属于印度的宗教体系。至于婆罗门（我们必须认为这项搜集工作是由他们完成的）在搜集这些论文的时候是出于什么特定的目的或观念，因为这部文集不是拿给民众看的，所以

XII, 475

---

① 斐洛（Philon，公元前30—公元40），亚历山大里亚的犹太神学家，将希腊哲学和基督教结合起来的先驱。——译者注

我们只能设想这是出于一种学术上的目的。也就是说，他们在做这项工作的时候不可能只搜集印度的文献。

关于《吠陀》的第一个部分亦即所谓的本集就说这么多。第二个部分，所谓的梵书，包含着许多对于宗教习俗的指导，对此唯一需要指出的是，这些习俗的绝大部分都已经过时了。但我在这里还是必须重提刚才的观点：这里唯一的**事实**是，这些仪式在今天的印度已经无人顾及，但从《吠陀》的文本并不能必然推论出这些仪式在真正的印度曾经有一段时间行之有效。

对我们的研究而言，这里尤其值得关注的是《吠陀》的主体部分。这是一些神学残篇和哲学残篇，即所谓的奥义书，而这个词语的确切意思是"超越的东西"（很有可能是指超越单纯的仪式）。这部分《吠陀》的内容是一种超越性的科学，其真正的对象是神、世界和灵魂。在很长一段时间里，我们知道的只有一部收录在威廉·琼斯著作集里面的奥义书译本（属于《夜柔吠陀》的第一部分）。后来一位著名的不久以前于英国去世的婆罗门拉姆·莫罕·罗伊①也把四部奥义书翻译为英文。但我在阅读《亚洲学刊》的时候经常发现这位婆罗门的译本相比琼斯的译本有很多的删减。我觉得这些删减是为了适应这位婆罗门的体系，也就是说，他谴责印度的偶像崇拜文化，却又希望用一种纯粹的有神论取而代之，与此同时他还宣称，这种有神论是原初的印度体系，只不过慢慢被扭曲和败坏了，而且他还宣称自己认同基督教的一个**部分**，即那种摒弃了一切历史因素的纯粹道德。

---

① 罗伊（Ram Mohan Roy, 1772—1833），印度宗教、社会和教育改革家，被称为"现代印度之父"。——译者注

只可惜这位婆罗门没有来德国,否则他在我们的某些理性主义主教和牧师那里一定会受到真正热烈的欢迎,因为,正如这些人致力于证明基督教和《新约》仅仅包含着一种理性宗教,他也竭力想要证明《吠陀》和其他印度宗教文献里面有一种纯粹的有神论。

鉴于这些情况,人们当然必须把安奎提尔-杜佩隆[①]编辑的《奥义集》(Upnechat)看作一个巨大的宝藏。欧洲对于《阿维斯塔书》的发现和最初认识也要感谢这位安基提尔-杜佩隆。关于他所编辑的《奥义集》,简单说来是如下情况。在伊斯兰教纪元1050年,亦即公元1640年,一位波斯王子(他是著名的莫卧儿大帝亦即奥朗则布皇帝[②]的弟弟)来到美丽的克什米尔高原,希望搜集一些神秘主义书籍并深入学习一种与神合为一体的学说,因为这种学说在《可兰经》里面是晦暗不清的,并且对于伊斯兰教徒而言几乎是闻所未闻的。他首先搞到了摩西的《律法书》、大卫的《诗篇》和四部《福音书》,但在其中没有发现什么足够清楚的东西;于是他转向印度人,因为他听说印度的一个古老种姓掌管着某些圣书,其中包含着关于那个奥秘的真正学说,即如何与神合为一体。当他拿到这些圣书亦即《吠陀》之后,就决定让人把其中的神秘主义部分翻译为波斯文,以便让伊斯兰教徒也能够接触到这个伟大的宝藏。出于这个目的,他命令很多潘迪特和出家人——在印度,所谓出家人(Sanyasi)是指那些已经摆脱了一切东西尤其是世俗东西的人,因此他们被看作能够在最高程度上与神合为一体——从贝拿勒斯来到德里,在那里

XII, 477

[①] 安基提尔-杜佩隆(Abraham-Hyacinthe Anquetil-Duperron, 1731—1805),法国东方学家。——译者注
[②] 奥朗则布(Aurengzeb, 1618—1707),印度斯坦莫卧儿帝国的第六位皇帝。——译者注

逐字逐句地翻译出《奥义集》，即《吠陀》的那个包含着奥义书的部分。在这个意义上，《奥义集》是《吠陀》的一个节选。后来安基提尔-杜佩隆把这个波斯文译本的一份抄本带到欧洲，原本希望为其提供一个忠实的法语译本，但经过各种尝试之后，他决定以逐字逐句的方式将其翻译为拉丁文，大概类似于希伯来文本的那种对照翻译。很显然，这种逐字逐句的拉丁文翻译只能是一种非常费解的东西。假若安基提尔-杜佩隆希望提供一个流畅的拉丁文译本，那么他只需要按照**他的**理解去翻译就可以了。但他通过逐字逐句的翻译方式，让我们自己去摸索某些段落和表述的深奥而辩证的意义。当然，关键问题在于，安基提尔-杜佩隆手里的那个波斯文译本究竟是不是忠实可靠的。一位法国学者曾经拿拉姆·莫罕·罗伊的译本和安基提尔-杜佩隆的文本做过比较，根据他的说法，波斯文译本的唯一缺陷就是有一些不恰当的转述，并且采纳了伊斯兰教神学家的表述和教义，但这些是很容易辨别的。总的说来，德国学者最早和最大程度地利用了安基提尔的成果，但主要是从哲学的角度而非从历史学的角度加以吸收。因为自从近代哲学发生转向之后，无论是东方的著作，还是雅各布·波墨等西方神秘主义者的著作，都被某些人吹捧为一种更高级的科学的源头。

　　从迄今的各种历史学证据可以看出，《吠陀》的神秘主义部分的真正目标是什么：它的最终意图是与神合为一体。人们只需随便翻翻这部书籍，就立即可以发现，这个在整体上如此感性的民族身上竟然体现出一种如此精深的神秘主义和一种如此崇高的唯心主义。但恰恰在这里，印度神话意识的第二个方面显露出来；我们此前曾经**指出**过这个方面，但并未加以考察。第一个方面，或按照我们此前的说法，印度意识——不同于那个从始至终都整合在一起的埃及意识——在神话过程里的开端的第一个征兆，就是让潜能阶次彼此分离，**仅仅**让其中一个潜能阶次作为过去保留在意识里，让另外两个潜能阶次（湿婆和毗湿奴）相互排斥。这种分离在印度神话里是已经得到证实的，它必定会和精神性统一体的一种降格联系在一起，也就是说，精神性统一体对于埃及意识而言已经形体化为潜能阶次的一个质料性统一体，但对于印度意识而言却位于潜能阶次**之外**，而印度意识愈是深切地感受到那个质料性统一体的碎裂，就愈是深切地致力于提升自身，以达到那个被设定在潜能阶次之外的精神性统一体，与之合为一体。

具体而言，我希望大家再回想一下此前说过的基本情况：三个潜能阶次是自然过程和神话过程的直接原因，而在它们**之外**（这里的意思是除了它们之外）和**之上**，也设定了一个把它们整合起来的统一体，但只要意识之内仍然只是其中一个潜能阶次占据主导地位，没有设定潜能阶次的大全，意识和那个统一体就是遥遥相隔的。只有伴随着完整的神话的出现，这个统一体才会进入意识，并首先表现为一个发挥整合作用、正因如此在潜能阶次之内形体化了的统一体。在**埃及**意识里就是这样的情形。但为了让这个统一体单独出现在意识里，必须要有一个环节，**质料性**统一体在那里碎裂：随着质料性统一体被推翻，那个仅仅位于质料性统一体之外的纯粹精神性统一体也消散了，因此导致的必然后果就是印度意识特有的那种企图把已失去的神性东西重新统一起来的努力。印度意识感受到了潜能阶次的分裂，而我们已经证明，这种分裂相当于被放逐到神性的存在之外。当人们察觉到这种放逐，察觉到一切宗教意识都面临瓦

XII, 479

解的危险，就必定会反过来热切地追求与神性东西的重新统一，而这种重新统一不可能依赖理性或唯理论科学的道路，而是只能依赖实践的道路，亦即一种激昂情感或神秘主义的道路。

　　在整个发展过程里，我们在这里第一次遭遇这种神秘主义。它对于印度意识所代表的这个环节而言仅仅是一个自然的现象（埃及神话尚未涉及这样的重新统一，而当这个现象在印度突然出现，恰恰就暗示着潜能阶次的分裂）。一切东西都仅仅在追求这种重新统一；按照《吠陀》的神秘主义学说，全部识见、知识和科学的最高目标不再是知识和科学，而是与神重新统一，而全部努力乃至于全部科学都在这种**重新统一**中寂灭。这种神秘主义科学的宗旨是，每一个达到完满性的人都必须能够告诉自己：我**曾经是**造物主，我能够重新成为他！——人的灵魂曾经是**普遍的**灵魂。对于人而言，走向极乐之路就是把全部外感官和内感官（因此也包括整个意识）重新带回到普遍的灵魂。《吠陀》的根本立场，就是让人们**知道**自己是造物主，并且知道**一切东西都是造物主**。凡是达到了**这个**境界的人，都不再需要**阅读**圣书，不再需要任何**著作**，因为这些仅仅是外壳，仅仅是麦秆和秕谷；他不再**思考**这些东西，而是拥有内核和实体，亦即造物主。当人与神重新统一，就在这一**瞬间**消灭了他已经做过的善业和恶业。因为这时他自己已经是**无**，而在这种统一的烈焰中，无论善业还是恶业，都和自主性一起灰飞烟灭。

　　鉴于《吠陀》的这种彻底实践化的倾向，我们已经可以预料，这些典籍对于真正的终极体系几乎不能提供**理论上**的揭示。它们在大多数情况下都是以一个断言为结语，即一切东西在梵天里都是合为一体，而梵天在这里实际上仅仅是指神性，而不是指一位特定的人格性的神。除此之外，这个命题还有各种翻来覆去的说法，比如神在火里面是火，在气里面是真正能呼吸的东西，在水里面是水，如此等等。就此而言，《奥义书》在整体上是一些非常无趣的书籍。对于最高的统一体，《奥义书》从来没有给出一个肯定的解释，而是只有一个否定的解释，而这个解释在形式上就是通过同时予以**否定**和**肯定**而说出相反的规定，比如：神既是超于任何地方也不是超于任何地方；神既是伟大的也不是伟大的；神既是包围一切也不是包围一切；神既是光明也不是光明；神既是也不是一头吞噬一切的狮子（这个比喻很有可能是指把万物重新吸纳到神之内）。在一处地方，甚至有这样的说法：神是真理，也是谎言——因为一切东西都仅仅依赖于神，所以谎言，尤其是那个伟大的谎言（感官世界），也是以神为载体和支撑。至于一切东西究竟**以何种方式**在神之内合为一体，或究竟**以何种方式**从作为原初统一体的神那里显露出来，《奥义书》从未给出一个清楚的说法。实际上，三元性就提供了一个真正能够解释这两个问题的工具，但据我所知，只有一处地方提到了三元性和创世的这个关系，那里的说法是："万物的运动是基于三种属性（创造的属性、维护的属性、毁灭的属性）的均匀混合。"在另一处地方，神性的作用被比作蜘蛛的行为，因为蜘蛛从自己的体内抽丝织网，又把蛛丝重新收回到自己体内。

XII, 481

就此而言，人们绝不能说《吠陀》的这些神秘主义部分像希腊神秘学那样解释了或包含着神话本身的真正秘密。相比于希腊神话，可以说印度神话并没有找到自己的终点。《奥义书》的沉思和实践的路线是致力于摆脱神话过程，而不是去贯彻这个过程。正因如此，那个反神话的因素，那个在佛教那里作为一个特殊宗教或仿佛作为一种异端邪说而显露出来的体系，可以说已经包含在《吠陀》本身的神秘主义部分之内。佛教仅仅是《吠陀》本身的显白的、已经公开化的隐秘学说，这种学说在根本上认为神话是虚妄的东西，而它之所以受到迫害，**只不过**是因为它从秘密中显露出来，企图在与神话宗教相对立的情况下——这是一个不可避免的，同时带有政治意味的后果——把自己塑造为一个公开的宗教，而不是保持为一个单纯隐秘的宗教。人们可能会不同意这个观点，而是依据一些与"泛神论"这个词语结合在一起的含混概念，把吠陀学说和佛教学说都称作一个泛神论体系。相应地，正如人们把近代的具有完全不同的思辨内涵的体系都称作泛神论，他们也认为那种包含在《吠陀》的神秘主义部分里的学说和佛教学说是同一回事。但我们随后马上就要表明，二者实际上不仅是有差别的，甚至在某种意义上是相互对立的。

那种从《吠陀》的神秘主义部分里引申出来的学说叫作吠檀多，而这个词语的意思是"《吠陀》的终点、目标或真正意图"，亦即《吠陀》的意义、含义和体系。但吠檀多实际上无非是一种激进的唯心论或唯灵论，其最终结论是，质料性世界相对于造物主而言只具有一种虚假存在，而在吠檀多的最古老的典籍里，这种虚假存在已经通过"摩耶"这个词语表达出来。吠檀多认为造物主应当是完全自由的，但有待创造的东西必须首先作为可能性呈现在造物主眼前。这种可能性正是摩耶。那种仅仅基于可能性的东西，那种通过一个自由意志而被召唤到存在里的东西，不可能与一个基于自身（a se）的东西相提并论。在这个意义上，世界对于吠檀多而言也是一个幻觉。这种可能性正是摩耶，亦即魔法。没有这种原初可能性，就没有

XII, 482

自由的造物主，因此在后来的艺术作品里，这种可能性被描绘为一个充满诱惑的美女，让造物主神魂颠倒。通过造物主的刹那间的自身遗忘状态，通过他的一种纯粹欢愉，世界就产生出来，——毫无疑问，这是那样一种唯心论所能够达到的最高点，这种唯心论不需要如何真正意义上的启示，就确信这个世界只具有一种转瞬即逝的、虚假的实在性。相比于另外一种观念——这种观念认为神性与有限事物以永恒的方式纠缠在一起，或把事物看作神性本质的一个永恒的、与意志无关的流溢（无论是物理意义上的还是逻辑意义上的流溢）——，这种唯心论具有崇高得多的精神性，并且更能让人走向解脱。

以上所述同时也揭示出吠檀多和佛教的区别。因为就我们所知的一切来看，佛陀虽然原本不是一位质料性的神，但他自愿将自身质料化，出于对受造物本身的纯粹的爱而把自己降格为质料，并且贯穿自然界的全部形式，而不是像吠檀多的造物主那样始终位于自然界之外。

吠檀多本身已经是一个**哲学体系**。作为这样的体系，吠檀多叫作弥曼差（Mimansa）。弥曼差又分为两部分：第一个部分是"前弥曼差"，即初级的弥曼差或"业弥曼差"，因为它专门讨论《吠陀》所颁布的宗教义务，主要是专注于《吠陀》的**释义**；第二个部分是"后弥曼差"，可以翻译为终极的或最高的弥曼差，即"梵弥曼差"。这部分包含着真正的思辨内容。总的说来，吠檀多主要是致力于调和《吠陀》里面的那些虚假的或真实的矛盾，而单是这一点已经表明，《吠陀》本身不包含一个彻底的体系。吠檀多学说通常被看作正统的学说。除了它之外，还有两个体系被提到，因此印度哲学总的说来

XII, 483

只承认三个体系。但每一个体系在自身之内又分为两派,于是通过这个方式产生出六个体系,依据于六个见道(Darsanas)。三个主流体系是弥曼差、正理论(Nyaja)和数论(Sankhya)。正理论似乎是一个专注于逻辑和辩证法的体系,和我们当前的研究没有任何关系;而且科尔布鲁克指出,吠檀多的著作里从未提到正理论。正理论的一个分派主张一种corpusculum philosophicum [哲学意义上的微粒],或者说提出了一种原子论物理学,并作为一个特殊体系被区分开。与此相反,吠檀多的著作经常提到数论,甚至可以说这些著作主要是在与数论的对立中发展自己的学说。"数论"的意思是"理性学说"(这里的"理性"是在最宽泛的意义上被当作"逻辑"的同义词来使用和推演),即一种基于理性推论的学说,或一般意义上的科学学说。它也分为两派,其中一派是无神论,被称作"无大自在天的数论"(nir-Isvara-Sankhya)——"大自在天"(Isvara)是一位人格化、具有自由意志的神的印度名字——,另一派是有神论,即"大自在天数论"(Isvara-Sankhya)。

通常认为,迦毗罗(Kapila,一个在《摩奴法典》里总是带着敬意被提到的名字)是无神论数论的创始人,这种学说认为万物之前有一个**单纯**的本性,一个仅仅伴随着必然性而发挥作用的、无意志的实体,这个实体是万物的那个单纯进行塑造和盲目生产的开端。这个本性,或者说"自性"(Prakriti),作为**最初的**唯一者叫作"胜性"(Pradhana,也是一种"自性"),它并非被生产出来,而是进行生产。最初的唯一者生产出的(而非创造出的)东西叫作**伟大的**唯一者,即"大种"(Mahabhuti)。当这个伟大的唯一者在区分的状态下被认识,就被看作三位**神**,即梵天、毗湿奴和大天(Mahadeva,即

XII, 484

湿婆)。当三位神"堆积在一起"——我在这里保留了英国人的表述——,也就是说,当三位神被看作合体的,伟大的唯一神就是神性,反之当他们被看作"分庭抗礼的",他们就是三个个体存在者。这个文本与我们关于大全一体的解释是高度吻合的:上帝是多数的,或者说被规定为三,即A, B, C,但他作为专门的A或B或C都不是上帝,而是只有作为A+B+C才是上帝,因此他虽然是多数的,却不是多数的上帝,毋宁仅仅是唯一的上帝。英国人按照他们的哲学的机械概念翻译为"堆积"的那个东西,在梵文里面是通过一个更具有精神性意义的哲学词语表达出来的。印度文本的真正意思是:梵天、湿婆和毗湿奴作为一个统一体来看就是神性本身,而在分裂状态(张力状态)下,他们是三个个体存在者,又因为在他们之内存在着的仅仅是神性,所以他们能够被看作三位神。这种学说之所以被认为是无神论,是因为它断定万物之前有一个单纯的本性,而它称作神的那个唯一者,仅仅是由这个最初的本性生产出来的。

刚才我已经提到,除了无神论数论之外,还有一派正统的有神论数论,它的创始人是帕坦伽利(Patandjali)。我们非常想要知道,这种正统数论和那种异端数论是在哪里分道扬镳的。因为作为数论,它毕竟也是一个理性的、科学的体系。仅仅知道它主张一位大自在天,亦即一个人格化的、具有自由意志的造物主,这是不能令人满意的。非常遗憾的是,关于帕坦伽利是如何提出这个自由的创世者,我们对此一无所知。但如果我们把它看作无神论数论的对立面,而且它作为对立面必定与后者达到了同样的思辨高度,那么它区别于后者的地方大概在于,它把大自在天放在最初的位置,而且不是通过一种单纯盲目而必然的生产,而是通过一个自由的行动让大自在

XII, 485

天产生出三位神。这样一来,这种正统数论就不是通过事情本身,而是仅仅通过一种科学的和理性的方法区别于吠檀多。然而历史知识的匮乏并没有阻止人们提出这样一个**猜想**,即佛教学说是作为无神论数论的一个单纯分支而产生出来的。这个猜想主要是法国人提出来的,它不是把佛陀看作一位神,而是看作一个创立宗教的凡人。但是,假若佛教创始人的学说是起源于数论哲学(哪怕仅仅是部分起源于此),那么佛教**在根本上**就是起源于哲学,而在这种情况下,佛教绝不可能扩散到如此之大的范围。佛教在整个东方都是最大的宗教,佛教徒的数目直到今天都大于基督教徒和伊斯兰教徒的总和。单凭一种思辨的学说,更不可能促使人们建造出康赫里的那些庞大的石窟寺院或处于波斯-印度走廊的喀布尔王国的所有那些令人震撼的巴米扬佛像。这样的东西不可能是在哲学的时代里产生出来的。我相信以上所述已经足以证明这个解答佛教之谜的尝试也是不成功的。

  佛教学说不是《吠陀》的隐秘学说,因为至少吠檀多不承认神自身会质料化;它也不是一个哲学体系,因为这样的体系只能是无神论数论。但这种数论在原则上也不同于佛教,因此佛教总的说来是以一个非哲学的起源为前提。

第二十二讲
从《薄伽梵歌》看佛教与印度神话的关系

接下来我们还需要考察第三个猜想,它认为佛陀就是毗湿奴,而佛教仅仅是《薄伽梵歌》里呈现出的那种非常特殊的、激进的毗湿奴教的一个特殊形式。其主要论据是,二者都主张"化身"的观念。因此,为了检验这个猜想,我们必须专门谈谈《薄伽梵歌》的意义和思辨体系。这部作品一经问世就引发了非同寻常的关注,而在奥古斯特·威廉·施莱格尔准确的拉丁文译本出版之后,它已经成为许多睿智学者的研究对象,在这些研究当中,最为出色的是威廉·冯·洪堡的论著。

按照通常的理解,《薄伽梵歌》是印度第二部伟大的,也是最著名的叙事诗《摩诃婆罗多》里面讲述的一个哲理故事。这个故事的背景是,持国(Diritaraschta)国王的儿子阿周那(Ardschuna)在即将与他的兄弟们开战时,感到十分的沮丧,因为他看到对面有他的亲人和朋友,甚至有他的老师,所以他不知道究竟是应当打败这些对他的生命来说具有至高无上的价值的人,还是应当让他们取得胜利。抱着这种沮丧的心情,他请求陪同的克里希纳给他启示和教导;于是这里出现了一场哲学对话,其最初的论证是:哪怕阿周那的亲人全都丧生，他也不应当感到悲痛，因为无论是死去的人还是活着的人都不配得到哀悼；克里希纳说——这是论证的关键点："因为我自己绝不会不存在，你阿周那也绝不会不存在，同样，那些国王和你的亲人都绝不会在某个时间不存在，因此对于我们所有的人而言，绝不会有我们**将要**不存在的一个时间。"简言之，克里希纳宣称一切存在都是绝对永恒的，他否认有什么东西能够真正产生或真正消灭，毋宁说一切都是永恒的，因为从非存在到存在的过渡是不可能的。换言之，"非存在者绝不可能成为存在，存在者也绝不可能成为非存在"，或者按照威廉·冯·洪堡对这句话的翻译：

非存在者不会存在，存在者不会不存在。

这句话立即让我们想起巴门尼德的一个几乎同样意思的命题，因为那里同样宣称，非存在者绝不可能**存在**。当克里希纳阐述了这个极为抽象的学说，试图用这个本身让人绝望的概念去安慰阿周那之后，又对后者说："我是按照数论给你阐述这个观点；即使按照古老的瑜伽论，你也将得到同样的教诲（也就是说，你没有理由为即将开始的战斗感到沮丧）。"这里区分了数论和瑜伽论，甚至几乎把二者对立起来。克里希纳明确地把瑜伽称作antiquam doctrinam [古老的学说]，并宣称是他自己首先将其传授给维瓦斯万（Vivaswan），然后维瓦斯万又将其传授给摩奴（Menu）等人。也就是说，克里希纳把古老的瑜伽看作一种原初地包含在印度体系里的秘密学说，与后来通过思辨的方式才产生出来的瑜伽亦即智慧瑜伽（Gnana-Yoga）或数论瑜伽相对立。"智慧"（Gnana）这个词语相当于希腊语的γνῶναι [认识]或γνῶσις [知识]，因此其所指的是一种作为理论学说的瑜伽，也就是说，刚才谈到的那个抽象论证就包含在这个冠名为"数论瑜伽"的部分里面。

  首要的问题在于，"瑜伽"这个词语本身是什么意思。对此已经有很多种译法。与这个普遍的概念联系在一起的是一个与拉丁语的jungere [结合]相对应的词语。无论如何，这个概念的核心意义是**统一体**。施莱格尔把它翻译为devotio [奉献]，而这仅仅符合瑜伽的一个方面，即实践的瑜伽或"业瑜伽"（Karma-Yoga）。但还有一种"智瑜伽"（Buddi-Yoga），即思维中的瑜伽。一位也涉猎《薄伽梵歌》研究的著名哲学家竟然希望将其翻译为"**祈祷**"，但在我看来，一个思维着的祈祷者和一个所谓的思维着的信徒是一样可笑的。洪堡把这个词语翻译为"沉迷"。我感到诧异的是，竟然没有人想到德语的"**交融**"（Innigkeit），这个词语既包含着"内在""内化""在自身的深处"（而不是位于边缘或充斥着分裂属性的世界）的意思，同时也包含着"统一"和"合一"的意思。不仅如此，"交融"这个词语可以和"瑜伽"包含的全部规定结合在一起：有一种也存在于行动中的亲密，唯有通过它，才可以解决人们在被迫行动时必然陷入其中的那个矛盾。因为只要一个人采取行动，就已经走出自身，离开唯有神性才能够坚持的那种宁静。只要一个人采取行动，就纠缠于现实世界及其各种条件；真正说来，只有不去行动的人才是自由的；凡是**已经**采取行动的人，都被自己的行为束缚。就此而言，认识优于行动。但人们又不能不去行动：人们**必须**采取行动，而且是违背自己的意愿去行动。在这里，实践的瑜伽论指明了出路。当人在行动的时候仿佛**并未**行动，也就是说，当他对自己的行动漠不关心，对结果完

XII, 488

全无动于衷,就摆脱了这个矛盾。这样一来,他就把**两个体系**(一个体系认为只有积极行动的生命才具有价值,另一个体系认为生命的真正价值在于纯粹的认识,认为静观的生命高于行动的生命)统一起来。不去追求行为的**结果**,而是把全部行为和行动托付给神性的怀抱,把它们看作依赖于神性和通过神性而发生的——**谁这样**去行动,就在最为奔忙和最为纷乱的生命里表现为一个不行动的人;他在行动的时候不受行动玷污,正如浮在水面上的睡莲叶虽然置身于水中,却没有沾上一粒水珠。那些**不能**领悟这个意义的人,那些不懂得在行动中保持宁静和平静的人,或许会区分认识和行动,但真正参悟了这种高级学说的人亦即瑜伽师已经克服了这个对立,正如克里希纳所说:

只有愚蠢的小孩才区分认识和行动;
谁坚持唯一者①,
就同时找到了二者的果实。

或者按照《薄伽梵歌》另一个地方的说法:

那些认识到平等的人,已经赢得天国②,
神是绝对完满和平等的,因此他们始终在神之内安息。

---

① 也就是说,瑜伽意味着坚持唯一者,而不是让自己投身于分裂的世界。——谢林原注
② 这些人对于欢乐与痛苦、恐惧与希望的对立漠不关心,因为欢乐和痛苦这两个东西只有在分裂的世界里才是可能的,因此任何人只要被其中一方触动,他所追求的就不是行动本身,而是行动的结果或果实。——谢林原注

不因为幸运而欢悦，也不因为不幸而抱怨，
心思坚定的人已经摆脱愚蠢，认识到神，坚守着神。
他与神已经合一，拥有坚不可摧的善，
真正虔敬的人①，真正达到交融的人，
永远在自身之内和他的精神一起保持孤独②，
心怀统一，战胜感官，远离欲望，不为一切东西所动。
谁在合一状态③中始终控制自己的内心，
就达到我内心里的那种至高的精神宁静。
如同无风之地的一道静止的光：这个比喻所指的
就是那个战胜自己，追求完满交融的人。　　　　XII, 490
凡人当中只有那个达到交融状态的智者永远忠于唯一者。
我是智者的朋友，他也是我的朋友。
许多人也会受到我的赞誉；但只有智者才像我，
他的重新合一的精神最终会走向我④，
在许多转生的尽头，他会来到我身边。

　　通过以上阐述，我不但解释了实践瑜伽，同时也充分解释了**理论瑜伽**。后者同样致力于超越这个充斥着分裂属性的世界，以达到统一体。就此而言，单纯的数论也是一种瑜伽，因为它也在分裂的潜能阶次之前设定了一个统一体；但真正的瑜伽，亦即刚才阐述的

---

① 这里无疑是指瑜伽师。——谢林原注
② 和神一样孤独。——谢林原注
③ 我觉得更好的说法是"交融状态"。——谢林原注
④ 这一点也是值得注意的。——谢林原注

那种瑜伽，其追求的是一个**精神性**统一体，一种走向自由的造物主的知识，以及一个由精神性统一体所掌控的内心。正因如此，帕坦伽利的有神论数论——它被明确地看作数论和吠檀多学说的调和者——也叫作专门的瑜伽或"圣典瑜伽"（Sastra-Yoga）。此外我觉得必须指出的是，那种使人坚持交融状态，助人提升到神并等同于神的**力量**，从未被看作一种单纯主观的力量。科尔布鲁克明确指出，瑜伽是神性自身之内的一种力量。通过同一种力量，达到交融状态的智者在杂多世界的变换纷乱的现象里坚持统一体，神性在分裂的属性和潜能阶次——只有通过它们，这个感官世界才是可能的——里坚持自己的永恒统一体。

XII, 491

那在《吠陀》的神智学部分呈现为最高目标的东西，即人类与神的合一，也是《薄伽梵歌》所宣讲的那种瑜伽论的终极内容，只不过在表现方式上更为复杂。对我们的目的来说，这个哲理故事和它所属的英雄诗歌究竟是同时产生的，还是后来才被收录进去，这是无关紧要的。虽然有些人认为《薄伽梵歌》有四千年的历史，但基于一种健康的批判心态，我们还是必须大大缩减这个年份；哪怕认为它产生于一千年前，可能也多说了几百年，这方面的证据是数论（亦即最初的唯理论体系或科学体系）的论述，以及这篇诗歌对于《吠陀》的随意解释，而这种随意的解释距离完全的拒斥看起来几乎只有一步之遥。尽管如此，它仍然属于最伟大的民族诗歌之一，并且和《奥义书》一样在今天的印度享有崇高的、圣书般的声望；因为《奥义书》是一个普遍的名称，其所指的是《吠陀》和其他文献里的那些具有神智学内容的圣书。按照《薄伽梵歌》的说法，《吠陀》根本不探究**最终的**根据，也没有提升到精神和感官的最高纯粹性，甚至在某些方面陷入到假象世界中。当然，这些做法主要是针对《吠陀》关于仪式方面的规定。克里希纳建议阿周那抛弃所有别的训导，仅仅把他当作唯一的庇护者而加以敬拜。因此他是明确地宣称他的宗教是唯一真实的和导向完满的宗教，并且宣称他自己是唯一真实的神，而所有别的神都仅仅是他的铺垫。但正因如此，他并没有完全拒斥那些对于其他低级神的崇拜。因为真正说来，是他让人们信仰这些神，是他在这些神里面受到崇拜，也是他按照心思的正直程度和纯粹程度去满足献祭者的愿望。在第七篇诗歌里，克里希纳说："绝大多数人受到这样那样欲望的诱惑，追随其他的神。他们出于自己的本性建立一个又一个教派。无论他们选择什么样的形像去信仰和崇拜，都只有我能够激发他们的坚定信仰，而且只有在我乐意的情况下，他们才能够满足自己的愿望。"

无论是按照克里希纳的学说，还是按照印度的各种哲学体系，质料性诸神（Deva）都仅仅是最初和最高种类的存在者，本身仍然 XII, 492 属于产生出来的世界，因此这些内在于世界的神和非创造出来的、位于世界之外的存在者不能相提并论。如果一个人崇拜这些和凡人一样仍然具有分裂属性的神，在死后就会来到这些神的身边，并且在诸神的居所享受适合于这些地方的极乐。他可以期待天国的欢乐，但仅仅是在因陀罗的世界里（在那些尘世之神当中，因陀罗是最高的神）。只不过这些欢乐不会永远持续下去，当通过业绩而获得的贡献消耗完毕，人们就通过一个新的转生回到这个世界。这是所有那些以片面的方式遵守圣书和其中所规定的仪式的人的命运。反之那些不是通过业绩，而是通过心灵和精神与最高存在者的合一而寻求极乐的人，就会达到最高存在者，并且摆脱一切后来的转生。

只有在某种情况下,亦即只有出于纯洁的意图,献祭(主要是动物献祭)才是值得嘉奖的。因为,虽然个别诫命宣称"你应当献祭动物",但普遍的诫命却宣称:"你不应当杀害任何生命,甚至不应当伤害任何有感觉的生物。"在这里,瑜伽论完全透露出佛教的色彩。瑜伽师是一切生物的朋友。众所周知,一位真正的印度瑜伽师宁愿让自己被昆虫吃掉,也不愿杀害它们。人们尽可以嘲笑这样的良知,但我们还是希望,那些出于科学的和非科学的目的去折磨动物的人,多少也应具有一点瑜伽师和佛教徒的这种良知。正因如此,印度人仅仅偶尔容许献祭,因为以牺牲一个生物而达到另一个生物的幸福,这是不公正的。总的说来,**一切**业绩都是不完满的,不能够达到真正的极乐。与此有关的是这样一句话:

所有行动都和熊熊火焰一样化为青烟。

对我们而言,最重要的是那种关于三个属性及其与摩耶的关系的学说。这种学说证明,印度哲学同样认识到了那些在我们看来开启了神话的最初本原;因为《薄伽梵歌》的学说不仅是一种普遍适用的学说,也是一种哲学学说。关于三个属性及其与摩耶的关系,最清楚的段落出现于第八篇诗歌,克里希纳在那里说道(根据威廉·施莱格尔的拉丁文译本): Trinis qualitatibus totus mundus delusus non agnoscit me his superiorem, incorruptibilem. Divina quidem illa Magia[①] mea difficilis transgressu est; attamen qui mei

---

[①] 没错,施莱格尔就是把印度的"摩耶"翻译为"魔法"(Magia)。——谢林原注

compotes fiunt, ii hanc Magiam transjiciunt；或者按照他的兄弟弗利德里希·施莱格尔的德文译本就是：

> 通过三个属性的蒙蔽，整个世界
> 完全陷入迷惑，不认识它们之上的恒定不变的我。
> 我的神圣蒙蔽创造了世界，难以被消除，
> 但那些追随我的人，将突破蒙蔽。

也就是说，那些人将克服蒙蔽。由此可见，合一真正说来是对摩耶的突破或克服。因此按照《薄伽梵歌》，摩耶在于已知的三个性质或三个潜能阶次的分裂，它们看起来是三个，但真正说来（就真正的本质而言）仅仅是一个。分裂的潜能阶次之间的斗争呈现为一个转动的轮子。据一处地方说，全部生物的主宰寓居在心灵（全部运动的中心）区域，用他的魔法去蒙蔽所有被这个转动着的轮子驱赶着的生物。当毗湿奴不是意味着**个别的**潜能阶次，而是意味着那位通过毗湿奴而达到完满的神本身，他的各种形像就总是伴随着一个转动着的、燃烧着的轮子，人们可以把它称作三个属性的轮子，在其中，每一个属性轮流占据上风，以至于全部杂多事物都仅仅是通过这个转动着的轮子产生出来的，而毗湿奴是通过他的意志让这个轮子永远转动，但他自己并没有置身于轮子之内。因为造物主本身与这个支撑着整个世界的摩耶是非常明确地区分开的。"世界看不到隐藏在我的神秘魔法中的我；愚蠢的人不认识非生成的、不朽的我（相比之下，那个摩耶仅仅是某种生成的、飘忽不定的东西）。" XII, 494

如果说只有一种已经完全达到清楚的自我意识的思辨才能够

解释全部事物如何既存在又不存在于神之内，那么这篇诗歌——它无疑是印度精神的最深刻和最精致的产物之一——已经致力于这样解决这个矛盾，即它虽然主张事物存在于神之内，但反过来并不认为神存在于事物之内（不像佛教的神那样虽然不同于质料，但毕竟存在于质料之内）。Non equidem illis insum, insunt illae mihi [我不存在于它们之内，它们存在于我之内]，也就是说，事物受我约束，但我不受事物约束；我虽然约束它们，但我自己游离在它们之外。正因如此，另一处地方同时提出了两个相互矛盾的命题：mihi insunt omnia animantia, nec tamen mihi insunt animantia [全部生物存在于我之内，但它们并非存在于我之内]。施莱格尔在后一句话的开头加上一个quodammodo [在某种意义上]，但是，假若事物仅仅在某种意义上**并非**存在于神之内，那么反过来也可以说，它们仅仅在某种意义上**存在**于神之内。克里希纳接着说：Ecce mysterium meum augustum [请看看我的令人崇敬的秘密]，这个秘密代表着我的高贵、我的（真正意义上的）**辉煌**，即我作为造物主而具有的辉煌，而这种辉煌就在于能够自由地让潜能阶次——神本身是它们的牢不可摧的统一体——处于分裂和张力之中。造物主自己从未进入过程，因此也从未进入事物的世界，但事物的持存和存在都完全依赖于他。这里更没有像通常的泛神论那样主张事物和造物主之间的一个**必然的**联系。

克里希纳在第三篇诗歌里说："我永远在发挥作用；什么时候我不再无休止地发挥作用，这整个世界就会陷入虚无。"也就是说，这里表明整个世界的持存完全依赖于神的持续不断的作用，但神也可以停止发挥作用，因此这是一个自由的作用。假若神不再发挥作用，世界就悄无痕迹地消失。世界是一个假象，但这是神自由地制造出来的一个假象。另一处地方以某种方式区分了质料和质料的联合者（亦即质料的主宰），即后者不会过渡到质料，而是保持在质料之外，而在佛教里面就不是这样。另一个同样标示着自由的造物主的概念是"原人"（Punuscha），这也是克里希纳的一个名称。施莱格尔把这个概念翻译为"神明"（Genius）。经过比较多个文本，可以看出原人就是精神，即一个与质料（在这种情况下相当于潜能阶次）完全对立，并且让它们合为一体的东西。这个精神被称作summum scibile [可认识的最高者]，并且在一处地方被称作宇宙的原初的**诗人**和创造者。所谓"诗人"，就是一个自由的制造者。《薄伽梵歌》里仅有的反对一位人格性的神的概念的证据，就是某些地方用中性的"梵"去标示最高神或毗湿奴。但这只不过表明，毗湿奴是已经被设定为最高本质的本质，而这个本质在梵天那里尚未作为**最高本质**而被设定下来。梵天是神的**单纯的**，亦即并非**存在着**的本质，湿婆是**单纯的存在**之内（亦即位于本质之外）的神，而毗湿奴是神的已经被设定为**存在着**的本质，也就是说，毗湿奴是作为存在着的本质而被设定下来的梵，而梵在梵天那里仅仅被设定为梵。正因如此，已经完满实现自身的毗湿奴以另外两个潜能阶次为前提，并且包揽着它们。在一处地方，克里希纳被认为potior Brachmane ipso [比梵天本身更重要]。因此毗湿奴是梵天的更高的潜能阶次。虽然就我所知，《薄伽梵歌》没有在任何地方专门提到湿婆或大天，其原因大概在于毗湿奴教徒对湿婆教的拒斥，但还是有多处地方说到：Tu conditor universi, tu idem et destructor [你是宇宙的创造者，你也是它的摧毁者]，即宇宙的创造者和摧毁者仅仅是同一位神。除此之外，三个属性本身就已经让人想到三位神祇。

由此可见，毗湿奴教即使在其最高层次也从未真正完全放弃三位神，而是把他们设定为**单纯的**统一体。但按照通常的观念，佛教看起来已经放弃了三位神，而在这种观念的误导之下，人们可能会同意某些法国人的看法，认为佛教只不过比毗湿奴教多迈出了一步。也就是说，毗湿奴教仍然把最高本质设定在一个最终的神话人格性亦即毗湿奴之内，随之继续把神话概念当作自己的前提，且正因如此虽然贬低《吠陀》，但在某种意义上仍然承认其圣书的地位，而佛教则是首次尝试抛开这些限制。

在《薄伽梵歌》里，那种更高级的学说——它认为《吠陀》里的仪式规定和民众宗教的各种献祭习俗只具有较低的、有条件的价值——完全被当作一种秘密学说来对待和解释。在最后一篇诗歌里，克里希纳仍然对阿周那说：Cunctis religionibus dimissis me tanquam unicum perfugium sectare [为了追随我这位唯一的庇护者，必须抛弃所有宗教习俗]，然后说：Hoc praestantissimum arcanum neque irreverenti unquam neque contumaci et evulgandum [绝不可以将这个最高级的秘密公之于众，使其遭受那些顽冥不化者的蔑视]。就此而言，佛教无非是公布或泄露了印度宗教的秘密。因此正统的印度宗教才会如此痛恨佛教。在希腊，那些泄露了秘密的人同样会遭到民众的仇视。神秘学在希腊的地位，大概就是佛教在印度的地位。但希腊的神秘学始终保持在整个民族的**内部**；当它企图作为公开的宗教而崛起，无疑同样会遭到排斥，于是希腊也必定会分裂为两个民族或两个教派，正如印度就分裂为梵天的信徒和佛陀的信徒。

佛教并不满足于仅仅宣称一神论或泛神论——这是它和印度秘密学说共同坚持的——是**最高的**宗教，而是试图让这种宗教成为绝对普遍的宗教。但这样一来，佛教除了必须谴责《吠陀》和血腥献祭（在这件事情上，毗湿奴教是它的先行者，只不过较为温和）之外，还要完全拒绝种姓的区分（因为它所建立的是一个普遍的宗教），同时猛烈抨击印度的政治集团和祭司集团，一言以蔽之，必须作为一种真正的革命而出现。从根本上看，最尖锐的对立不是在于佛教的教义本身，而是在于这种教义普遍化，而这同时是对于婆罗门的政治地位的攻击。婆罗门构成了数量众多的、在整个印度都享有巨大特权的集团，但确切地说，他们并没有形成一个等级森严的制度。他们没有共同的核心，没有共同的最高领袖。他们构成了一个祭司贵族，正如刹帝利构成了一个军人贵族；他们并不是一个国中之国。但是，当一种**无条件的**统一体学说崛起，并宣称自己对于所有种姓而言都是一个**普遍的**体系，就必定会出现一种试图凌驾于世俗君主制之上的宗教君主制。因此，假若佛教徒的意图是在印度达到其他国家已经实现的目标（建立一种宗教君主制），这就不难理解，为什么印度的王公贵族之类世俗统治者（他们根本不可能联合起来建立一种伟大的君主制）会站在愤怒的婆罗门一边，动用一切力量去迫害和驱逐佛教。关于这种迫害，一首令人毛骨悚然但又庄严的印度诗歌提供了一个例子：

XII, 497

  国王向他的随从下令：
  从大桥①直到雪山②，

---

① 即著名的罗摩桥，而你们都知道，它位于印度半岛南端和锡兰之间的海峡边上，因此这里的意思是：从半岛的最南端到雪山。——谢林原注
② 即作为印度北方疆界的喜马拉雅山。——谢林原注

> 谁不杀死佛教徒（无论老幼），
> 他自己就必须被处死。

通过这些情况，人们可以理解，为什么佛教虽然起源于印度的秘密学说却在印度遭到如此血腥的迫害，以至于几乎在那里完全消失。

当然，也有人指出，婆罗门并不反对把佛陀看作毗湿奴的第九个化身或者说第九次"降生"（Avantara，因为这就是化身的意思）。这似乎表明婆罗门本身把佛教仅仅看作毗湿奴的一个新的启示，而这个历史证据至少可以证明，分裂出来的或作为对立面而出现的佛教是基于克里希纳的学说，正如这个学说更早之前是基于"作为罗摩的毗湿奴"这一观念。对此必须指出，按照《孟买的贸易》①中的一个说法，虽然毗湿奴确实化身为佛陀，但他之所以这样做，是为了让特里普拉国王的臣民陷入更深的谬误，让他们因为过去那些激怒神祇的异端邪见而遭受惩罚。

除此之外，我在前面已经解释了《奥义书》的神秘主义学说（一种唯心论和唯灵论）和佛陀的唯物主义色彩浓郁的学说之间非常明确的区别。但如果人们满足于用"泛神论"这个普遍的，因而本身无所云谓的名称去称呼佛陀的学说，就很难指出它和前者的区别。奥古斯特·威廉·施莱格尔拒绝给佛教一个名称，同时对此给出了一个非常真诚的解释，也就是说，他虽然愿意像通常那样把佛教称作一个泛神论体系，但他不知道这个名称如何能够体现出佛教与印度的

---

① 参阅《亚洲研究》，第七卷，第198页。——谢林原注

其他体系的区别，因为在他看来，印度的那些体系也是泛神论。反之弗利德里希·施莱格尔一方面推崇吠檀多学说，另一方面贬低佛教，但如果让他给吠檀多学说提出一个概念，那么他除了将其称作泛神论之外也不知道该说什么。当然，他补充道，这是一种诗意的泛神论；但"诗意"究竟是什么意思，更何况它能够改变一个体系的内涵吗？难道佛教因为比较缺乏诗意，或者是一个完全无诗意的体系，就应当因此受到谴责吗？这些大而化之的概念在这里根本不能指出任何方向。假若佛教是从印度神话里推导出来的，那么我们在其中确实只能认识到一种统一体学说，一种已经**完全**摆脱其神话前提的学说。这仅仅提供了一个单纯否定的概念，但佛教是某种非常确定的和肯定的东西。

XII, 499

佛教绝不是一种单纯的统一体学说。佛陀无疑意味着最高程度上的唯一神，他不像三位印度神祇那样每一位都有自己的同类者，而是绝对孤独地和**单独地**存在于那里。我们不知道他的名字为什么与那个意味着思维和理智的印度词语Buddi联系在一起，因为"佛陀"的概念无疑比"精神"这个普遍的概念包含更多的东西。又因为在梵文自身之内，无论是关于佛陀的名字还是关于梵天以及另外两位印度神祇的名字都没有一种令人满意的词源学，基于这些理由，我认为必须提醒一点，即佛陀是一位不仅没有同类者，而且在自身之外没有任何东西的神。这是一个基本概念。值得注意的是，在所有闪米特语言里，与bad这个基础发音联系在一起的始终是这样一些概念：比如solus fuit [独自存在], ante omnia fuit [先于一切而存在], primus, sine exemplo aliquid fecit [最初没有任何一个范例就进行制造]。这些意义在阿拉伯语动词bada'a（加上Ain）那里仍然有所反映，因为这意味着：Novum s. noviter pruduxit [生产出新的东西]，或sine subjecto aut fundamento [无需载体或基体]，亦即sine praeexistente mataria produxit [无需预先存在着的质料就进行生产]。简言之，这个词语表达出的是一种除了生产者自身之外不需要任何别的前提的纯粹生产活动。在这个意义上，上帝在《可兰经》里经常被称作"天和地的创造者或开端者（Badiu-l-samavati va-l-ardi）"。而这完完全全就是"佛陀"理念的意义。佛陀是一位除了他自己之外不以任何别的东西为前提的神，除了他自己之外，他的生产活动不需要任何质料或材料，因为他自己就是质料，因为他自己就是一位质料化的神。

　　我在讨论密特拉斯学说的时候[1]就已经指出，我认为佛陀是后来出现的密特拉斯理念，这个理念在印度仅仅迁就于印度人的观念，有时候甚至披上了它们的外衣。圣彼得堡的一位德国学者伊萨克·施密特[2]指出，在那些仍然生活在印度的古波斯人后裔亦即伽巴尔人和蒙古的佛教徒之间，很多伦常习俗有着惊人的一致性。比如他们在处理人类尸体的时候都是尽可能让野兽将其撕碎吞食。[3]

---

[1] 参阅谢林：《神话哲学》（上卷），第235页。——原编者注
[2] 施密特（Isaak Schmidt, 1779—1847），德国佛学家和蒙古学家，曾经将《圣经》翻译为俄罗斯卡尔梅克语和蒙古语。——译者注
[3] 希罗多德在《历史》第一卷，第140节已经谈到，他那个时代的波斯人在处理死者的尸体时，要等到一只鸟或一条狗将尸体撕裂之后，才将其拿去埋葬。希罗多德承认自己对于这件事情的了解是不完整的，而他的言论似乎就是基于这样一个不完整的传说（参阅斯特拉波：《地理志》第十六卷，第746页）。今天的波斯人安葬死者的方式是把赤条条的尸体丢给食肉动物，而且他们认为这种鲜活的安葬方式是一种莫大的幸运。因为他们担心死者会玷污土地和神圣的火，因此也不像其他民族那样焚烧尸体。蒙古的佛教徒把死者放在空旷的草原、垫子和支架上面，或者放在岩石和树梢上，以便野兽或野鸟将其分食。伽巴尔人不允许**吹熄**一根燃烧着的蜡烛，也从不用水浇灭蔓延的火势，而是（转下页）

任何人只要知道这些处理尸体的不同方式（埋葬、焚烧或让野兽吞食）是深深扎根于宗教理念的体系，就不会觉得这样的一致性仅仅是偶然的。除此之外，佛陀被蒙古的佛教徒称作"乔木斯达"（Chormusda），这个名字让人们不由得想到波斯的奥穆德。但奥穆德在所谓的波斯二元论里是善的本原或善神，而我在前面曾经许诺还会再谈到这种二元论。波斯二元论的解密钥匙在于《阿维斯塔书》已经提到的**密特拉斯**，而我们已经知道，普鲁塔克把他称作"居间者"（μεσίτης）[①]，即质料和精神的中介，而且他不是别的，正是一位将自身质料化的神。密特拉斯之所以是造物主，仅仅是因为他——作为奥穆德——压制住了他的原初非质料性的力量（这种原初力量反抗一切质料性东西，随之也反抗创造，并且后来在一个从属的地位里显现为阿利曼），使自己成为质料，成为一个被克服的对象。这个在创造里被压制住的本原不是一个自在的恶本原，而是代表着那种原初纯粹的位于自身之内的存在，代表着非扩张，尚未与扩张形成对立。但是，当它从属于扩张本原或爱的本原，从属于乐善好施，它就**必须**具有一个反抗者的本性（因为它的持续作用在于反抗质料化，而这个作用对于创造本身而言是必不可少的）。只要它本身不具有一个对立面，它就不可能表现为收缩，不可能表现为一种与扩张相对立的自私自利。创造者欲求的仅仅是善，但他在欲求善的时候，必须——仿佛偶然地——也欲求一个反抗着善的东西，即收缩。

XII, 501

（接上页）用土块和石头等将其扑灭。所有信仰佛教的蒙古人都认为，无论是用水浇灭火，还是把水洒到火里或用别的什么方式玷污火，都是一个严重的罪行（普林尼：《自然史》第三十卷，第2节）。——谢林原注

[①] 参阅《神话哲学》（上卷）第216页。——原编者注

通过这个直到现在看来都非同寻常的方式,我们已经解释了为什么波斯学说能够显现为二元论,以及这种学说为什么宣称创造是一个善本原和一个恶本原的斗争和共同作用。但从佛教的整个世界观的忧郁特性可以看出,它并非如人们通常认为的那样是一种抽象的统一体学说,而是一种同时在自身之内包含着二元论的统一体学说。所谓的二元论经历了很多阶段,一直延伸到很晚的时代。但佛教不再是一种纯粹的阿维斯塔学说;同样的理念在佛教这里已经经历了漫长的发展,人类的堕落已经更为深重和普遍,整个世界相比过去陷入一种败坏得多的状态。由此产生出一种更为强烈的想要摆脱这个分裂破碎的世界的愿望。不同于纯粹的阿维斯塔学说,佛教所宣扬和教导的是一种孤独的生活。从斯特拉波引述的麦加斯梯尼[①]的言论可以推知,早期的佛教徒是生活在渺无人烟的森林里;许多佛教寺院的选址都有避世的意味,而这种避世对于纯粹的波斯宗教而言是陌生的,因为后者并不要求它的信徒散尽家财,过苦行的生活。佛教认为独身状态是一个功绩,至少这对于达到最高程度的纯粹性而言是必要的。佛陀在蒙古人那里叫作"释迦牟尼"(Schakia-Mouni),而"牟尼"这个词语很明显意味着一位隐士,和希腊语的 μόνος [孤独者]完全是同一个意思。佛教的所有这些机构都表现出一种对于纯粹和污浊、善和恶的斗争的深刻感受,暗示着那个进行反抗的本原愈来愈沉陷入质料。佛教寺庙里里外外都透露出一种独特的悲凉和孤独;一切都致力于融入那位独一无二的神的理念,虽

---

① 麦加斯梯尼(Megasthenes),公元前4世纪末至公元前3世纪初的希腊历史学家,其著作《印度记》是研究古印度历史的重要资料。——译者注

然他本来就是一切。①

关于佛教包含着一个二元论体系，基督教传教士经常重复的一个言论提供了一个更具有决定性意义的证明。这些人指责佛教把善和恶当作**同一回事**，对善和恶一视同仁。任何人只要了解古代和近代的学说遭受的类似指责，肯定已经知道，所谓一个体系把善和恶当作同一回事，究竟意味着什么。实际上，从未有人会愚蠢到把善本身等同于恶本身或认为二者在形式上是同一回事。那些指责只不过是基于肤浅的观察和外在的理解；但真正的观点仅仅是：就最终实体而言，那是恶的东西，也是善，而把这个观点应用于一种二元论的创世学说，其意思仅仅是，善和恶对于创造而言是同样根本的，但恶始终是恶，善始终是善。一切发展过程都离不开一种阻挡发展和反抗发展的力量，而最终说来，这个反抗发展的东西和发展本身都是立足于同一个本原。

至于另一个指责，即佛教徒从他们的学说出发对善和恶一视同仁，似乎可以归咎于佛教推崇的那种悠闲的、静观式的生活。诚然，很多学说把恶的存在视为一个极其严重但又很难解决的困局，而佛教对此保持着某种平静心态，因为在它看来，首先恶是不可避免的，其次恶最终必然会被化解。就其最终根据而言，恶无非是佛陀的一

XII, 503

---

① 当我们把佛教看作波斯的密特拉斯理念的第二个现象，可能有人会质疑，即古老的波斯宗教从未提倡佛教徒奉行的苦行生活。对此的答复是：首先，无论如何，佛陀的理念是在很晚的时代才重新出现的密特拉斯理念；其次，我们虽然对于密特拉斯宗教在古波斯的影响所知甚少，但在罗马帝国的时代，无论是在小亚细亚的许多国家还是在罗马本身，甚至从罗马直到蒂罗尔山脉和萨尔茨堡，都有密特拉斯庆典，而这些庆典总是与苦行和散财联系在一起，而且这些密特拉斯庆典虽然采纳了后世的礼仪形式，但无疑是起源于波斯。关键问题始终在于，佛教究竟是像人们通常认为的那样是一种纯粹的和绝对的统一体学说，还是和密特拉斯理念一样同时以一种二元论为基础。——谢林原注

种反抗着创造的力量,而佛陀在现实的创造中已经压制住了这种力量;正因如此,是佛陀自己把对立带入现实的创造;但创造的最终目标,是要彻底耗尽这种始终在进行反抗的力量;整个创造仅仅是摆脱这个本原的束缚的一个工具;佛陀的最终意图是让一切存在者达到同样的极乐层次。只有在这个意义上,佛陀自己才进入质料或屈尊俯就于质料。但由于这个目标——让一切存在者(包括最肮脏的存在者)最终达到佛陀的层次——只有通过无尽时间或时代的努力才可以达到,所以不难理解,相比于那些把恶当作某种**纯粹**偶然的东西,认识不到恶的终结和真正目的的人,佛教徒对于零星而短暂的恶的现象更能够表现出一种平常心。

关于佛教学说包含着一种二元论,一个在所有方面得到确证的事实也提供了一个同样重要的证明,即在锡兰——锡兰是那些被驱逐出印度的佛教徒的大本营,是佛教的第二个中心,而佛教是从这里传播到亚洲的其他地方——,佛教徒除了为伟大的佛陀修建寺庙之外,也修建了一些被称作德瓦拉(Dewala)的小庙,而基督教传教士确实有理由把这些小庙称作魔鬼之庙。这让我们想起埃及的提丰坛。也就是说,佛教也采纳了一个类似于提丰本原的本原,只不过这里并不能证明它包含着埃及的那种在奥西里斯和提丰之间确定下来的神话二元论。佛教与神话宗教的区别恰恰在于,前者是在同一位神之内把两个本原——它们按照其最大的普遍性可以被称作实在本原和观念本原——联合为统一体。但另一方面,这些德瓦拉小庙透露出一个思想,即创造活动需要一个与善和爱相对抗的本原,这个本原不是在创造的进程中偶然产生出来的,而是同样原初的,因此创造活动仿佛需要一个持续的和解,就此而言至少需要一种仪式。甚至可以说，这个与乐善好施和屈尊俯就相对抗的本原是一个更古老的本原；因为造物主的屈尊俯就有一个开端；起初他仅仅位于自身之内。

此外我还想指出，另一个事实也证明，佛教与波斯的二元论有关，就此而言本身也被看作二元论。也就是说，在摩尼（Mani, Manes）的时代，二元论仍然是一个非常模糊的概念；虽然摩尼通常被看作波斯人，但据说他是以叙利亚语撰写他的著作，而这只能意味着，他是出生于波斯帝国的一个以叙利亚语为官方语言的行省；在叙利亚语里，"摩尼"这个名字及其完整的说法"摩尼柯伊"（Mani-Choi）意味着"分裂者"，生命的分裂者，qui vitam in duo principia distraxit [他让生命分裂为两个本原]：据说摩尼的先驱是一个叫斯基泰诺斯（Scythianus）的人，而他的学生和继承者则是一个叫特雷宾托斯（Therebinthos）的人，这个人后来在自己的名字里面加上一个"佛陀"（不管怎样，"佛陀"不仅是神的名字，也是受其感召者的名字）；这件事情里面更值得注意的是，后期摩尼教徒在皈依天主教的时候必须发誓与他们的各种异端邪说断绝关系，其中一项就是：Τὸν Ζαράδαν καὶ Βουδᾶν καὶ τὸν Χριστὸν καὶ τὸν Μανιχαῖον καὶ τὸν ἥλιον ἕνα καὶ τὸν αὐτὸν εἶναι [琐罗亚斯德、佛陀、基督、摩尼以及古老的太阳神是同一位神]。① 在这里，琐罗亚斯德、佛陀和摩尼被明确地摆放在一起。

最后需要指出的是，佛教和波斯学说的一致性在于二者都具有一种极为庞大的魂灵学说，单是这一点就足以让每一个人确信，佛教

---

① 参阅尼安德尔：《教会史》第二版，第一部分，第2卷，第828页。——谢林原注

是起源于一个完全不同于印度神话的源头。

现在，如果我们可以把佛教看作一种至少类似于阿维斯塔学说，与它的后期环节相对应的学说，或把佛教看作阿维斯塔学说后来出现的一个新形态，我们同时就必须承认，它就其最终根据而言比印度神话更为古老。因为从自然的进程来看，如果一种学说主张神的自身质料化，那么这种学说的最初根据只能是产生于起初从非神话的时间到神话时间的过渡。在非神话的时间里，那种作为全部神话的根据的二元性必须被扬弃为统一体，以便开启一个伴随着二元性而必然出现的神话过程。此前密特拉斯理念也被认为属于这个非神话的时间。除此之外，我们可以用一种现实的**传承**轻松地解释阿维斯塔学说在后来的一个环节里（而且恰恰是在印度意识里）的回归。总的说来，这件事情并非绝对不可能的，即印度民族进入神话过程，并通过它的神话而作为印度民族从明显共同的印度-波斯种族里独立出来，在这个过程中，关于一个将自身质料化为宇宙的神的理念仍然保留在印度意识里。无论如何，我们在《吠陀》那里看到的原初宗教文献不应当被认为是专属于印度的，而是以波斯为它们的诞生地。因此我们可以认为，佛教在印度意识里始终是某种遥不可思的东西，它从未被排除出印度意识，而是在神话过程的开端和进程中始终伴随着印度意识。

在印度，通过少数逃过了婆罗门魔爪的佛教遗迹，也可以推断出佛教在印度存在时的情景。科罗曼德沿海地区散布着一些远古的遗迹，尤其撒尔塞特岛上有一座岩石寺庙，其前院有两尊巨大的佛像。在佩雷斯纳特（一个属于艾洛拉遗址的地方），有一尊由黑色玄武岩雕成的巨大佛像，可以看出佛陀是完全赤身露体地坐在一个由大象头和老虎头围着的宝座上；佛陀盘腿而坐，这是他的一个常见姿势，表现出一位完全沉浸在自身直观中的神的内在宁静；他的周围有六个神像，其中五个坐着，一个站着。在克尔尼遗迹（今天的印度人认为这个地方是邪灵的秘密居所，对其避之唯恐不及），毗湿奴总是被描绘为佛陀的仆从。在撒尔塞特岛的璧像里，佛教的标志和湿婆教的标志也一起出现。一边是佛陀，另一边是梵天、湿婆和毗湿奴，看起来他们在这里受到同样的崇拜。《亚洲研究》第一卷收录了一条在布达伽亚（今天的博哈尔）发现的古老铭文，其中赞美佛陀是一位乐善好施的神，是正义的朋友，把人类从罪孽中解救出来。但恰恰在这条铭文里，也以同样的崇敬态度提到了梵天、湿婆和毗湿奴。

到此为止，我基于充分的理由驳斥了两个对立的观点中的一方，该观点认为，佛教完全是从印度神话自身之内发展和产生出来的，因此相对于印度神话而言是一个后来者。但这绝不意味着我就赞同那个与之对立的观点，仿佛佛教是真正的印度神话的先驱或先行者，以至于印度神话只能被看作一种衰败的佛教。从质料上看，就佛教和印度神话之间的关系而言，后者绝不可能通过某种变化而从前者那里产生出来。至少纯粹的佛教不是一个能够把印度神话的材料包揽进来的体系。二者之间是一种彻底对抗的关系。佛教与婆罗门教的主要对立之处在于前者断然拒绝种姓的区分。但这个区分在印度被看作某种神圣不可侵犯的东西，比如任何低级种姓（比如贱民）的成员哪怕只是心里想着通过某种手段混入高级种姓，这已经可以被视为一种罪行。但这样的敬畏绝不是先于那些只有在时间的进程里才产生出来的制度而出现的。只有一种遥不可思的远古高龄制造出这种敬畏,人们仅仅感受到这种敬畏,但已经完全忘记了它的起源。

也就是说,迄今所说的两个对立的观点都不是真实的观点。只有一个正确的思想能够澄清印度神话的谜团,随之解释婆罗门教和佛教之间的那个晦暗关系,以及为什么这个关系发展为一种血腥的斗争,并以佛教被完全驱逐出印度而告终。这个思想就是:印度意识里面有两条交织着的路线,与此同时,这两条路线又是完全独立于彼此,沿着完全不同的方向前进。

正如之前所说,我们可以这样解释佛陀理念在印度的神话发展过程中的横空出世,即这个理念已经包含在印度民族的起源中;因为,虽然后来的波斯民族和印度民族看起来是如此的针锋相对,但它们仍然属于同一个人类种族,这是不可否认的。他们的语言上的联系已经表明了这一点。威廉·琼斯指出,十个波斯词语里有六七个是纯粹的梵文。通过欧根·布尔诺夫的深入研究,琼斯的这个发现进而赢得了一个完全不同的意义。在深受敬重的西尔维斯特·德·萨西去世之后,布尔诺夫无疑是法国的头号东方学家,他用稳妥的批判方法和语言学方法去分析一些古老的、长久被忽视的文本,终于给我们揭示出古波斯语的原初内涵和纯粹意义。他的成果就是证明了波斯语与梵文的极为密切的亲缘性,而且这里的梵文不是叙事诗里的梵文,而是《吠陀》里的梵文,由此本身就可以推论出,古波斯语和古印度语原本是一个统一体,但是当印度神话发展出《罗摩衍那》和《摩诃婆罗多》里面的那种杂多性,这个统一体就被推翻了。

XII, 509　布尔诺夫发现梵文和波斯语之间的语音换位有着严格的规律,借助这些规律,人们可以把任意一个梵文词语转化为波斯词语或把一个波斯词语转化为梵文词语,以至于在某种程度上一部梵文词典同时可以被当作波斯语词典来使用。[①]

基于上述事实,如果你们当中的某些人能够回想起我曾经在导论里面阐述的宗教发展过程和语言过程之间的联系[②],那么他们自己就会发现,这里真正值得诧异的观点,不是认为原初的拜火教在被神话发展过程排除之后仍然保留在印度意识里,然后在特定的时间作为佛教重新强势崛起,而是认为原初的拜火教在印度意识里根本没有保留下来。

印度民族是原初种族的一个分支,当它进入神话发展过程,就脱身而出,而波斯民族作为另一个分支,与神话发展过程明确保持距离(波斯人和印度人之间的区别相当于非神话民族和神话民族之间的区别)。但印度人在脱身而出的时候,并没有摆脱原初的亲缘性。正因如此,当印度人被迫走上神话的道路,那个位于他们的源头之内的非神话因素却只有在与神话发展过程的**对立**中才发挥作用。印度民族是在完全独立于佛教的情况下,通过一个普遍的神话过程而获得他们的**神话**;但佛教的本原已经位于印度民族的源头之内,当印度的宗教意识呈现出一种尖锐的对立,这个本原就从意识的深处爆发出来。在那个对立中,一方面是被完全**推翻**的统一体,多神论达到极致,湿婆教占据强势地位,梵天、湿婆和毗湿奴**相互排斥**,而不是扬弃为一个大全一体,另一方面是那位不承认自身之外的任何东西的**大全之神**,佛陀,他明显是起源于印度意识和印度大地,只有

---
① 参阅约翰内斯·缪勒在《慕尼黑学术通览》(1838年卷)第784—785页对此的介绍。——谢林原注(译者按,缪勒[Johannes Müller, 1801—1858],德国生理学家和比较解剖学家)
② 参阅谢林:《神话哲学之历史批判导论》,第五讲。——谢林原注

通过后来的一个大分化才被驱逐出去，而且也不是被完全驱逐，而是仅仅被驱逐出印度半岛。

至于佛教是以一种二元论为基础，我还希望提出一个证明，即伴随着佛教的进一步传播，这种二元论完全暴露出来。它在这里表现为物质和精神的对立，而这个对立与化身的观念已经是密不可分的。在蒙古的佛教体系里，一方面是一个充斥着构成世界的质料的空间，另一方面是一个居住在纯粹的光明王国，受物质吸引并与之结合为个别现象的精神，而这些个别现象构成了整个世界现象。总的说来，佛教本身不应当被看作一个封闭的和静止的体系。无论来到什么地方，它都会迁就当地的习俗和制度。印度的佛教不同于西藏的那个保留着其根本特性的佛教，也不同于蒙古和中国的佛教，而为了进入中国，它必须在某种程度上退化为一种完全抽象的泛神论。

一方面，人们切不可忘记印度是佛教的故乡，另一方面，我们都知道佛教已经通过一种血腥迫害被驱逐出真正意义上的印度（印度半岛），在那里受到仇视，甚至成为嘲笑和诅咒的对象。从佛教被强行驱逐出印度，到它被亚洲的许多民族接纳并记载其起源，这中间有一段很长的时期，但婆罗门的著作文献对这段时期几乎完全保持沉默。假若不是前面提到的那些造像证明了佛陀在古代印度曾经受到极大的崇拜，假若没有印度之外的某些著述家的记载，人们几乎要怀疑佛教是否真的曾经存在于印度。在人类的整个历史里，或许没有第二个例子表明一个教派会在一个国家遭到如此彻底的毁灭，而这个教派无论按照其学说的本性而言还是按照其起源而言都属于这个国家。在漫长的时间里（这是刚才提到的那些遗迹暗示出的），佛教徒都是过着平静的生活,甚至受到印度的许多教派的崇敬;但从各种迹象来看,从公元1世纪或2世纪开始,佛陀在印度已经不再受到崇敬;他的造像被移除,他的寺庙被遗弃,甚至被当作恶灵的居所(比如在伽里就是如此)而令人躲避。婆罗门对一切与佛陀及其学说有关的东西都表露出一种莫名的恐惧和刻骨的仇恨(无论这是出于一种真正的还是假装的无知);当佛教传播到远方,传播到清晨、正午和深夜都覆盖的地方,唯有三面环海的印度斯坦将其拒之门外。在印度的远古和中古时期,甚至在公元前几世纪,都有证据证明佛教在印度的存在。当亚历山大大帝来到印度时,希腊人发现有一个不同于婆罗门的宗教教派,并且把这个教派有时候称作天衣教徒(Gymnosophisten)[①],有时候称作萨满教徒(Samanäer)。"萨满"这个名称起源于印度,指一个放弃了世俗世界,献身于沉思的生活,尤其摆脱了一切激情的人。按照各种记载,两个教派是并存的,但婆罗门是统治着国家的祭司阶层,反之萨满教徒仅仅是印度的普遍宗教内部的一个以严格训练著称的特殊教派。

这里的问题是:亚历山大时代的这些萨满教徒或天衣教徒到底是佛教徒,还是一些瑜伽师呢,亦即一些追随《吠陀》的神秘主义学说,认为只有通过完全扼杀感官才能够走向对于神的最高直观并与神合为一体的人?从佛陀也被称作"暹罗·萨满阿科多姆"(Siamesen Samanacodom)大概可以推知,萨满教徒就是佛教徒。如果萨满教徒就是佛教徒,这就已经证明,佛教徒在亚历山大的时代仍然与其他教派混杂在一起,作为一个虽然不同于婆罗门,但并

XII, 512

[①] 字面意思为"裸体的智者"。——译者注

没有被排斥或严格取缔的教派生活在印度。阿里安①的《亚历山大远征记》里甚至出现了"佛陀"的名字。他把这个名字写作"佛底亚斯"(Buddyas),并且把佛陀比作希腊神秘学的主神狄奥尼索斯。因此当时的印度仍然存在着佛教徒,这是没有疑问的。斯特拉波依据麦加斯梯尼的说法区分了婆罗门和伽尔曼(Garmanen),并且指出后者不杀害活物("不杀生"是严格的佛教徒的主要戒律之一),生活在森林里面,仅仅以草为食,以树皮为衣。②亚历山大里亚的克莱门把这些人称作"沙门"(Sarmanäer),并且说:"他们不住在城镇里,没有房屋,以果子和清水为生,保持独身。"克莱门的这些描述很有可能是来自一些更古老的材料,而我们几乎可以认为其所指的就是佛教徒。这些材料当中有一个来自希罗多德的清楚报道,其虽然不是在说佛教徒,却是在说印度人:"他们不杀害活物,不播种谷物,也不修建房屋;他们以草和一种带荚的谷物为食;他们中间如果有人生病了,就去荒野里躺在那里,没有人关心他究竟是病了还是死了。"③人们必须这样理解这个报道,即只要这个教派的信徒已经完全放弃求生的希望,就去寻找荒凉偏僻之地,而他们在那里肯定会成为野兽的猎物。在另一处地方,克莱门谈到了印度人里面的 σεμνοῖς [高贵者],而他在那里使用的各种修饰语表明,他所指的同样是佛教徒,而且σεμνοῖς [高贵者]仅仅是"萨满教徒"这个名称的希腊语表述。

最值得注意的是普林尼的一个文本,而我感到诧异的是,竟

---

① 阿里安(Arrian, 86—160),希腊历史学家。——译者注
② 斯特拉波:《地理志》第十五卷,第1章(第712页)。——谢林原注
③ 希罗多德:《历史》第三卷,第100节。——谢林原注

然没有任何学者使用过这个文本(至于最近的印度研究者是否也是如此,这个我不太清楚),其中谈到了印度的种姓,并且明确地把婆罗门与其他种姓区分开。普林尼说①: Vita, mitioribus populis Indorum multipertita degitur. Alii tellurem exercent, militiam alii capessunt, merces alii suas evehunt, externas invehunt, res publicas optimi ditissimique temperant, judicia reddunt, regibus assident [文明程度较高的印度人在生活方式上分为许多等级②:有些人耕种土地③,有些人服兵役④,有些人出口本地商品和从国外进口商品⑤,而那些最优秀和最富有的人则管理国家,担任法官和国王的顾问]。最后这些人显然是指婆罗门,尤其值得注意的是,他们在这里并不是被称作祭司种姓,而是按照他们的真正地位被称作"最优秀的人",即管理国家的最高贵族。也就是说,并非每一位婆罗门都是祭司,虽然每一位祭司都属于婆罗门种姓。除了这四个种姓之外,普林尼非常明确地区分出quintum genus hominum [第五种人],而他的原话是: Quintum genus celebratae illic et prope in religionem versae sapientiae deditum, voluntaria semper morte vitam accenso prius rogo finit [第五种人潜心研究智慧,在人们心目中享有崇高的荣誉,几乎被上升为一种宗教;他们总是自愿在点燃的柴堆上结束自己的生命]。众所周知,一位名叫卡拉努斯(Kalanus)

---

① 普林尼:《自然史》第六卷,第22节。——谢林原注
② 这就是种姓的区分。——谢林原注
③ 这些人是首陀罗(Sudras)。——谢林原注
④ 这些人是刹帝利(Kschatryas)。——谢林原注
⑤ 即所谓的吠舍(Vanians)。——谢林原注

的天衣教徒为了证明自己的信念，在亚历山大大帝及其军队面前自愿走上一座点燃的柴堆。同样，后期的佛教领袖也经常自愿在柴堆上结束自己的生命。

从上述所有方面来看，佛教徒虽然有别于婆罗门，但仍然与他们并存，不但得到他们的容忍，而且作为一种圣者受到民众的特殊崇敬。他们之所以得到容忍，是因为他们并不追求公开性和普遍性。

XII, 514　波菲利奥同样很明确地把佛教祭司及其寺庙机构归之于"萨满教徒"的名下。严格说来，波菲利奥的这个报道是来自公元2世纪中叶的一份材料，而这份材料又是来自印度派遣给安东尼皇帝的一位使者的报道。这个时间点证明了威尔逊通过许多材料组合而得出的结论，即在基督教的最初传播期间，佛教在印度开始受到迫害。这个新的例子再次证明了我们此前说过的那种编年史的一致性或那样一条法则，即两个原本完全不相干的地区同时出现一些在某种意义上彼此吻合，但又彼此独立的运动。从各方面来看，恰恰当那种最具有精神性的一神论从亚洲西部出发一路高歌扩散到整个世界，此前受到容忍的佛教却成为一种残忍迫害的对象，成为印度的宗教体系的对立面。大概就是在这个时间，迄今一直平静地生活在印度宗教的庇护之下并且受到崇敬的佛教徒第一次公开拒斥《吠陀》，开始撰写自己的经书，并且作为严格的一元论者向神话多神论公开宣战，宣称**他们自己**才是真正的信徒。他们推翻了种姓区别，随之推翻了祭司阶层，与此同时，他们必须允许每一个觉察到内心感召的人发出自己的声音。当这个体系在一个开阔的基础之上建立起来，并且与婆罗门的恒定制度完全对立，就对婆罗门造成了巨大的威胁，从而必然招致后者的全力反扑。这些血腥的斗争看起来一直延续到公元7

世纪。在此期间，佛教传播到印度半岛的边界之外；它虽然在印度被击败，但在锡兰成为占据主导地位的体系，驱逐了那里古老的婆罗门教，并且以锡兰作为第二个中心，从这里穿过整个印度一直传播到勃固、暹罗和缅甸；中国最终接纳了佛教，同时佛教还从印度的北方地区经过西藏一直传播到中亚草原，而古波斯拜火教的种子在那里早就已经扎根，并且看起来为接纳佛教做好了准备。

虽然佛教在完全陌生的异国他乡扎根下来，但从所有方面来看，它仍然与它的原初故乡联系在一起，它所经历的各种命运也不可能磨灭乡土气候给它留下的原初烙印。哪怕是在印度之外的佛教寺庙里，也供奉着印度的全部神祇，这表明佛教与印度民族的本性深深地纠缠在一起，仿佛已经与印度的神话宗教融为一体。穆尔克罗夫特①曾经谈到西藏的一座寺庙，并且表示他从来没有在别的地方见到如此之多的印度神像。当佛教遭遇印度意识落入其中的神话发展过程，它自己也必定会接受印度观念的形式和意味，与印度神话的各种概念融为一体。

但这里有一件非常麻烦的事情，即在印度神话和佛教学说的这种必然的相互影响中，如何辨别它们各自的思想财富。比如"摩耶"的观念究竟是原本属于印度神话呢，还是原本属于佛教。正如之前所说，摩耶在印度的正统体系里是一个必不可少的东西，因为这个体系主张造物主是自由地创造了世界，而如果不设定一个动机，或者说如果不在造物主和世界之间设定一个类似于诱惑的东西，那么

XII, 515

---

① 穆尔克罗夫特（William Moorcroft, 1767—1825），英国探险家，曾任职于东印度公司。——译者注

这种自由的创世是不可能的。但摩耶也被佛教接纳，并且在某种程度上也是一个必不可少的东西。造物主深陷其中的那种质料必须首先作为一个可能性呈现在他眼前，随之呈现为他自身之内的一个本原。在许多画像里，佛陀表现为一个孩子，躺在美艳不可方物的摩耶女神怀里。同时他的身边有花朵和果实等贡品。成群的动物依偎在这位爱护生命、禁止杀害动物的神身边，孩子和母亲的头上都有一圈华光或圣光。简言之，这表现出佛陀和摩耶之间无比亲密的关系。中国佛教徒明确指出摩耶与三个分裂的属性有关，并且宣称摩耶的幻相仅仅是由三个属性的虚假分裂造成的。此外他们要求每一个希望达到真实存在的人都必须超越摩耶和三个属性。因此在这件事情上，佛教和印度独有的哲学观念及其关于三个属性的学说是完全一致的。相应地，人们必须承认摩耶是一个起源于印度的观念。与此同时必须指出的是，摩耶的观念和波斯体系也是可以统一起来的，因为后者同样主张一种自由的创世。难道我们不能这样设想：只有通过密特拉斯学说的进一步发展，摩耶才上升为一个真正的魔法体系，而波斯的那位女性神祇米特拉（希罗多德将其比作乌拉尼娅）恰恰就代表着摩耶或魔法？

在现今保留下来的关于古代魔法体系的报道里，也包含着 triformis Mitra [三幅面孔的米特拉]这一概念。尤利乌斯·菲尔米库斯说：Persae et Magi omnes Jovem dividunt in duas potestates, et mulierem quidem triformi vultu constituunt [波斯人和魔法师把朱庇特分为两种力量[1]，并且提到一个有三幅面孔的女人]。现在我们

---

[1] 后来他补充道，分为男性力量和女性力量。——谢林原注

岂非正好可以这样解释这个"有三幅面孔的女人"。在古波斯学说的后期教理或科学阐述里，米特拉是神的**原初本质**（代表着"非扩张"），当这个本质表现为肯定，就呈现为一个可扩张的东西。但它是在神**之外**进行无条件的扩张。因此它必定与奥穆德这一做出限定并带来光明和知识的本原相对立。于是米特拉既是不受限定的也是受限定的，同时是肯定和否定以及二者的统一体，而且只有当她真正具有三幅面孔，她才成为现实的质料。既然如此，这里所说的三幅面孔岂不是与印度哲学所说的三个属性有关？这当然是可以设想的，只不过这里也可能是一个相反的关系。也就是说，也有可能是通过后世关于魔法体系的阐述（至于后来的基督教著述家的记载，已经属于一个把各种东方宗教理念调和折中的时间），波斯的米特拉才获得了一个类似于印度的摩耶的意义。简言之，至少据我所知，从现有的研究成果来看，我们不可能断定摩耶究竟是从佛教传到印度体系，还是反过来从印度哲学传到佛教。

XII, 517

假若我们能够充分证明，全部三相神造像都是佛教造像，这些造像就以最为清楚的方式揭示出印度神话和佛教的伴生关系。

但现在完全得到证实的，却是相反的影响，即那种与印度意识里的纯粹神话路线交汇的佛教对印度神话施加的影响。此前我已经指出，质料性神祇很早就被排除到印度意识之外。佛教对于我们在《薄伽梵歌》里认识到的那种毗湿奴教的提升发挥了决定性的影响。毗湿奴学说必须提升到一个最高的统一体，把毗湿奴呈现为totum numen [完整的神]或未分裂的神。化身的观念在毗湿奴学说的形成过程中无疑发挥着至关重要的作用，这个观念后来拓展到这种地步，不但适用于毗湿奴，最终甚至适用于梵天。在原初的意义上，化身只有在这样一个体系里才是可设想的，即这个体系必须从一位自身质料化的神（亦即一位自我贬低的神）的概念推导出质料性的创造本身。佛教很有可能对《吠陀》的神智学部分（即《奥义书》的那种在某些方面趋于疯狂的与神合一的学说）发挥着同样的影响，确切地说发挥着一种更为混乱的影响。因为，如果说《薄伽梵歌》仍然始终坚持毗湿奴的人格性，那么《吠陀》的神智学部分所宣扬的最高目标，却是一个类似于深渊的绝对非人格性的，从而空无内容的统一体。在这个最高目标里，不仅梵天和湿婆消失了，毗湿奴也消失了。《吠陀》的这些部分出自一个对神话深恶痛绝，但又没有能力将其肯定地克服的精神的手笔，这个精神为了挣脱神话的束缚，就堕入空无和虚无。相比于《吠陀》的这种沉沦，《薄伽梵歌》的体系可以被看作一种以人格性的神为目标的精神飞跃，因此这种学说坚决反对《吠陀》的神智学部分所推崇的那种麻木不仁的清静无为；《薄伽梵歌》不但不认为清静无为是走向极乐的唯一道路，反而提倡行动，当然，其所指的是一个信仰凌驾于世界之上且不受世界约束的造物主的人的行动。

关于这些情况，我必须在整个研究的结尾才做出最终判断。目前我还想谈谈佛教在印度之外的传播情况。

真正的多神论宗教感受不到扩张自身的需要，也没有劝服别人皈依的冲动，比如印度人直到今天都从未尝试让那些另有信仰的人皈依他们的宗教，除此之外，他们的社会结构和政治制度，尤其是他们的种姓制度，都不允许他们去劝服别人皈依。与此相反，一切泛神论宗教或绝对一神论宗教都在本性上把自己看作普遍的宗教，因此也要求无条件的传播。注意我说的是"一切泛神论宗教或绝对一神论宗教"。犹太教不可能被看作这样的宗教，因为它虽然立足于真正的上帝的理念，却仅仅把上帝看作一位民族之神，这位神把以色列民族当作他的选民，让别的民族信仰别的神。以色列民族通过自绝于所有别的民族来保持他们作为耶和华的选民的地位，而这恰恰在漫长的时间里阻止了犹太教的继续传播。反之从历史证据来看，佛教无疑是通过传教而四处传播。当佛教作为藏传佛教传到蒙古的游牧民族，这个起源于印度的宗教在那里遭遇到更古老的父权制度和一种与之联系在一起的同样单纯的、与真正的多神论没有什么关系的宗教。也就是说，波斯奥穆德学说的一个分支必定已经先于佛教传播到这里，其证据之一就是我们前面已经提到的，这些蒙古人把最高的神称作乔木斯达。

迄今为止，印度佛教的著作在欧洲聊胜于无；直到不久以前，霍奇森[1]才在尼泊尔（这是佛教在印度的唯一立足之地）的佛教寺庙里发现一大堆用残缺不全的梵文撰写的著作，而人们很快就发现，它们是北方和东方的佛教原典的抄本；欧根·布尔诺夫的最新著作《佛教史导论》就是基于这些抄本；但在此之前，我们对于佛教学说的核心内容的了解主要是归功于中国人的著作和蒙古人用鞑靼语撰写的著作，基于这些著作，阿贝尔·雷慕萨[2]、克拉普罗特[3]和前面提到的圣彼得堡的伊萨克·施密特已经出版了一些非常有参考价值的选编。按照蒙古佛教的独特表达方式，世界现象的根据是一个原

---

[1] 霍奇森（Brian Houghton Hodgson, 1800—1894），英国佛学家。——译者注
[2] 雷慕萨（Abel Remusat, 1788—1832），法国汉学家，曾将清初长篇小说《玉娇梨》（Iu-kiao-li）翻译为法文。——译者注
[3] 克拉普罗特（Julius Heinrich Klaproth, 1783—1835），德国汉学家和探险家。——译者注

XII, 520　初地就被破坏的统一体。在蒙古人的著作里，不受限制的统一体或摆脱了对立的统一体被称作**空无的**空间。但这不是指感性的空间，而是仅仅表达出最初的统一体尚未遭遇对立或张力时的状态。自在地看来，这个概念和赫西俄德的卡俄斯或混沌一样，是一个具有哲学意义和形而上学意义的概念，因为人们也把混沌解释为空无的空间。这个寂静而空无的东西后来让位于转变和生成的汪洋大海，而蒙古的佛教徒把这个大海称作"苦海"（Ortschliang）。印度人所说的摩耶就是对应于蒙古人所说的空无空间中的苦海。这个转变之海**仅仅**是一位在分裂的属性中显现的神的外在现象。虽然这位神具有存在的一切形式，就此而言似乎等同于自然界，但他在他的一切变动不居的外在存在中保持着自身等同，内心寂然不动，对世间万物满怀爱怜；当万物经历了分裂现象的考验，他愿意与它们合一，把它们接纳到他自己所在的原初涅槃。通常人们把"涅槃"（Nirwana）翻译为"无"，但真正说来，这个词语所表达的是一种摆脱了一切外在存在的自由。

第二十三讲
中国的绝对非神话性在其政治制度中的体现

在叙述佛教的传播时,我们第一次提到**中国**这个名称。实际上佛教是很晚才进入中国,因此仅凭佛教不足以解释中国人。原初的中国人看起来与我们迄今一直主张的神话过程的普遍性是完全相悖的。就古老程度而言,中华民族不亚于任何一个神话民族,而它的各种观念看起来与其他民族的神话没有任何关系。我们可以说:相比诸多同样古老的神话民族,中国人是一个绝对非神话的民族,它仿佛完全置身于那个神话运动之外,按照人类存在的一个完全不同的方面发展自身。虽然中国与那些完全受制于神话过程的国家和民族接壤,但唯有它构成了神话过程的一个伟大而独特的例外,并且正因如此要求我们对此做出最为严肃的思考,因为一个实实在在的矛盾已经足以推翻整个通过一系列其他事实而得到确证的理论。

阿维斯塔学说和佛教都可以被看作极端多神论的阻挡者和反抗者,而它们与神话过程的对立本身恰恰证实了神话过程的威力和强制力。但中国人不是这样。阿维斯塔学说和佛教表现为一种与多神论相对立的统一体学说,因此在这种情况下可以被称作一神论。反之在中国,无论是一神论还是多神论都仿佛被一种彻底的无神论所取代,因为那里根本没有一个宗教本原。

因此真正说来,这里必须解释两个现象:1)中国意识的绝对的非神话性;2)中国意识的彻底的非宗教性。

关于第一点,请大家回想一下我们在早先的推演过程里提出的如下命题:a)多神论的出现和民族产生的过程是同时的,甚至在某种意义上等同于后者;因此,如果没有神话,也就没有**民族**。b)绝对的史前时间,即民族产生之前的时间,也是一个相对地非神话的时间,因为神话总的说来是和**各个民族**一起产生的。按照上述命题,我们希望首先提出一点,即"中华**民族**"这个名称是不正确的。中国人根本不是一个民族,他们是单纯的人类,正如他们认为自己不是诸多民族之一,而是与所有民族相对立的真正人类(就他们不像其他民族那样是一个**民族**而言,这个想法在某种意义上是有道理的)。无论是内部还是外部,都没有什么压力迫使他们把自己建构为一个民族。之所以没有内部压力,是因为如我们将要看到的,他们已经摆脱了神话过程;之所以没有外部压力,是因为他们的人口占全人类的足足三分之一;按照英国人的最新统计,中华帝国的人口超过三亿人。因此,鉴于中国人不是其他民族意义上的一个民族,可以说他们是**绝对的史前人类**的一个留存下来的部分。相应地,在中国人或中国意识里,我们也必定能够找到一个支配着绝对的史前人类的**本原**。但因为这个本原在中国意识里放弃了宗教的——神谱的——过程,没有成为神话过程的开端和最初本原,所以它在中国意识里不可能保留它的**宗教**意义。

假若我们的上述解释是正确的(因为我所说的始终只是一个猜想),那么中国意识确实摆脱了神话过程的法则,只忠于那个排他的原初本原,但相应的代价却是完全放弃了原初本原的宗教意义。需要指出的是,神话过程的法则真正说来只具有猜想的意义。它的意思仅仅是:为了产生出一个神谱过程或一切现实的**宗教**,那个支配着最初意识的排他本原必须受到限制,必须从属于一个更高的本原,能够被其克服,并且真正被其克服。但是,当人类意识在神话过程的逼迫之下寻找各种出路时,怎么会出现这样一条出路呢——它**为了**坚持那个本原的排他性,放弃了神谱过程,或者说并没有把那个本原当作一个设定上帝的本原,以至于从这个方面来看,过程仿佛从一开始就终结于一个单纯的否定,而且不是对于**多神论**的否定,而是对于本原的宗教意义的否定?也就是说,如果我们猜想的那个可能性在中国意识里已经成为现实,那么必定会出现如下两个情况:1)宗教的原初本原和在尚未分裂的人类那里一样,在中国意识里具有其完整的威力和排他性;2)这个本原的意义发生了变化,但即使在这种情况下,它的原初的宗教意义仍然必定会透露出来,因为否则的话,我们就不能证明本原的同一性,也不能解释为什么**同一个**本原在其他民族那里走上了神谱和宗教的道路,在中国人这里却走上了背离宗教的道路。

为了澄清我对此的看法,我想指出,religio [宗教]这个词语本身具有一个更普遍的意义和一个更狭隘的意义。这个词语原本是指一切与"神圣"概念或与一种忠贞不渝的情感相结合的义务,即"良知"。这一点已经体现于如下这条拉丁文谚语: hoc mihi religio est, hoc mihi religioni duco [这是我的良知,我按照我的良知去行动]。人们也可以把这个**普遍意义**称作概念的形式方面。在这个意义上,宗教存在于**一切**事物之中,甚至也存在于那些与神性东西毫无关系

XII, 524

（至少没有**直接**感觉到的关系）的事物之中。但人们也可以在狭隘的或质料的意义上看待宗教，于是这个概念就包含着与神性东西本身的一个现实的和直接的联系。此前我们曾经假设，那个原初的宗教本原作为全部神谱过程的真正前提，有可能走上一条背离宗教的道路或失去其宗教意义；而现在我们可以更明确地说，那个本原在失去质料上的宗教意义时，也有可能保留形式上的宗教意义，或者说这件事情是可以设想的。

在原初的意义上，一切义务都仅仅是对上帝的义务，而且一切形式上的义务即便经历了如此之多的中介环节，都是起源于那个**质料上的**、唯一原初的义务。此前我们曾经把意识的那个实在的、起初以排他的方式显露出来的本原称作一个在**质料**方面设定上帝的本原。我们也曾经指出，上帝与意识的这个本原纠缠在一起。反过来，唯有通过这个本原，人类才真正原初地对上帝负有义务。因此，除非人类意识在根本上被推翻，否则这个原初义务绝不可能被推翻，而这件事情在那些已经完全解体并且只具有人的外形的种族那里确实发生了，而我们此前也说过，这些种族不知道有什么高高在上的权威（无论是不可见的权威还是可见的权威），因此也生活在没有任何社会关系的状态中。① 也就是说，无论本原本身的意义发生了什么样的变化，只要人类意识岿然不动，那个原初义务就永远不可能被推翻。但如下**情况**却是有可能的：也就是说，这个义务所依赖的是人类意识以原初的方式与之纠缠在一起的一个本原，对意识而言，上帝原初地也存在于这个**本原**之内；但这个本原对意识而言**也有可能**转

---

① 参阅谢林：《神话哲学之历史批判导论》第63、72页。——原编者注

变为另一个本原，于是原初的**上帝**（就这个词语的狭隘意义或质料意义而言）在意识面前也成为**另一位**上帝，但意识在这种情况下还是和过去一样，亦即以一种具有约束性的宗教方式，对这位上帝负有义务。

现在回到我们的主题，也就是说，我们必定会在中国意识里遇到一个仿佛取代了上帝（确切地说原初上帝），但伴随着同样的排他性和同样的原初义务而出现的东西，这个东西虽然不再直接是**上帝**，而是另一个东西，而且不再表现为真正的宗教本原，但由于它仍然包含着那个原初义务，所以不可否认确实是起源于那个原初的、质料意义上的宗教本原（当我们说，原初的宗教意义必定也会在那个不再是**真正的**宗教本原的东西里透露出来，正是这个意思）。

进而言之，按照上述前提，既然那个本原只有在失去或放弃它的**质料上的**宗教意义之后才能够坚持自己的排他性，那么它必定会重新出现在**中国**意识里。虽然这个本原的意义在质料上发生了变化，但仍然具有它原本在它的宗教意义里所具有的那种排他性力量。

按照这个方式，我们已经揭示出一种可能性，也就是说，哪怕中国人在整体上不仅如我们迄今表述的那样是非神话的，甚至是反神话的，我们仍然有可能把他们和那个普遍的神话过程加以调和或联系在一起。

如果这个调和是成立的，那么中国人和我们的那个假设（即人类意识服从一个普遍的神谱过程）就并不矛盾，毋宁说，他们只不过找到了**另一条**出路，找到了规避神谱过程的**后果**的另一个办法，而我们在别的地方已经认识到这些后果，虽然其方式有所不同；因为中

XII, 526

国就其本性而言始终是独一无二的。虽然这个例外就其本性而言是**独一无二的**,但我们只要认识到这样一个例外的**可能性**,就足以预见到它也会成为**现实**。总的说来,世界精神的特性就在于,它让一切真实的可能性得以**实现**,并且总是愿意或允许现象达到最大可能程度的总体性,因为单是世界进程的漫长性就使我们不得不相信,它真正关心的是让每一个真实的可能性都得以实现。针对"每一个真实的可能性都得以实现"这一伟大原理,有些人提出肤浅的反对意见,比如并非每一个传奇故事都是或必定是一段现实的历史,但他们的平庸观念里只有那种纯粹抽象的或**主观上的**可能性;他们很少知道或根本不知道哲学所说的"可能性"究竟是什么意思。

但这个可能性,亦即把与神话如此相悖的中国人和普遍的神话过程联系起来,受制于某些非常明确的前提。无论如何,要证明中国意识确实包含着这些前提,这主要是历史学的任务,而非哲学的任务。

简言之,我们的出发点是:中国人不是一个**民族**,也就是说,在**他们自己**看来,那个把人和族群的广泛联系整合起来的统一体,不是区域性的甚或个别的统一体,而是**普遍的**统一体。中国人就是人类,他们觉得自己超然于各个民族之外和之上,这些民族虽然在现实中并未臣服于他们(中国人根本不认为有这个必要),但就**理念**而言却是臣服于他们。如果中国人不是一个民族,那么他们的存在和生命的本原就只能是那个在史前的、尚未分裂的人类的意识里占据支配地位的本原。但这个本原在中国意识里已经放弃了宗教过程或神谱过程,这件事情的表现就是,中国完全置身于神话运动之外,根本没有参与进来。但是,如果那个本原放弃了神谱过程,它就不可能坚持它的**宗教**意义，或者反过来说，如果这个本原放弃了宗教意义，并且在意识里接纳了别的意义，它就不可能坚持它的**绝对的**排他性。正如我们之前所说，只有以此为代价，这个排他的本原才能够拒绝一个更高的本原，从而置身于神话过程之外。

现在我们看看，这个前提在中国意识里是否能够得到证实，也就是说，我们必须探究中国意识的真正内容。对于事实的纯粹引述将会表明，我们的设想究竟是某种刻意捏造出来的东西呢，还是在对象自身之内能够被认识到。

中国人把他们的帝国称作"天之帝国"或"天之中央的帝国"（你们在这里已经可以看出原初本原的中心性）。在中国的所有智慧和道德中，"天"（Himmel）这个概念都是一个至高无上的概念。一位曾经很有名气的哲学家比尔芬格①写过一本至今仍然值得一读的著作《论中国人的道德学说和政治学说》（*De Sinarum doctrina morali et politica*），他在其中说：Non est multa mentio Dei in libris sinicis, ejusdemque interpretatio inter Europaeos quosdam controversa [中文典籍里很少提到上帝②，至于如何解释这个上帝，欧洲人当中也存在着争议]，也就是说，欧洲人所争议不休的，是应当如何理解那个在中文典籍里被解释为"上帝"的东西；不管怎么说，比尔芬格承认，只有通过一种经常近似于牵强附会的诠释，才能够在中文典籍里找到"上帝"这一概念。这件事情的背景是，那些视中国为专属行省的耶稣会士在某种程度上希望公正地维护中国智慧

---

① 比尔芬格（Georg Bernhard Bilfinger, 1693—1750），德国哲学家。——译者注
② 其实更正确的说法是：中国人的语言里面根本没有一个与"上帝"相对应的词语。——谢林原注

的荣誉；从他们的体系来看，他们根本不可能承认一个如此庞大的帝国竟然没有宗教，与此同时，他们又不愿意让那个从过去到现在一直流传于欧洲的说法（即中国人的宗教其实是无神论）继续大行其道。正是基于这个背景，比尔芬格才说，欧洲人对于如何理解中文典籍里的"上帝"概念没有达成一致意见。但是他又说，中文典籍里有**几处**提到上帝的地方，其证据是中国人的基本道德学说，而按照他的说法，其中教导的是：我们应当重建由天原初地植入内心的纯真；我们应当崇敬天；我们绝不容许任何蓄意冒犯天的思想；我们应当顺应天的安排，如此等等。

在所有这些地方，天（也只有天）都是一个支配着万事万物（当然也包括生命）的概念，而按照这些可以继续罗列下去的引述，我们不需要专门的论证就可以断言：首先，中国的原初宗教是一种纯粹的**天空**宗教；其次，中国人也具有全部民族**共有的**神话过程的那个普遍前提，因此原初的**星辰**宗教（尚未分裂的人类的最初纽带）对中国意识而言也是出发点。但恰恰在这里，出现了一个灾难（Katastrophe）。①迄今的统一体本来应当被二元性取代，但中国意识反抗这种二元性，并且直到现在都还坚持着最初本原的排他性②；但中国意识是把它自己的天亦即那个一直以来是天的东西当作最初本原；对中国意识而言，最初本原不可能保持为对于神性东

---

① 在希腊语里，这个词语（καταστροφή）的本意是"向下转动"或"突如其来的转折"，后来才引申出常见的"灾难"含义。谢林在这里使用这个词语，兼具其原初的含义和引申的含义。——译者注

② 中国从始至终都置身于神话运动之外（它反抗**一切**二元性），而波斯则是首先进入神话运动，然后在即将走向彻底的多神论时才反抗这个运动。参阅《神话哲学》（上卷）第228页以下（XII, 228 ff.）。——谢林原注

西的否定,因为这是更高的潜能阶次的现象所不允许的,而通过这个潜能阶次,最初本原终究被驱逐出天:对中国意识而言,最初本原必定会走出神性东西,使自身外化和世俗化,而接下来的阐述将会表明,在这个世俗化和外化的形态里,我们发现天的本原也是那个完全统治和支配着中国人的生命和国家的本原。[1]

中华帝国即便作为一个国家,或从纯历史的角度看,也仿佛是一个历史奇迹。在世界的所有帝国里面,中国是最古老的,它始终保持着独立,并且展示出一个内在的坚如磐石的生命本原,以至于帝国虽然两次被征服(第一次是13世纪被西边的鞑靼人或蒙古人征服,第二次是被东边的或满洲的鞑靼人征服),但它的制度、伦常习俗和机构组织在根本上没有丝毫改变,而且就其内核而言直到今天都保持着四千年前的面貌,始终立足于它在起源时已经以之为基础的那些本原。最近有人认为,中国真正的皇帝制度,即那种完全不受限制的君主制,就其现在的规模而言是公元前200年左右才出现的。但进一步的研究表明,所谓的第一位皇帝或"始皇帝"(Chi-hang-thi)[2]仅仅是重建了更早的乃至最早的状态。那些居于从属地位的诸侯在一个封建体系里是纯粹的臣子,同时他们也找到一些办法使自己具有某种独立性,以反抗统一体,但那个将其压制的皇权本身展示出原初理念的威力。虽然也有反叛或**权柄**的更替,但不受限制的绝对皇权的理念和中华国民本身一样古老,这不是一个在时间历

---

[1] 皋陶说: Il y a une communication intime entre le ciel et le peuple king [天和君王之间有一种亲密的交流]。——谢林原注(译者按,这句话是《尚书·虞书·皋陶谟》中的"达于上下"的法文翻译)

[2] 即秦始皇。——译者注

程中产生出来的理念，而是一个和中国人同时诞生的理念。对于这个理念的反抗仅仅是偶然的，由一些偶然的疲敝状态造成的，但随后的重建恰恰证明了它在中国人里面是一个根深蒂固的本质性理念，它和中国人同时诞生，也只能和中国人一起消亡。

中华帝国数千年来的这种坚韧性及其根本特征的恒定性促使最近一位研究中国的哲学著述家①得出这样一个结论："必定有一个强大的本原从一开始就统治着中华帝国并渗透于其中，与此同时，这个本原擅长于抗衡一切随时出现的内部紊乱和一切外来的影响。"② 这个本原是如此之强大，以至于仅凭一种内在的同化力量就足以同化和征服一切外来的东西（这些东西只能在自己的教化范围之内坚持一段时间），比如中国人虽然两次被打败和征服，但他们反过来用自己的法律和生活方式征服了征服者自身。从上述说法可以看出，这位作者已经认识到，那个统治着中国的本原不是某种基于单纯的主观意见或契约而产生出来的东西，而是一种比任何人类发明都更强大的东西。这些方面我同意他的观点。但是他随后提出了一个问题：究竟是**哪一个**强大的本原，在中国人的生命如今已经

---

① 温迪希曼：《世界史进程中的哲学》(*Die Philosophie im Fortgang der Weltgeschichte*)。——谢林原注（译者按，温迪希曼［Karl Joseph Hieronymus Windischmann, 1775—1839］，德国哲学家，其上述著作的前两卷发表于1827年和1834年，计划中的第三卷和第四卷并未完成）

② 中国人最忌讳与外族通婚。巴西政府曾经于1812年在里约附近开辟了一个中国人侨民区，让他们种植茶叶；这些人收入颇丰，就留下来定居，但因为这里找不到中国女人，所以他们都不愿意结婚，于是这个侨民区就消亡了。在印度（加尔各答、马德拉斯、朋迪谢里），中国劳工也很受欢迎（因为他们是最好的劳工）；现在他们住在圣毛里求斯；但他们挣到一笔钱之后就会回国，因为当地找不到中国女人，这是因为中国政府只允许男人，但不允许女人移居国外。——谢林原注

成为一种颓废的、平庸的、迂腐的、麻木不仁的形式主义时,仍然在其中透露出自己的力量,并且直到现在都维系着这种生命?对此他给出的答案是:这无非是那个最古老的父权本原,即**父亲的**至高无上的权力和权威。对于这个答案,首先,我承认那个父权本原本身是很强大的,其次,我也承认这个本原在中国具有巨大的意义和影响,以及它作为开端的本原,作为最初的基础,在任何地方都是显而易见的,并且在任何地方都构成了出发点。但是,假设对于中国的制度而言父权制度就是最高的范畴,那么问题恰恰在于,**为什么**中国人的生命没有离开这个出发点,为什么中国人始终把后来的更为繁复的或更为广泛的发展过程的全部状态拒之门外?换言之,问题恰恰在于,为什么父权本原的影响和权力在中国坚持了数千多年?人们不能再用父权本原的权力来解释这一点,否则就会陷入解释的循环。

除此之外,我们在前面已经谈到中国意识的一个灾难。这里同样出现了一个一个反转或universio [颠转],即那个起初内在的、独霸意识的本原的一种外在化,这在那些落入神话过程的民族的意识里仅仅是一种相对的外在化,在中国意识里却是**一种绝对的**外在化。一言以蔽之,对于中国人的生命和存在,真正的解释是:religio astralis in rempublicam versa [星辰宗教颠转为国家宗教],即那个星辰宗教的本原通过一个——还需要进一步解释的——事件已经反转为国家的本原。这个力量过去是作为宗教本原压迫着意识,现在则是作为国家本原压迫着意识,相应地,它过去是在那个星辰宗教里作为内在的本原坚持自己的排他性,现在则是在**国家**里作为已经**外在化**的本原坚持自己的排他性。

XII, 532

和印度的宗教体系以及任何一个深受宗教仪式压迫的民族一

样，中国的整个国家体系都是基于一种盲目的、不能被中国意识克服的迷信。对于中国意识而言，过去那位排他的天之统治者仅仅转化为一位同样排他的尘世帝国统治者，而这个尘世帝国只不过是一个已经外化或反转的天之帝国。为了产生出一个神谱过程，那个绝对的中心在原初的反转或颠转的环节必须被克服，而它在尘世帝国里则是发生外化和世俗化，并被置于矛盾之外，随之成为一个**绝对的**、永远不可能被克服的中心。正因如此，中国叫作"天之中央的帝国"。天的中央、中心和全部权力都集中于这个帝国。

一个排他的本原能够以两种方式存在：1) 指向**内部**，它把一切东西限制在荒芜的普遍存在里，不容许任何自由的杂多性。就此而言，根本没有等级的区别和分层，尤其没有种姓的区分。中国既没有世袭的贵族，也没有别的基于出身就享有特殊地位的阶层。一切区别都仅仅基于官职和在国家里面行使的职能，而且任何人都可以平等地得到任命。哪怕是皇亲国戚，也只能分享皇帝的殊荣，而在皇帝驾崩之后，他们就恢复平民身份。一切权力和一切权威都仅仅归属于皇帝；在中国，任何人只有得到**皇帝**的赏识才具有某种地位。皇室之下是儒生（即学者），他们虽然构成了帝国的第二等级（或更确切地说第二阶层），但这个地位并不是世袭的。总的说来，这里只有阶层的区别，但没有等级的区别。学者本身又按照学问的高低分为许多层次或级别，其中那些在自己的**专业领域**里博闻强识并且拥有最优秀的专业知识的人构成了直接为皇帝出谋划策的帝国最高智库。科学和学识的意义仅仅取决于它们对国家有多大的用处。自从中国人在10世纪发明了印刷术（或类似技术）以来，帝国的那个最高智库亦即所谓的"翰林院"负责管理整个图书行业，并且只允许印刷他们认为有益的书籍。至于究竟是哪些书籍,我们可以通过一些被派往法国接受耶稣会士教育的中国人的叙述略知一二,这里我不妨从一本德文书①里摘录出他们的几段叙述。他们说:"可以印刷的只有关于古代掌故、伦理学说和技艺发明的书籍(但这些技艺发明必须有直接的用处)。年轻人应当秉承父业,兢兢业业。任何出人头地的人都有机会名载史册,反之那些**徒具精神**却不谋生计的人,应当放弃一切吹毛求疵和冥思苦想,这样他们喜欢思考人际关系的那种怪癖才不会带来危害。一切科学和国家事务都被纳入章程,以便人们牢记于心。诗歌、自由的发明,还有一切真正优美的艺术,如果得不到上司的认可,就不能带来任何名望。——学者完全附和政府的意见。——不存在竞争,人们都在做千篇一律的事情。——商人和艺术家的地位更不如学者,他们不能坚持己见,不能具有意志并对自己的独立存在感到自豪,简言之不能妄图具有独立性。——每一个人都必须把皇帝的宗教直接当作国家法令予以接受,好比他在英国必须对着宗教审查法②宣誓,至于他是否真的相信这些东西,这是无关紧要的。一切东西,包括耕地文化和工业,都依赖于书籍、传统和司法刑狱。"

XII, 534

从这些叙述可以看出,虽然欧洲国家在不同的时代也试图把科学和一切精神文化都置于监管之下,但没有哪一个国家能够完全达

---

① 施罗瑟尔:《古代世界及其文化的通史概论》(*Universalhistorische Uebersicht der Geschichte der alten Welt und ihrer Cultur*),第一卷,第1章,第94页以下。——谢林原注(译者按,施罗瑟尔[Friedrich Christoph Schlosser, 1776—1861],德国历史学家)
② 宗教审查法(Testacte)是英国议会于1673年颁布的一项法案,其规定任何希望获得公职的人都必须宣誓反对天主教教义。这项法案于1828年被废除。——译者注

到中国的这种程度。当然，我之所以摘录这段文字，不是为了说明这一点，而是为了给你们生动地展示一下中国的那种排他的国家权力，以及这种压迫性的力量在千百年的时间里如何阻碍和压制一切自由的发展过程。——如果说一个服从于更高本原（A^2）的本原B是过程或变化的根据，那么一个已经绝对地设定下来（摆脱任何对立）的本原就是绝对的稳定性和恒定性的根据。

中国实际上就是已经变得可见的天，因为它和天一样恒定和稳固。所有内战和混乱，甚至外来的征服，都只能在短暂的时间里将其摇撼，然后又恢复到它的古老状态。最古老的那些帝国都消失了；虽然亚述人、米底人、波斯人、希腊人和罗马人的帝国早就已经没落，但中国却像那些发源于深不可测的源头的河流，始终从容地流淌着，在数千年的时光里丝毫没有失去它的光彩和力量。

也就是说，本原的排他性从两个方面体现出来：1) 指向内部；2) 但中国的这个国家本原不仅指向内部，而且在指向**外部**的时候也体现为一个完全绝对的本原。

那些仅仅把"中国皇帝"（chinesischer Kaiser）看作"统治中国的皇帝"（Kaiser von China）的人，对于中国人的"皇帝"概念只能说是一知半解。实际上，皇帝是**世界的主宰**，他不像奥斯曼的苏丹、波斯的国王或某些东方小国（比如印度）的可笑而傲慢的君主那样，自封一个这样的头衔，而是真正的、符合字面意思的世界主宰。**皇帝**是世界的主宰，因为天的中央、中心和权力都集于他一身，因为相对于天之中央的帝国，一切东西都仅仅处于被动的边缘。在中国人那里，这绝不是东方式的夸张，也绝不是东方礼仪的一种形式规定。中国不可能有两个这样的皇帝，这不是偶然的，而是由皇帝的内在本性所决定的。中国皇帝是绝对唯一的,因为他确实掌握着天的权力,这个权力不仅支配着全部天体运动,而且规定着全部尘世活动。中国人确实把最高主宰的这个统一体和这样一个自然概念联系在一起,因为他们坚信,整个自然界都是伴随着**皇帝的**思想、意愿和行为而运动。如果人民遭遇巨大灾害,如果天有异象,出现不寻常的暴风骤雨,皇帝就会引咎自责,在自己的某个思想、某个愿望或某个习惯里面寻找这些反常的自然运动的原因:因为,只要他遵循秩序并置身于真正的中央,自然界里面就不会有任何东西偏离正常的轨道。

文献记载了远古一位极为著名的皇帝的祷词,这是他在经历长达七年的大旱并且多次祭天无效的时候所说的。他说:"天啊,我奉献的全部祭品都毫无用处;无疑是我自己给人民招致这样巨大的不幸。恕我冒昧相问:你对我的人品有何不悦?莫非我的宫殿过于富丽堂皇,或者我的宴席过于奢靡,或者法律允许我娶的嫔妃数量太多?我愿意通过隐居、勤俭和节欲去纠正所有这些错误。如果这还不够,我愿意接受你的公正惩罚。"① 据史书记载,上天听到了这个祷词,于是天降大雨,随之而来的是一个前所未有的丰收季节。就在不久以前,即1818年5月14日,北京东南方卷起可怕的狂风,暴雨倾盆而下,整个城市笼罩在恐怖的黑暗之中。次日皇帝颁布圣谕,说他昨晚彻夜未眠,现在仍然对这个可怕的事件心有余悸,也在反思是不

XII, 536

---

① 这里指的是商朝开国君主成汤祈雨的故事,谢林引用的这段祷词在中文典籍里没有准确对应的原文,大意相近的原文为:"余一人有罪无及万夫,万夫有罪在余一人。无以一人之不敏,使上帝鬼神伤民之命……政不节与? 使民疾与? 何以不雨至斯极也! 宫室崇与? 妇谒盛与? 何以不雨至斯极也! 苞苴行与? 谗夫兴与? 何以不雨至斯极也!"参阅《吕氏春秋·季秋纪·顺民篇》及《荀子·大略》。——译者注

是因为他在治国方面有所懈怠或因为忽视了他的大臣们的不端行为而对此负有责任。因此他命令他的最忠诚的臣民公正而心平气和地指出他自己和他的大臣们的不端行为，如此等等。我援引这些事实是为了证明一个观点，即按照中国人的概念，整个自然界的安宁秩序都是依托于皇帝及其行为和意愿，因为皇帝不仅是他所统治的国家的主宰，而且是世界的主宰。1839年7月13日，鉴于最近日益猖獗的鸦片走私，一位姓**林**的钦差大臣兼湖广副总督①和广东省的高级官员联名给维多利亚女王写了一封信（女王因此认识了这个人并同他打交道），其中说："我天朝君临万国，神威无边，**非尔等所能臆测**。"在谈到皇帝时，这封信又说："我大皇帝以天地之心为心，**荫蔽万物**，即若天涯海角②亦受其恩泽。"

  人们始终搞不清楚，为什么按照中国人的学说，天的整个权力是归属于这样一位既非永生，也非完美无缺，甚至会犯错误的尘世统治者。这个问题又回溯到另一个问题，即我们应当如何设想曾经的精神性的天之世界通过跌落和颠转而成为这个尘世的帝国。不管怎样，这是耶稣会士绞尽脑汁也不能解释的一个难题，因此我们也不能指望找到一个历史学的揭示。但中华帝国的一个普遍象征或许能够让我们回想起前面所说的那个灾难。这就是强大而聪明的**龙**（Lung），一种能飞的巨蛇，它让人想起质料世界的整个力量，想起全部元素的强大精神——这个世界本身的精神——并且被看作中华帝国本身及其庄严权力的神圣象征。关于龙，作为圣书之一的《易

XII, 537

---

① 即林则徐。——译者注
② 这封信的前面宣称英国距离中央帝国至少有两千万里。——谢林原注

经》这样说道:"它哀叹自己的骄傲,因为骄傲使它盲目;它想要一飞冲天,却坠入大地的怀抱。"① 强大而**聪明**的龙就是那个已经成为相对者,却想要保持为绝对者的本原;它的提升或一飞冲天就是骄傲的表现。当那个在宗教过程里(亦即从宗教的角度看)已经成为相对者的东西想要保持为绝对者,就把自己**提升**到不再属于它的地方,即天;这样它就会坠落;为了保持为绝对者,它必须离开天,来到大地,成为尘世化的、降格的天。这是《圣经》也使用过的一个形像,比如:"在天上就有了争战……大龙被摔在地上,天上再没有它的地方。"② 此外基督也说:"我曾看见撒旦③从天上坠落,像闪电一样。"④ 虽然这只是一个比较(而且撒旦和中国的那个本原并非同一个东西),但恰恰是**伴随着**基督教的出现,那个一直以来是宗教本原的东西才被迫宣称自己是一个尘世本原。由此可见,哪怕是在中国人的意识里,也感受到一个颠转、降格和过程,通过这个过程,纯粹的天转变为尘世的天。

XII, 538

以上所述仿佛是中国人世界观的一个晦暗阴沉的方面。原初的天之主宰仅仅体现为皇帝这个可见的统治者,因此唯有皇帝与天之主宰具有一种直接的关系,其余的世界只能以他为中介,而且唯有皇帝能够隆重地向天之主宰献祭。因此,天之主宰不是以一位祭司,而是以一位君主作为他的代表。出于一些可以理解的原因,耶稣会士竭尽全力把中国制度解释为一种原初的神权制。但事实恰

---

① 这句话大概是指《周易·乾卦》所说的"亢龙有悔""飞龙在天""见龙在田"。——译者注
② 《新约·启示录》12: 7-8。——译者注
③ 撒旦通常也被看作尘世之主。——谢林原注
④ 《新约·路加福音》10: 18。——译者注

恰相反；人们只能说：中国皇帝的权力是一种已经转化为普世权力（Kosmokratie）或彻底的世俗统治的神权制。Un univers sans Dieu [一个没有上帝的宇宙] 是唯一正确的关于中国的说法。在中国人看来，西方教派崇拜的是天的**精神**①；反之他们仅仅崇拜天，只有皇帝才是天的人格化，而皇帝之上只有世界秩序或天的非人格化的本原（如果在奠基**之后**把本原从相对者改造为绝对者，就只能把人格化的东西改造为非人格化的东西）。中国皇帝不像西藏的达赖喇嘛那样是一位同时掌握着世俗权力的高级祭司，而是一位纯粹的世俗统治者。尤西比乌的《静待福音》（Praeparatio evangelica）有一处非常值得注意的地方，其中说道：有一个叫作"丝国人"（Serer）②的民族，他们那里没有偷盗、谋杀和通奸等等，但也没有**神庙**和祭司。事实上，直到佛教传入之前，中国都**没有**祭司，而且我们在中国最古老的文字里也找不到一个意味着祭司的文字。原初的中国是一个完全无祭司和绝对排斥祭司的国家，人们必须注意到这一点，才能够准确而正确地把握中国的特性。中国的独特之处恰恰在于，它很早就建立了一个完满而纯粹的世俗制度，不需要任何祭司机构。在中国人的语言里，唯一替代上帝而被提到的词语是"天"（Thian），只有当人们依据那些从一般意义上的天空崇拜归结出的错误概念，才会把这个"天"理解为质料意义上的天。原初的天空崇拜的对象是一

---

① 参阅雷慕萨：《鞑靼研究》（Recherches sur les Tartares），第十六卷，第379页。——谢林原注

② 关于"丝国人"是否就是希腊人和罗马人对中国人的称呼，虽然某些重要的权威人士曾经提出疑问，但经过克拉普罗特、雷慕萨等人的最新研究，这一点已经是无可置疑的。——谢林原注

个渗透和推动一切东西的天空精神,这个精神与一位自由的、带着意志和预见去行动的造物主有着天壤之别,因为后者不但是非质料性的,更是超质料性的。至于另一个词语,"上帝"(Schang-thi),其意思是非常含糊的;但它主要意味着一位至高无上的皇帝(supreme seigneur);除此之外,耶稣会士在中国传教时也发明了中文典籍里原本没有的"天主"(Thian-tsoi)这个词语,其意思是"天之主宰"。因此在这个意义上,中国的宗教典籍乃至中国的整个学说和智慧都没有想到上帝。之前提到的那位历史学家指出,在中国人以及他们的圣人和立法者孔夫子看来,宗教和幻想没有任何关系,而这恰恰表明,中国宗教是彻底非神话的(排斥狄奥尼索斯)。①

通过宗教本原的那个绝对的颠转和世俗化,中国意识已经完全避开宗教过程,它仿佛原初地就达到了其他民族只有经历神话过程才达到的纯粹理性的立场;实际上,中国人就是近代某些人孜孜不倦地以求达到的那种精神性状态的真正原型(虽然这些人并不知道怎样才能够让整个世界成为中国人那样),也就是说,这些人希望全部宗教都仅仅用于保障某些道德义务,但主要是服务于国家的各种目的。在**这个**意义上,人们确实可以把中国宗教称作虚假的宗教,甚至可以说:中国宗教虽然摆脱了神话过程或神谱过程,但代价却是成为一种彻底的无神论,当然,这里的无神论不是指中国人积极地否认或否定上帝,而是指他们根本没有把上帝当作讨论或**直接**意识的对象。对中国人而言,上帝已经转化为一种完全不同的东西,亦

XII, 540

---

① 中国宗教不具有任何狂热,实际上只具有政治意义。有些人把狂热的缺失归因于中国人的高古历史,这就有点奇怪了。——谢林原注

即转变为国家和单纯的外在生命的本原。但这个转化本身只能是一个颠转的后果,这个颠转表明,中国意识并非没有感受到神话过程,但它已经完全坦然地接受了这个颠转的后果。中国人把尘世帝国仅仅看作一个降临的或异化的天之帝国,因为他们除了崇拜帝国的象征之外,也敬拜祖先的魂灵,而这种敬拜是中国人的伦常习俗乃至整个生活的至关重要的部分;为了理解这一点,我们必须知道,中国人认为逝者的魂灵会回到天之帝国,而且活着的人只有以可见的统治者为中介才与天之帝国联系在一起。

第二十四讲
中国的绝对非神话性在其语言和文字中的体现

迄今为止，我们一方面考察了中华民族的宗教和整个思维方式的非神话性，另一方面考察了中华帝国制度的恒常性和稳定性（虽然其经历了很多内部叛乱，并且两次被完全征服）。这两方面呈现出的问题，只有通过这样一个事件才可以解释，即意识的那个先于神话的本原是一个完全静止不动的、排斥一切杂多性的统一体，但是，当这个本原的意义发生变化，或者换个同样意思的说法，当本原通过一个绝对的颠转而成为外在的东西，这时它虽然保留下来，亦即保持着自己的绝对性，但也成为国民的**外在的**总体存在的单纯本原，亦即成为国家的本原。除此之外，中国文明在另一个方面也呈现出一个至今让人捉摸不透的谜，而细看之下，除非依据我们刚才提到的那个事件，否则也不可能解开这个谜。

也就是说，中国的**语言**看起来也透露出天的整个力量，即那个原初地统治着万物，并且把一切个别性都绝对地掌控在手中的权力。你们不妨看看，首先，这种语言完全是由单音节或单音元素构成的，而且每一个音节毫无例外都有这样的特点，即它以一个单纯辅音或双重辅音为**开端**，然后以一个单纯元音或双重元音为结尾，有时甚至以一个鼻音为结尾。其次,这种语言总的说来只有300至400个(按照最新的批判研究甚至只有272个)单音节的基本词汇,但中国人竟然能够凭借它们满足所有场景的需要,以极其细微的层次区别去指称自然界、伦理生活或社会生活的一切对象,而在这种情况下,他们必须用同样的发音去指称完全不同的对象,以至于同一个基本词汇(比如La, Ki, Pe, Tsche, Tschi等等)具有数十种不同的、彼此毫无关联的意义,而这些意义在口语里只有通过各种音调和变调以及富有乐感的抑扬顿挫,或者通过语境加以区分,但在书写的时候则是通过不同的字加以区分,而字的数量几乎是无穷多的,至少也有8万个。根据雷慕萨的统计,口头词汇只有272个,哪怕借助不同的音调(因为并非全部词汇都有清晰的四声之别),也不可能多于1600个。由此可见,口头发音的贫乏和书写文字的丰富之间,是何其的天壤之别!

当然,雷慕萨不愿意无条件地赞成"中国语言在本性上是单音节语言"这一说法。在他看来,虽然当人们说出一个字的时候,我们确实听不到许多前后相继的音节,但由于很多字单独看来没有任何意义,并且只有通过自身重复或与别的字联系在一起才有意义,所以这些字必须被认为是双音节的;同样属于双音节的还有那样一些字,它们虽然单独看来或就其自身而言具有一个意义,但与别的字组合起来之后却失去了这个意义。雷慕萨举的这些例子虽然证明中国语言里面有一些组合词语,但没有证明真正的字根(radices)是多音节的。此外他还认为,假若中国语言和其他语言一样,把一些通过变格或变位来表现人称和时态的特殊词语和名词融合在一起,那么它在某些方面看起来就和其他语言一样是多音节的。但以希伯来语为例，虽然在第二人称现在时的Katalta这个词语里，我们能够看出词根和第二人称atta（你）是融合在一起的，但在这里，即使拿走全部前缀和后缀或一切表示时态的成分之后，词根本身仍然是多音节的。有些人试图在别的语言里（仍然以希伯来语为例）把当前的词根还原为单音节的开端，以表明希伯来语的词根的前两个辅音只包含基本意义，只有第三个辅音才表达出普遍意义或基本意义的变化；但这种把希伯来语的多音节词根还原为单音节词根的做法在任何一个通过动词而产生出的单音节字根那里都是行不通的，而且哪怕它看起来是可行的，也以一个比当前的解释深刻得多的联系为前提，因为当前的解释显然属于这样一个体系，它以纯粹机械和单调的方式推动一切东西，并且对一切东西都给出同一个解释，反之只有那些出自真正的源泉的理论才能够提供和对象本身一样丰富多姿的解释。

假若一种多音节语言，比如希伯来语，能够还原到单音节的词根，那么这种经过还原的语言就不再是希伯来语。因为希伯来语的特性恰恰在于它的整个体系都是基于双音节的词根。这个双音节形式是希伯来语的整个语法乃至全部特点的基础，因此只要拿走这个形式，就会消灭这种语言本身。如果人们认为，在语言的产生过程中总的说来有一个从单音节到多音节的推进，那么在多音节语言里，这个多音节形式恰恰标示着它们与原初语言的区别，标示着它们已经走出原初语言。只要拿走一种语言的多音节形式，它就根本不再是**这种**语言；当人们想要解释这种语言时，却失去了解释的对象，好比如果人们把印度人的神话归结为纯粹的原初一神论，印度人就不再是印度人，因为印度人只有通过他们的多神论才是印度人。这种把

XII, 544

全部多音节语言还原为单音节开端的时髦做法（它也仅仅是一种时髦做法）主要起源于中国语言的崇拜者。但中国语言本身之所以被称作单音节的，仅仅是因为其中的单个词语仿佛毫无意义，没有拓展自身的自由。中国语言的那种类似于原子的词语是通过一种抽象才产生出来的；但在最初产生出来的时候，它们并没有被看作抽象的部分——好比我们虽然能够以机械的方式把一个给定的物体分解为许多部分，但这些部分就其本性而言并没有被看作部分，而是指向整体本身——，真正说来，中国语言的单个词语本身不具有意义和存在，只有在说话的时候（通过音调的变化等）才获得意义；抽象地看来，单个词语具有十种甚至四十种意义，也就是说，它根本不具有意义；当我们把它从整体里拿出来，它就消失在无限的虚空之中。当我们说中国语言完全缺失了语法或语法形式，其实就是这个意思。这是因为，如果我们像在其他语言里一样让单个词语脱离联系或整体，就看不出它究竟属于哪个语法范畴：它既可以是名词也可以是动词，既可以是形容词也可以是副词，也就是说，单独看来或抽象看来，正因为它**能够**是一切，所以它其实是无。它只有在与整体的联系和结合中才具有某种意义。

XII, 545　　在其他语言那里，我们已经如此习惯于词语的独立构成，以至于我们仿佛是先看到单纯的词语，再看到语言本身，或者说仅仅把语言看作一个由许多仿佛预先存在的词语结合而成的东西，但事实正相反，因为语言虽然并非就时间而言，但就本性而言必定是先于单个词语。正如我们看到的，在中国语言里，词语完全依赖于语言，仿佛被绝对地包揽在语言之内。在这里，语言优先于词语，真正说来，词语在语言中**不是**词语。因为我们所理解的"词语"是一些独立构成的、独自存在着的语言成分。在这个意义上，"中国语言是由单音节词语组成的"这一说法也不是完全正确的，因为这等于是把某种根本不存在的东西当作前提；换言之，词语真正说来不是**词语**，毋宁仅仅是语言的痕迹或**环节**，且正因如此仅仅是一些相对于语言而言不具有独立性的发音或音调，而不是某种独此存在着的东西；它们仅仅是一些要素，而这些要素只有通过整体才获得意义。关于中国文化，威廉·琼斯显然不如阿贝尔·雷慕萨学识渊博，但由于他长期在印度居留和工作，所以他肯定比雷慕萨更有机会听到中国人说话；据他说，中国人的语言有一种乐感，类似于音乐中的宣叙调，但完全缺乏语法上的顿挫。然而只有通过语法上的顿挫，一个词语才成为独自存在着的整体并具有独立性。任何缺乏语法上的顿挫的语言都必定看起来是单音节的，因此中国人把外来词语分解为单音节的字，比如在中译本《新约》里，Jesus Christus的名字就被翻译为"耶－稣－基－里－斯－督"（Ye-sou-ki-li-sse-tou）。因为中国人的语言没有R这个音，他们也不可能用Klistus替代Christus，因此他们必须用两个音节Ki-li去翻译Chri，又用两个音节sse和tou去翻译stus。

由此可见，中国语言里有一种力量，这种力量绝不允许词语的独立构成，甚至剥夺了外来词语作为词语而言的独立性，让它们从属于一个音乐式的统一体。这个统一体像一股磁力流一样整合和控制着中国语言的全部要素，同时让一个要素成为另一个要素的必然补充，让一个要素成为另一个要素的承载者和约束者，好比每一粒受磁力控制的铁屑都只能存在于整体之中，一旦脱离整体就不再存在。整体保持着相对于部分而言的绝对优先性。在中国语言里，词

XII, 546

语尚未挣脱出来获得独立性，因此中国语言不像后来那些已经挣脱束缚的语言那样包含着一种冗余，而在后面这些语言里，冗余只有通过技巧和细心才得以消除，因为词语在这里拓展自身并独立发挥作用。在中国语言里，要素服从一种完全必然的整合，因此中国语言是世界上最精炼的语言，至少就其最纯粹和最古老的风格而言是如此。最古老的中文典籍的那种字字珠玑的风格是无与伦比的。据耶稣会士说，这些书中的思想仿佛是咬合在一起。因为中国语言在本质上更像是一种音乐式语言，而非一种清楚分节的语言，所以我们只需稍加改动一本中文典籍关于音乐的说法，就可以把它用在中国语言身上：音乐使各个民族和谐一致（所有民族通过音乐达到了和谐共处），音乐消除了词语的分歧和对立。

从这个方面来看，我们的研究同时证实了之前那个不可避免的假设：首先，人类有一种共同的原初语言；其次，当唯一人类的史前时间过渡到分裂为民族的人类的历史时间，发生了语言的变乱（Verwirrung）。只有在个别词语的自由发展受到阻碍的情况下，语言的绝对统一体才会保留下来。那个掌控着一切东西并且统治着意识的力量，也控制着语言的要素。正如处于旋转运动中的天地**仅仅**是要素，不是独立的、单独的或**自由**运动着的物体，人类的原初语言也必定是一个像天体那样运动的东西；它还没有达到**词语**的个别性，个别东西既没有脱离整体，也没有按照其固有的特殊规律发展自身。当个别要素开始崛起并反抗那个一直以来压迫着它们，不让它们发展的力量，就产生了语言的**变乱**。当每一个要素都把自己塑造为一个独立的物体，塑造为一个独自存在着的、能够在自身之内发生有机的变化的词语，就必定会出现变乱。就此而言，下面这个命题虽然在脱离语境的情况下看起来是非常荒谬的，但在我们的整个研究中却是清楚明了的，即语言的多音节形式和多神论是一些同时出现的、互为前提的、平行的现象。①

现在你们也可以看出，从单音节语言到多音节语言的过渡（前者以单音节的词语为要素，后者所包含的词语是一些独立的、仿佛全方位地塑造而成的物体，且正因如此是多音节的），完全不同于那种机械的过渡（在其中，语言仅仅通过原初的单音节词干的叠加才成为多音节的）。成熟发展的语言不是通过一种单纯的叠加，而是通过它们的内在特性而区别于原初地受到束缚的语言。原初语言的运动和自由发展的语言的运动之间的关系，相当于天体的运动和动物的自愿的、随意的、多种多样的运动之间的关系。那种与人类进程最为相似的语言是最适合人的语言，它合威严与柔和，把规定性和完全自由的运动集于一身。正因如此，只有这些语言才真正具有一种语法或一个语法体系。原初语言不需要语法形式，正如天体不需要脚就可以行走。原初语言的各种**特征**，还有其**质料**上的特性，可能仍然包含在中国语言之内。比如在中国语言里，每一个发音都是以一个辅音为开端，以一个元音为结尾。以元音为开端的自由——只有一种得到解放并挣脱了统一体的语言才具有这种自由——的前提是已经克服了中国语言的词语还需要与之斗争的那个阻力。但中国语言不仅保留了原初语言的质料，也保留了原初语言的**法则**，这对我们而言是一个令人震撼的奇迹，并且足以证实那个必定感召和激励着每一位真正的研究者的信念，即没有什么东西是绝对不可探究的——nihil

XII, 548

---

① 参阅谢林：《神话哲学之历史批判导论》，第100页以下（XI, 100 ff.）。——原编者注

mortalibus arduum [没有什么东西对人类而言是不可能的]①——，而在自然界和迄今的历史的伟大而漫长的历程里，一切本质性环节或真正有认识价值的东西都会保留下来，等待真正的研究者将它们揭示出来。

也就是说，中国语言同样证实了我们用来解释中国人的那个进程。中国语言所保留的，不是原初语言的纯粹质料，而是其恒久不变的力量。对我们来说，中国语言仿佛是来自另一个世界的语言，如果人们企图依据其他语言之所以为语言的标准去定义中国语言，那么他们必定会承认，中国语言根本不是一种语言，正如中国人不是一个民族。尽管如此，在结束这个讨论之际，我至少还得谈谈雷慕萨先生的一个惊人之论，因为他在一篇论文里试图否认中国语言的单音节特性，但在根本上只不过是有所保留地承认了这个特性，其证据是他说的如下这番话：Rectius sentiunt, qui, sermonem veterum Sinarum e verbis non omnibus quidem momosyllabis, sed plerisque, et, ut gentium barbararum mos est, brevissimis constitisse, pronunciant [更为正确的说法是，古代中国人的词语不是由各种单音节构成的，而是由多音节构成的，并且和在野蛮民族那里一样，由一些很短的音节构成的]。问题在于，1）他怎么能够不加限定地、无条件地断言，所有野蛮民族的发音都是单音节？众所周知，美洲的原住民都会说很长的词语，但我们还是有理由把他们称作野蛮民族。他们的语言看起来和中国人的单音节语言正好相反，位于另一个极端。在中国人这里，原初本原的力量保留下来，而在野

---

① 出自贺拉斯《颂歌》I, 3, 37。——译者注

蛮民族那里,那个力量被完全摧毁了,语言徒具一种无意义的多音节形式。2)他的说法假定中华民族仿佛也是起源于野蛮状态,然后慢慢形成其当前的制度,但我们所见的一切都表明,通过一个遥不可思的事件,中国从其起源开始在本质上就没有发生任何变化,始终是同一个中国。那个直到今天仍然支配着整个中国的体系不是在时间的历程中产生出来的,毋宁只有通过一个突如其来的灾难才能够笼罩在一个民族头上。

阿贝尔·雷慕萨的这个解释(单音节是起源于一个野蛮状态)让我们想起早先的一种语言理论,这种理论假设,全部语言的最初词语或基础词语都是基于惊诧或恐惧时的感叹和呼喊。当然,这样确实很容易解释中国语言的单音节**本性**(我们必须这样表述,因为这里并非追问中国语言现在的某些词语是不是复合而成的,从而是多音节的,也非追问多音节词语在中国语言里面是不是偶然出现的,而是追问中国语言就其本性而言是不是单音节的)。假若野蛮状态等于幼稚,人们就可以这样解释,即那些咿呀学语的儿童起初都是把多音节词语缩短为单音节词语,而且不需要任何语法(尤其是变位变格),只使用动词的不定式,而不必区分各种时态,因为中国语言里的动词就不具有这种语法上的规定性。对此我只想指出一点:这个解释把那些最古老的民族置于儿童的地位,仿佛他们也是从头开始**学习**说话和语言。但我们能够设想一个没有任何语言的民族吗?诚然,儿童会把他们听到的多音节词语缩短为单音节词语,因为他们还没有能力通过语法上的顿挫把许多音节合并为一个完整的词语。但中国人并没有缩短多音节词语,因此把中国语言的单音节本性归结为中国人没有能力做出语法上的顿挫,属于因果倒置。如果可以

XII, 550

用儿童或最初的野蛮人的**幼稚状态**去解释中国语言的单音节本性，同时又假定这个状态是**全部**民族的**最初**状态，为什么别的民族后来都摆脱了这个状态，唯独中国人做不到这一点呢？

令人诧异的是，阿贝尔·雷慕萨先生竟然在中国人的文字里寻找这件事情的原因。因为中国人的文字和他们的语言一样，都是独一无二的。过去人们曾经把中国的文字和埃及的象形文字进行比较，甚至在这个基础上天马行空地臆测埃及和中国之间的联系。然而单是象形文字的可怜数目——它们顶多只有800个，而中国文字至少有8万个——就足以让我们猜想到，埃及的象形文字更像是字母文字，而非中国人的那种表意文字。今天这个猜想已经完全得到证实，因此我们可以无所顾忌地宣称，中国文字和中国语言一样都是独一无二的，并且与后者是不可分割的。因为前者是后者的一个必然的产物，而非偶然的产物。也就是说，中国文字不像字母文字那样是由一些标示着个别音调或发音的符号构成的，而是由这样一些形象构成的，它们呈现出的就是词语所标示的对象本身。因此我们在这里又看到两种相互对立的文字，而我们当然已经预料到，它们之间的关系就是其各自所属的语言之间的关系。但在这件事情上，我希望事先声明，我认为最新的关于字母文字的起源和年代的研究（这些研究主要受到了沃尔夫①的荷马研究的启发）并没有多大成效。在我看来，当那些一直以来受到束缚的要素具有了活力，原初语言就开始失去其恒定性，而为了**表达出**思想的全部规定，必须有一种在自身之

XII, 551

---

① 沃尔夫（Friedrich August Wolf, 1759—1824），德国古典语文学家，其1795年发表的《荷马导论》（*Prolegomena ad Homerum*）是近代荷马研究的开山之作。——译者注

内发生了有机的变化,甚至已经变得面目全非的字母文字;就此而言,字母文字的最初发明和那个大分化(Krisis)是一样古老的,通过这个大分化,那些多音节的、能够在自身之内发生有机变化的语言产生出来。

在这里,如果人们不是把象形文字看作**纯粹的**形象,反而企图从象形文字推导出字母文字本身,这就是一种错乱的做法。关于这件事情,毫无疑问,除了楔形文字那里可以看到的最简单的标记个别发音的方式之外,只要那种模仿可见对象的天赋显露出来,发音符号就会变成**形象**符号以及**这个**意义上的象形符号,而很自然地,人们会依据他们通常称呼一个对象的开端发音而制造出这个发音的形象符号。在**这个**意义上,人们甚至可以把希伯来文字称作缩短的象形文字。在希伯来语里,B的发音为beth,意为房屋,而"ב"这个发音符号所标示的,就是东方人的一座在**左边**,亦即朝向北方开门的房屋。在希伯来语里,schen是牙齿的意思,而在希伯来的文字里,sch这个发音同样表达出臼齿的形象。这样一来,也可以很轻松地按照一个类似体系去解释埃及的象形文字,而商博良的发现主要就是基于这种做法。

XII, 552

因此在**这个**意义上,人们至少可以在某些方面从象形文字推导出最古老的文字的音标符号。

但如果人们把象形文字理解为一种表意文字或一种标示着对象本身的文字,那么我们不得不说,二者在本性上是如此之对立,以至于根本不可能从一方推导出另一方。真正说来,在一种不允许单个词语发挥作用的语言里,词语也不可能被书写下来。与此相反,如果一种语言能够用独立的符号去把握稍纵即逝的气息和已经变得敏感的器官所感受到的最精微的区别,尤其当它能够用独立的符号去表达元音之后,它就必定会倾向于依靠词语本身去表达全部思想规定,而且这个倾向会愈来愈容易和驾轻就熟。就我们所知,闪米特语(它们在本质上是双音节语言①)和埃及语仍然缺乏这样的表达元音的独立符号,反之在那些属于波斯-印度-希腊语系的语言里,这些符号一直都是很常见的。借助字母文字,语言仿佛插上了翅膀,能够达到最大程度的流畅性和多变性。唯一仍然保留着原初时间和原初语言的法则的语言为了维护自己的本质性、实体性和内在性,必须拒绝字母文字这个工具。它只能是字符文字,不可能是字母文字。

XII, 553　　除此之外,长期以来,人们就像对待埃及的象形文字一样,试图在中国文字里寻找某种神圣性和一个神秘莫测的基础。幸运的是,这些幻觉在我们这个时代已经消失了。我们必须衷心感谢最新的研究成果,它们使我们认识到,必须以更单纯和更坦然的心态看待埃及象形文字和中国文字,而不是像某些庸才那样徒劳地想要从中挖掘出什么虚假的深奥意义。比如有些人试图在中国文字的体系里寻找伟大的科学秘密;著名的阿塔纳斯·基歇尔②(把"幻想者"的头衔封给他肯定不是什么过分之举)和傅尔蒙③都痴迷于中国文字,后者甚至认为,他在214个所谓的"核心中国字符"里看到了人类的全部基本理念的象形符号或表意符号,殊不知这些字符实际上是词典

---

① 参阅谢林:《神话哲学之历史批判导论》,第133页以下(XI, 133 ff.)。同时需要指出的是,根据谢林的原稿,"双音节"的正确拼写是dissybbalisch,而非dysyllabisch,而"二神论"的正确拼写也应当是Ditheismus。——原编者注
② 阿塔纳斯·基歇尔(Athanasius Kircher, 1602—1680),德国耶稣会士,著名学者,1667年发表了在欧洲产生很大影响的《中国图说》(China Illustrata)。——译者注
③ 傅尔蒙(Étienne Fourmont, 1683—1745),法国汉学家。——译者注

编撰者①完全随意地收录进来的，更何况他很难解释，为什么人类的基本理念不多不少正好是214个。真正的秘密已经太多了，人们不需要再随意炮制出什么秘密，然后在普通手段足以应付的地方寻找思辨的理念。当然，中国文字确实有一种独特的魅力，任何别的语言都不可能同时还原出这些绘画般的字符的效果，因为它们不是一些本身无意义的、随意的发音符号，而是把对象本身呈现在我们眼前。除此之外，字符的**选择**经常暗示出一些非常深刻的理念，比如"福"的概念就是通过一个张开的嘴和一只捧着稻谷的手表达出来，于是人们知道幸福是依赖于什么东西。另外一些组合是非常通俗的，比如当那个表示女性的字符成对摆放在一起成为"姦"，就是争吵的意思，而当三个"女"叠在一起成为"姦"，就意味着彻底的无秩序。总之在选择这类形象呈现的时候，**必然性**是无迹可寻的。

中国文字本身是中国语言的特性带来的一个必然后果，因此我绝不可能同意阿贝尔·雷慕萨的那个观点，即中国人发现自己没有能力用字母去描画或表达出音素组合，也就是说，因为中国文字有着很大的局限性，所以中国人才一直使用他们在最初时间里掌握的为数不多的音素和雷慕萨所说的那些非常简短的乃至单音节的词语。

XII, 554

假若雷慕萨的这个解释是正确的，人们就必须同时假定，文字是**先于**文明的开端，亦即在野蛮状态的**延续过程**中被发明出来的，然后从这个状态推导出语言的特性。但谁会觉得，这个如此受到限

---

① 这里所指的是1742年出版的第一部汉语拉丁语词典《中国官话》（*Linguae Sinarum mandarinicae hieroglyphicae grammatica duplex, Latine, et cum characteribus Sinensium*），原编撰者为黄嘉略（1679—1716），一位出生于福建莆田的中国天主教徒。——译者注

制的民族竟然拥有一种文字，而且是一种如此精雕细琢的文字呢？从事情的自然本性来看，文字在任何地方都仅仅是一个工具，并且依赖于语言，因此如果认为文字这种单纯的工具反过来是语言的原因，这是违背自然本性的。真正能够带来启发的显然是相反的观点，即文字的类型是由语言的特性所规定的。在中国语言里，词语本身没有达到独立性，只有这种独立性才要求把词语作为词语呈现出来，而字母文字就做到了这一点。中国语言的词语不能表达出任何偶性的东西，它太过于内在化，无法成为反思和呈现的对象。因此它除了以可见的方式把事情、对象、思想本身呈现出来，别无他法。除此之外，中国语言的特性也解释了中国文字的**延续性**。中国语言的质料部分是很单调的，局限于少数非常简短的，因而彼此之间没有明显区别的音素，而在这种情况下，某些音节必然会比其他音节更为常用，表达出三十个甚至四十个不同的观念或对象。比如在Li或La之类音节具有的三十个或四十个含义当中，哪一个含义是指被呈现的对象本身，这是毫无疑问的，但在那些用字母拼写的词语里，却看不出哪一个含义所指的是对象，除非人们给音标加上一些形象的，亦即描绘对象本身的符号。但如果这种做法是允许的，那么字母或音标就是完全多余的了。

XII, 555

　　现在我回到我的主张：中国文字**本身**是语言的特性带来的一个必然后果。但我们没有必要因此就断定中国文字是比字母文字更早发明出来的，也没有必要认为这种书写符号的绝大多数随意的和约定俗成的特性具有多么久远的历史。

　　我既然谈到中国文字的历史，接下来自然应当对中国人在全人类和所有民族里的地位做出一个普遍的历史学评论。

虽然在北部和西部受到俄罗斯霸权和英国霸权的侵袭,但从根本上看,中国直到现在仍然是地球上一个完全与世隔绝的部分。自遥不可思的时间以来,这部分人类就居住在遥远的东亚,相比远近的那些民族,它在事实上构成了另一个人类或第二个人类。全球的10亿人里面有3亿人居住在中国。当其余的人类向着西方和北方挺进,在文明发展的漫长道路上分裂为愈来愈多的民族,位于亚洲最东部的中国却呈现为一个紧凑的整体,无论是其辽阔的土地和强大的凝聚性,还是其内在的遗世独立和卓尔不群,都使得它相对于其余的四分五裂的人类而言显现为第二个人类。

关于中国人的起源或来历,人们提出了各种猜想。从早期的立场来看,人们可能会赞同传教士的一个说法,即中国人与希伯来人和阿拉伯人属于同一个主干民族(至少传教士宣称他们认为是这样)。实际上,远古民族的文献已经表明,《旧约》的思维方式乃至风格与中国最古老的文字记载是非常接近的。经过我们对于中国人的产生过程及其特性的解释,这一点是不足为奇的。这里出现的一致性是一件很自然的事情。后来有人猜测中国人是从喜马拉雅山的高地下来的鞑靼人。最新的一个猜想认为中国人起源于印度。威廉·琼斯宣称中国人就是印度的军人阶层,他们放弃了这个种姓的特权,成群结队地向孟加拉东北方迁移,在这个过程中逐渐忘记了先辈的习俗和宗教,并建立起一些特殊的政权,最终统一为中华帝国。这个观点看起来是印度人自己的观点;至少印度人主张,《摩奴法典》有一处地方说:军人阶层的部分家族在逐渐抛弃了《吠陀》的规章制度之后就过着平民的卑微生活——这里逐次列举了许多民族的名字,也提到了中国,但我非常怀疑威廉·琼斯在引用这个文本的时候,把

XII, 556

"耆那教"（Dschaina）错看成了"中国"，然后将其当作一个民族的名称。

诚然，自古以来所有民族都致力于从自己的立场出发去解释其他民族的起源，甚至企图让自己与那些在伦常习俗和思维方式方面最为悬殊的民族攀上关系。但我敢说，只要一个人不是瞎子，都会毫不迟疑地承认中国人或所谓的中华民族是人类的一个在历史的开端已经孤立出来的部分，正因如此，这部分人类自古以来就控制着他们当前居住的土地，几乎完全摆脱了那个摇撼和推动其余人类的过程。中国人一直宣称原初的人本身是他们的帝国的缔造者，又说他们不知道这位缔造者从何时开始存在，而通过这个方式，他们仿佛让人类的开端和中华帝国的开端超然于时间之外，把二者看作自永恒以来就存在着；这些说法（以及他们的那种充满传奇色彩的长达数百万年的纪年方法）所表达出的无非是一个自觉的信念，即对他们而言，历史和他们的帝国是同时开始的，因此他们的帝国不是历史的产物，而是一个在历史的开端已经存在着的东西。从我们的整个解释出发，我们必须完全同意中国人的这些观点。

可能有人会问，我们既然把中华帝国本身的古老性置于历史的开端，为什么没有从中国开始我们的推演过程呢？现在那些自命为"历史哲学"的东西，几乎都是一种在它们的**形式**自身之内具有中国特性的哲学，而在它们看来，中国确实是历史的开端。但真正的开端只能是这样一种东西，它容许**进步**，并且奠定了一个必然的和自然的进步，由此很容易看出，中国毋宁是对于运动的否定，不能充当开端，人们不能从这样的开端出发继续前进，因此真正说来并不拥有一个开端。中国拒斥一切运动，只有在这个意义上，它才位于全部历史的开端。虽然中国人的状态保持着我们设想的史前人类状态，但这个状态在中国人那里已经僵化了，且正因如此已经失去其**原初的****意义**。中国意识不再是史前状态本身，而是这个状态的一个僵死摹本，仿佛是一具木乃伊。正因为中国意识不再是史前状态本身，而是已经固定下来，从而就意义而言已经发生变化的史前状态，所以我们也不能说中国是最古老的东西。中国确实包含着最古老的东西，但这个东西已经僵化了，而已经僵化的最古老的东西就不再是真正的最古老的东西。在这个意义上，如果人们愿意说中国人是一个民族，那么中华民族并不比人类的其余部分**更古老**，因为那个原初状态在其他民族那里已经稳步前进并发生转化。当亚洲的其他民族开始走上神话过程的道路，与此同时（而不是在此之前），部分人类却拒绝了这条道路，而这部分人类现在就显现为中华民族；但正因如此，中华民族作为一个把原初状态固定下来的民族，并不比巴比伦人更古老，虽然那个在中华民族之内固定下来的东西确实是最古老的。但那个在巴比伦人和其他民族的意识里看上去已经发生**转化**的东西，也是最古老的：一方面仅仅是已经固定下来的最古老的东西，另一方面是活生生地发生转化的最古老的东西。把具有否定意义的中国当作开端是很容易的，但只有借助于一些极为复杂和纠结的方式，才能够从中找出进一步的联系。因此我们必须反过来认识到，中国的正确的和唯一恰当的地位就是我们在这个推演过程中为它指定的地位。

XII, 558

即使在某些颇为全面的神话研究中，中国也被完全忽略了，比如克罗伊策的那部还算详尽的著作就对中国只字不提；就中国没有神话而言，这个做法是完全正确的。但中国不仅没有神话，而且以某种方式呈现出一个与神话相对立的方面。无论如何，因为神话是一个向着唯一方向前进的离心式运动，并且必然需要一个对立面，所以世界发展过程的总体性或全面性也要求这个对立面现实地存在着，而论述的全面性也要求人们不应当排斥这个对立面，而是应当在考察中给它留下位置，仿佛借此给肯定的方面带来一个平衡。但如果不应当把中国排除在神话的科学发展过程之外，那么中国在其中的地位就只能是我们给它指定的那个地位。因为正如之前所说，中国人是以否定的态度对待神话过程，而且他们的这种否定态度，完全不同于波斯学说和佛教的那种否定态度。也就是说，波斯学说是在神话过程的运动中阻断这个过程，但中国意识是先于这个运动而出现的。中国意识只承认**绝对的**唯一者，反之波斯学说却承认二元的唯一者。至于佛教，我们已经清楚地看出它是在神话的怀抱之内产生出来的，是一个离开神话过程就根本不可想象的形式结构。但是，如果中国意识没有落入神话本身，而是作为其纯粹的对立面完全置身于神话**之外**，并且表现为对于神话的绝对否定，那么很显然，因为一切否定都只有作为对于肯定方面的否定才具有意义并获得一个内容，所以只有当肯定方面已经存在着并得到发展之后，我们才能够谈论那个被设定在中国意识之内的否定。由此可见，只有当神话的全部内容已经出现在我们眼前，亦即只有当神话在亚洲的发展过程达到终点，即将离开东方并转移到西方，这时我们才能够正确地理解中国人。中国人不是与神话过程的某一个环节相对立，而是与**整体**相对立。但正因如此，如果我们的意图在于呈现出整个过程，那么对立面的呈现也是不可或缺的。现在我们已经专门解释了，为什么宗教本原在中国仅仅作为一个完全外化的和世俗化的本原存在着，但在结束对于中国的考察之前，我们希望满足那些听说过中国有很多宗教体系的人的愿望，谈谈这些宗教体系与我们所说的中国人的根据之间的关系，以及它们相互之间的关系。

一般而言，当前的中国有三个占据主导地位的宗教体系：1）孔夫子的宗教，即通常所说的儒教；2）老子的学说或宗教，即通常所说的道教；3）佛教。

如果人们以为孔夫子（Cong-fu-tsee）是一种哲学或一种宗教的创始人，这恐怕是一个误解。实际上，孔夫子的著作所包含的无非是中华帝国的原初基础，他根本不应当被看作一位革新者，毋宁说，他在一个极为动荡的环节，在古老原理似乎已经摇摇欲坠的一个时代，重新确立了这些原理并把它们安置在古老的根基之上。因此当最近一位作者自以为很聪明地宣称"孔夫子是一位没有找到柏拉图的苏格拉底"，这只不过是一个完全脱离历史背景的比较。众所周知，雅典人苏格拉底是作为一位革新者而被处死的，他无疑是一个新时代的预言者，仿佛预言了知识和认识的福音，而柏拉图（至少在他的那些著名对话录里）虽然没有呈现和说出这个福音，但已经为此做出了铺垫。他们之间唯一的tertium comparationis [比较中项]大概就是人们通常所说的：苏格拉底完全放弃了思辨研究，他的精神活动和影响都是专注于伦理生活和实践智慧。孔夫子也是如此。他的著作的内容既非佛教式的宇宙进化论，也非老子意义上的形而上学，毋宁仅仅是实践方面的生活智慧和国家智慧。至于苏格拉底，他抛弃思辨和转向实践的做法哪怕实际上完全就是人们通常以为的那个意思，这也是他的独特行为。反之孔夫子仅仅是他那个民族的精神代表和代言人；虽然他的全部智慧都专注于公共生活和**国家**，但

XII, 560

这并不是他的独特行为或个性风格；他通过这个方式仅仅说出了他那个民族的本性，对这个民族而言，国家就是一切，因此它不承认任何超然于国家之外的科学、宗教和伦理学说。正因为孔夫子把全部道德关切和精神关切都仅仅与国家联系在一起，所以他毋宁是苏格拉底的对立面；也就是说，孔夫子要求所有的人都听命于国家，尤其要求和鼓励人们参与进来为了国家而行动，这些都与后来那种伴随着佛教而传入中国的清静无为的道德大相径庭，反之苏格拉底则是基于**他那个**时代的国家制度和管理的特性，认为有理由提醒哲学家不要参与公共事务。诚然，孔夫子的学说不具有任何神话色彩和宇宙进化论成分，但这同样不是他的特殊风格；即使在这些方面，他也仅仅是中华民族的冷静性格的自由摹本，因为中国人在本性上似乎厌恶和规避一切超出事物的既有状态的东西。

最近一位作者说："孔夫子以来的中国哲学就是希腊人、印度人和埃及人的神话，只不过没有使用他们的**寓托式语言**。"这个说法大概是起源于一个广为流传的观点，即神话中的语言与神话本身无关，仿佛只要人们拿走那些形象生动的寓托式表述，神话就会摇身一变成为一种纯而又纯的哲学，而且是近代的那种抽象意义上的纯粹哲学。我在《神话哲学之历史批判导论》里已经充分驳斥了这个观点。真实的情况是：哪怕是孔夫子之前的中国哲学，也没有印度神话、埃及神话和希腊神话的任何痕迹。因此在这个方面，孔夫子和希腊哲学没有任何共同点。前面提到的那些神话是通过一个持续推进的运动而产生出来的，但这个运动对于中国意识而言已经彻底中断了。那个在所有别的神话里面已经成为单纯相对者的本原，在中国意识里坚持自己的绝对性，随之必定排斥一个更高的潜能阶次（唯有这个潜能阶次能够重新生产出一个认识到真正上帝的意识），在这种情况下，那个先行的、孤单坚守的本原也失去了它的神谱意义。这种绝对的外化或世俗化带来的必然结果，就是一个存在于世界之内，同时岿然不动的上帝，他实际上仅仅行使法则或世界秩序的功能，相当于一个指导和整合一切东西的理性，其人格性是完全无关紧要的，因为人格性不会带来任何影响。简言之，结果就是近代哲学家和启蒙主义者大肆鼓吹的那种理性主义，而孔夫子的学说也完完全全拘囿于这种理性主义的框架之内。

XII, 562

在孔夫子那里，那个统治着民族的本原的最高级的宗教表述也是**天**。其无疑是指天的精神，但这一点是无关根本的，因为天的这个精神实际上仅仅作为命运，作为一个始终保持自身等同的、恒定不变的法则发挥作用。一切变动都属于人，而天是始终等同的、恒定不变的东西。

但对于**老子**（Lao-tsee）或老君（Lao-Kium）的学说，却应当从另一个角度加以考察。不同于孔夫子的政治道德，老子的学说是真正思辨的。二者（孔夫子和老子）是同时代的人，都生活在公元前6世纪。孔夫子致力于把全部学说和智慧都回溯到中国国家的古老基础，而老子则是完全无条件地、普遍地探究存在的最深根据。我们首先必须从文献史的角度了解老子的学说，但阿贝尔·雷慕萨先生于大约20年前发表的《老子的生平和学说》（*Sur la vie et la doctrine de Lao-tse*）这篇论文，长久以来给学术界带来极大的困惑。1）雷慕萨宣称，老子的《道德经》（这是他的代表作的名称）的中文文本几乎是不可理解的；2）雷慕萨试图让我们相信，老子的思想和西亚民族的思想之间有一种一致性，而这种一致性证实了那个

XII, 563 关于老子西游的传说。①诚然,那个传说(鉴于阿贝尔·雷慕萨的忠诚可靠,我们必须相信有这样一个传说)仅仅宣称,老子在完成《道德经》之后去了远离中国的西方国家,再也没有回来。但雷慕萨先生改造了这个传说,让老子在完成他的代表作**之前**就去了西方,而且按照他的推测,老子的足迹不仅到了巴克特里亚,而且延伸到叙利亚和巴勒斯坦,没错,雷慕萨先生甚至不介意让老子一路来到希腊。为了让这个说法具有更大的可信度,雷慕萨先生引用了《道德经》里的一段话,他认为其中体现出"耶和华"这个神圣名字的清晰的、不容置疑的痕迹,并且认为老子是在巴勒斯坦获得了相关知识。自从雷慕萨的论文发表之后,有些不学无术同时又没有一点批判精神的哲学家和学者对他的观点深信不疑,这是不足为奇的。原本说来,雷慕萨通过他的另外一些卓有贡献的研究已经获得足够多的批判训练和经验,但我们现在处于一个极为尴尬的境地,即必须怀疑他在说这些话的时候的诚实态度,至少我们必须认为,他在某种程度上自觉地迁就当时在法国颇有权势的耶稣会士,所以他的本来明察秋毫的精神变得晦暗不清。自从斯坦尼斯劳斯·儒莲②先生的带有详细评注的《道德经》法译本发表之后(这些评注让我们对译者的诚实态度充满了信心),《道德经》已经成为一本随手可得的书——我从未放弃从这本书里汲取我自己的观点——,而事实证明,雷慕萨先生关于老子及其学说所主张的一切观点都是无稽之谈;毕竟并不是每一个人都能够理解《道德经》,只有一个亲自探究哲学的最深根据的人

---

① 指东汉末年由一些道士杜撰出来的"老子化胡说"。——译者注
② 儒莲(Stanislaus Julien, 1797—1873),法国汉学家,雷慕萨的学生。——译者注

才能够理解这本书。

正如我们现在看到的,道家学说完全是最遥远的东方精神的思想和发明,它身上既没有西方智慧(我不想说希腊-毕达哥拉斯的智慧)的痕迹,也没有叙利亚-巴勒斯坦智慧的痕迹,甚至没有印度思维方式和智慧的痕迹。"道"不是人们迄今所翻译的"理性",道家学说也不是一种理性学说。"道"的意思是"大门",因此道家学说是一种关于通向存在的大门的学说,是关于"非存在者"或"单纯的能够存在者"的学说,只有通过这个东西,一切有限的存在才进入现实的存在(请你们回想一下我们在谈到第一个潜能阶次时使用的那些非常相似的表述)。生命的伟大艺术或智慧就在于维持这种纯粹的"能够",它是无,同时是一切东西。整部《道德经》的唯一目标就是通过一波接一波的意味深长的比喻揭示出非存在者的这个不可克服的伟大力量。遗憾的是,我不能对此做出更深入和更详尽的探讨,部分是因为时间有限,部分是因为,虽然对道家学说这样的纯粹哲学现象进行阐述是非常令人感兴趣的,但这不属于我们当前的研究范围。我只想指出一点,即道家学说不是一个试图为万物的产生过程给出详细解释的完备体系;它更像是对于一个本原的解析,同时借助丰富多样的形式去说明那种以这个本原为基础的实践学说。道的追随者叫作"道士"(Tao-sse),但从道家学说的本性已经可以推知,道士不是一个声势浩大的门派,而且他们在孔夫子的冷静追随者看来只不过是一些迷狂的神秘主义者。

接下来我要谈谈在中国拥有更大势力的佛教。正如之前已经指出的,佛教是在基督教兴起的时候,即在公元1世纪才传入中国。随着基督教的兴起,神话的本原仿佛在内心最深处受到冲击和震撼,

XII, 564

因此觉得自己必须以一个新的强大形式与基督教相对抗。只要我们看看佛教学说这个时候在印度的突然崛起和传播，就很难避免这样的想法。可以确定的是，针对基督教传教士的传教活动和劝皈活动，东方的佛教设置了一个最难以克服的障碍。信仰婆罗门教的整个民族或许会发生变化，但不要指望佛陀的信徒会放弃他们的宗教，转而接受基督教。佛陀在中国的尊称是"佛"（Fo），这是"佛陀"（Budda）这个名字在中国语言里的简称，因为中国人的器官无法说出这个名字。在中国，虽然佛陀学说也被称作关于"无"或"空"的大门，但佛陀和老子的共同点仅仅在于，那个**先于**存在的东西和那个**超于**存在的东西都摆脱了存在，显现为纯粹的力量或能够。但老子的学说专注于开端，就此而言尤其具有思辨性，而佛陀的学说则是专注于终点，即那个超于存在之上，最终克服了一切存在的东西。尽管如此，有些中国学者并不看重三种学说的区别，他们认为孔夫子的世界秩序、老子的道和佛教的无仅仅是同一个理念的不同表述。一句著名的中国谚语甚至说：三种学说仅仅是同一种学说（三教合一）。当今的清朝皇帝在某种程度上也被看作一位把三种学说糅合在一起的折中主义者。除此之外不可否认的是，佛教在中国必定会一直走向极端，成为彻底的无神论。最高层次的佛学明确宣称：因为宗教是立足于人心，而人心其实是无，所以一切东西（包括宗教本身）也是无。这是所有神秘主义的巅峰，即在一种沉陷状态中，主体的虚无化等同于客体的虚无化。

伴随着17世纪建立的清朝，佛教在中国才成为一个与其他宗教完全平起平坐的宗教，但仍然必须服从于国家目的，这一点尤其体现于西藏的喇嘛等级制度。关于这个等级制度，因为现在流传着许多错误的观念,所以我希望再指出几点。——最初闯入西藏的传教士必定会惊诧不已,因为他们在亚洲的中心看到了那些据他们所知仅仅存在于欧洲和基督教东方世界的东西:大量的寺院、庄严的宗教仪式、朝圣之旅、宗教节庆,还有一个由高级喇嘛组成的机关,这些喇嘛自己选举他们的首领,而这位首领就是西藏人和鞑靼人的宗教领袖和精神之父。为了解释这种非同寻常的一致性,传教士把藏传佛教看作一种退化的基督教;对于他们而言,那些令人惊诧的具体事例是曾经来到这里的叙利亚教会留下的痕迹。吉奥基[1]——他的《藏文字母表》(*Alphabetum Tibetanum*)被看作研究西藏语言和西藏文学的代表作——尤其主张这个观点。德经[2]和拉克罗兹[3]——18世纪所谓的哲学家——则是利用这种一致性提出相反的观点,认为喇嘛等级制度是原型,而类似的等级制度包括基督教的等级制度都是仿效它而形成的。

虽然这些观点是不值一驳的,但我们确实有必要为喇嘛神权制度的起源提出一个准确的历史概念,就像最近的某些研究(尤其是雷慕萨的研究)所做的那样。佛教的最初首领是一些类似于家长的人,他们是佛陀的灵魂的延续,因此被看作佛陀的真正继承者。后来佛教被迫离开印度并迅速传播到中国、暹罗、塔古姆、日本和鞑靼,而那些接纳了佛教的王公贵族认为在自己的宫廷里供养佛教的最高领袖是一件无比荣耀的事情,因此他们视不同情况把"帝国之师""大学者""大宗师"等头衔授予本地的和外来的僧侣。就此而

---
[1] 吉奥基(Antonio Agostino Giorgi, 1711—1797),意大利神学家和东方学家。——译者注
[2] 德经(Joseph Desguignes, 1721—1800),法国东方学家。——译者注
[3] 拉克罗兹(Mathurin Veyssiére de Lacroze, 1661—1739),德国东方学家。——译者注

言，佛教的等级制度是在政治的影响下形成的，并且无论什么时候，只有一位在政治上占据统治地位的王公贵族才能够授予一位活佛以最高的宗教荣誉。但西藏的神权制度的真正起源是在13世纪，即成吉思汗及其子孙开疆拓土的时候。没有一个东方君主比成吉思汗占领了更多的国家，他麾下的将军们同时还对日本、埃及、爪哇和西里西亚虎视眈眈。因此很自然地，那些大宗师也获得了更高级的头衔。最高级的活佛晋升到国王级别，因为这位活佛碰巧是西藏人，所以西藏被指定为他的领地。第一位拥有"大喇嘛"地位和头衔的活佛是受封于伟大征服者成吉思汗的一位孙子，至于"达赖喇嘛"这个头衔，则是成吉思汗死后的几个世纪亦即法国的弗朗西斯一世①在位的时期才出现的，它意味着一位像宇宙那样无边无际的喇嘛，但这不是指他的现实权力（这种权力是受到严格限制的，并且从未达到完全的独立性），而是暗示着他在精神方面的超于自然之上的伟大完满性，因此当然不会引起鞑靼和中国的君主们的猜忌。

当佛教的首领们占据西藏的时候，邻近的鞑靼地区已经被基督徒完全控制。聂斯脱利教派②在那里建立了许多枢纽机构，并且使很多部落完全皈依基督教。成吉思汗的征服让世界各国的人蜂拥而至。圣路德维希③和教皇也在这个时候把天主教祭司派遣到那些地区，这些祭司带来了宗教装饰画、祭坛和圣徒的遗骨，并且在鞑靼王

---

① 弗朗西斯一世（Franz I., 1494—1547），1515—1547年间的法国国王。——译者注
② 聂斯脱利教派是叙利亚神学家聂斯脱利（Nestorius, 381—451）的追随者，他们在唐代来到中国传教，被称为"景教"。——译者注
③ 即法国国王路易九世（1214—1270），其在位时间为1226—1270年，是第二次十字军东征的主要推动者。——译者注

子面前演示他们的宗教仪式。叙利亚、罗马和希腊东正教的基督徒，还有穆斯林和偶像崇拜者，当时都一起生活在蒙古皇帝的宫廷里，而皇帝对他们表现出高度的宽容。佛教首领在西藏的新地位就是在这样的背景下建立起来的。就此而言，如果他们——为了让他们的仪式更气派——从西方引进某些基督教习俗，甚至还采纳了教皇的使者向他们吹嘘的某些西方制度，这就不足为奇了。后来清朝的中国皇帝派兵占领了西藏，控制了那些最坚固的军事要地，并且委托军队统帅维护西藏等级制度内部经常遭到破坏的和平，从此以后，西藏的首领就完全处于一位领主的地位，虽然朝廷仍然允许他自封为"自生的活佛"并享有各种最为尊贵的头衔。就在几年前，上一世大喇嘛圆寂之后，西藏人说他把自己的灵魂留在了一个在西藏出生的孩子身上，反之北京的殿阁大学士宣称，逝者已经在皇族的一位小王爷那里转生了。北京的说法毫无争议地得到了贯彻，由此可见，西藏的大祭司制度完全服从于中国的世俗权力。

XII, 568

此外，人们只需看看那些地区的状况，立即就会认识到佛教对于人类的根本贡献。真正说来，是佛教让鞑靼游牧民族变得热爱和平；是佛教徒第一次敢于向野蛮的征服者宣讲道德；在佛教的感化之下，这些征服者才不再威胁亚洲和欧洲。成吉思汗曾经在一段时间里强行把突厥人和蒙古人统一起来，当时这两个民族都是同样野蛮的。伊斯兰教没有给信仰它的突厥民族带来任何变化。而相继接受了藏传佛教的蒙古民族已经完全改变了他们的伦常习俗。他们曾经如此好战，现在却如此热爱和平。在他们那里，除了放牧之外（这是他们的主要生计），也有寺院、书籍和图书馆；他们甚至掌握了印刷术。当然，关于蒙古民族的驯化，人们必须在一种镇静作用里寻找主要原因；那个起源于印度的宗教偏爱沉思，却不具有思辨性，并且推崇清静无为的生活，因此无论它传播到哪里，都会带来这样的镇静作用。

这样佛教就把我们带回到印度，从而回到我们的推演过程的语境。

第二十五讲
埃及神话、印度神话和希腊神话之间的关系

关于印度神话,我曾经保留了最终定论。在此前讨论过的每一种神话那里,我们都可以轻易地看出是什么东西规定了这种神话在普遍的发展过程中的地位,但在印度神话这里,要做到这一点就不那么容易。它看起来是由一些支离破碎的要素组成的,哪怕经过仔细考察,它也呈现出许多完全不同的方面,偶然的东西和根本重要的东西在其中搅和在一起,以至于我们必须首先——依据最高意义上的批判——区分和切割不同的要素,以便在其中认识到原初的、基础性的东西,并且把它们从那些偶然的和无关紧要的东西里面挖掘出来。基于这个理由,我在这里有必要对我在别的神话体系那里经常忽略不谈的一些东西给出批判的评述。因为我们对于印度宗教的各种形态在**质料**方面已经获得完整的知识,所以现在的关键是要说出那个调和所有那些路线,并将它们统一起来的中介之点。

你们只要回想一下我们迄今的整个推进过程的方式,就会发现,我们采用的方法是把神话依次组合起来,或更确切地说,把神话依次建构起来。最初是**唯一的**完全支配着意识的本原。这个最初的本原接下来让位于第二个本原,后者仿佛立即使自己成为第一个

XII, 570 本原的主宰，使其发生转化，并且通过渐进的克服将其带到呼气，在这种情况下，第一个本原自己成为第三个本原的设定者，而第三个本原已经被预先规定为真正应当存在的、理应存在的东西。第一个本原的唯一统治地位是在原初宗教亦即萨比教中呈现出来的。从这里直到第二个奠基的环节（第一个本原在那里成为一种**现实的**克服的对象），亦即那个一般而言以库柏勒为标志的环节，我们所讨论的都仅仅是两个本原或两个潜能阶次。第一种完整的神话，即那种聚齐了全部要素或全部潜能阶次的神话，是埃及神话。由此开始了一个新的序列。随后出现的神话不再像之前的神话那样是通过要素来区分彼此。这里不再是一种相对更完整的神话与一种相对不完整的神话相对立，而是一种完整的神话与另一种完整的神话相对立。现在一种神话不可能是另一种神话的补充，但在两种神话之间，也就是说，在我们已经知道的埃及神话和印度神话之间，必须有一种前后相继的关系。那么这种相继性是以什么为根据呢？或者说这里应当设想什么样的相继性本原呢？只剩下一个**可能性**，即虽然每一种神话都达到了潜能阶次的大全性，但这种大全性本身又表现为不同的大全性，这取决于它是代表着第一个本原的优势地位，还是代表着第二个本原的优势地位，抑或是服从于第三个潜能阶次。这样就呈现出完整神话的三个不同的形态或现象，但也只有这三个形态或现象，即埃及神话、印度神话和希腊神话，因为在我们看来，伊特鲁里亚神话、古意大利神话和罗马神话只不过是希腊神话的平行分支。

　　此前我们已经把埃及神话看作实在本原的**垂死斗争**。但这件事情有一个前提，即实在本原仍然保持着强大的力量，仍然在某种程度上与更高的潜能阶次相抗争。这是我们的**基本**概念。提丰虽然逐

渐力竭，但他的持续抗争是埃及神话的基调；诚然，提丰在埃及神 XII, 571
话自身之内必定会达到**现实的**臣服，但埃及神话的开端，即那个规
定着埃及神话的东西，始终是实在本原的持续抗争的力量（哪怕这
种力量已经处于垂死斗争中）。但在这里，为了澄清最终的发展过
程，我必须再补充一点，即你们应当记得，那个最初的本原或实在本
原是整个自然界的前提，因此是真正的质料世界的前提。只要它持
续不断地反抗，随之始终造成一个持续不断的张力，那么在这个张
力中，那个凌驾于三个潜能阶次之上的统一体就不可能是一个自由
的、非质料性的统一体，毋宁只能与三个潜能阶次纠缠在一起，并且
只能制造出具体事物或形体事物的现象。因此在埃及神话里，一切
东西仍然是形体性的；哪怕是那些在斗争中在意识面前产生出来的
神，也具有动物的形态。正因如此，即使在别的方面，形体性对于埃
及人而言也具有极为重要的意义。埃及人希望将人的尸体乃至动物
的尸体都永恒地保存下来，这一点通过大量一直保存到今天的神圣
动物的木乃伊已经得到证明。

虽然埃及人执着于实在的神，但接下来的事情只能是完全放弃
这样一位神。这个抗争着的实在本原曾经作为三个潜能阶次的共同
的连结点将它们固定下来。这个连结点一旦被放弃，马上就消失了，
因此梵天已经成为完全的过去，只剩下第二个潜能阶次湿婆作为
统一体的摧毁者，而普通意识也完全归顺于他。但更高的意识不可
能一直喜爱这个摧毁性本原，不可能一直依附于它，因此意识郁闷
地过渡到第三个潜能阶次，并且只有在这个本身就已经被设定下来
的、纯粹精神性的潜能阶次毗湿奴那里安静下来。但因为毗湿奴已
经失去了他在意识之内的前提，所以他也不可能坚持自己纯粹的精

神性，而是身不由己地从这个高处重新回到质料性东西，但在这种情况下，这个质料性东西只能显现为一个被接纳的，而且是被自由地接纳的质料性东西；相应地，出现了毗湿奴的各种化身，而克里希纳学说也显现为某种已经完全脱离其基础或根据的东西，显现为一个全新的宗教，一个真正说来与最初的神话基础毫无关系的宗教。

我们可以把意识在这个环节的状态恰当地比作一个人类灵魂的状态，即意识从质料存在的幻梦里醒来之后，因为不能达到更高的非质料性统一体，就回过头来追求质料性统一体或自然的统一体。按照一个远古的信念，已经脱离身体的灵魂仍然包含着一个环节，即对于质料化的追求，好比在尚未完全发酵成熟的葡萄酒里，如果葡萄重新变得通红，葡萄酒的成分就不再稳定，甚至会变质，而这恰恰暗示着那个在其中重新出现的质料化环节。印度人的整个意识和印度诸神都包含着某种阴森的、幽灵般的东西。对印度意识而言，神话的质料因素已经消失了，而印度人自己也主要是**灵魂**，而不是身体。因为我们所说的"灵魂"是指某种比质料性统一体更持久的东西。印度人主要是灵魂，他们的道德观根本不涉及身体，甚至他们对于身体的自然依赖性也是微乎其微的。值得注意的是，正如印度神话里面没有真正的垂死斗争，印度人对于死亡也是逆来顺受的。许多人都已经发现，印度人在死去的时候没有什么激烈的挣扎，而这种挣扎在别的民族那里让死亡成为一件可怕的事情；印度人的死亡真的是一种单纯的消散或寂灭。从印度人的形体外貌就可以看出，潜能阶次——它们的共同作用维系着生命——在他们那里很容易分离，或者说随时有可能分离崩析。从蒙古人的头盖骨和整个身体的形状结构就可以看出，他们的意识深深地沉陷到形体里，和各种质料性要素纠缠在一起,而印度人的面貌则是透露出灵魂的统治性地位。灵魂,亦即那种在推翻质料性统一体之后唯一留下的东西——在所有的语言里,那种在死后继续留下的东西都被称作"灵魂"——,仿佛已经浮于表面;形体真的只是一个现象,并且仅仅如同梦一样在印度人的意识里飘荡。

印度人本身,还有他们的外在的身体现象,已经体现出他们的那个哲学观点,即感官世界是一个幻觉,一个飘忽不定的现象。对印度人而言,身体是可有可无的,充其量只是一个辅助做事的灵巧工具。印度魔术师的艺术简直是不可思议的。每当我们在一幅印度绘画或一篇印度诗歌里看到某种充满魔力和打动心扉的东西,我们都会发现,这是灵魂的表现,是某种充满灵魂的东西把我们紧紧抓住。诚然,这种表现总是伴随着一种阴森恐怖的感觉,即它所造成的美只是一个单纯的现象,仿佛只是一团轻吹即灭的火苗。迦梨陀娑①的诗歌,著名的《沙恭达罗》,让整个欧洲都心醉神迷,无不承认其神奇的魅力。如果人们探究这个印象的根据,就会发现这恰恰是基于灵魂的统治性地位,基于那种仿佛打破躯壳并使之隐身的灵魂的非同寻常的敏感性,因为整篇诗歌都以一种近似于病态的狂热展现出这种灵魂。甚至歌德都用一篇著名的短诗这样赞美《沙恭达罗》:

  如果你想要春华和秋实,
  想要令你激昂、兴奋、怡然的东西,
  想要用一个名字理解大地和天空,

---

① 迦梨陀娑(Kalida),约活动于公元5世纪的印度诗人,《沙恭达罗》的作者。——译者注

那么去读《沙恭达罗》吧，这一切正是它所说的。

XII, 574　坦白地说，这几行诗句是如此之优美，简直让我有**怅然若失**之感。但我真正想说的是：只有少数几部作品仿佛是由灵魂在不假人手的情况下独自完成的，而《沙恭达罗》就是其中之一。

　　印度意识对于质料性统一体的消散和损失无动于衷，因此它的全部高级官能都致力于通过绝对的静观和内在交融（即所谓的"瑜伽"）而达到彻底的解脱或所谓的"梵我合一"（mokschah），即消解在神之内，正因如此，这样的消解绝不可以被看作人的本质的彻底消灭，哪怕就潜能而言也并非如此，因为人只不过是把这种潜能归还给神，因为他只是将其保管，而不是像一个为所欲为的人那样以罪恶的方式将其消耗掉；简言之，这种彻底的内在交融状态不应当被看作消灭，大致可以被比作**睡眠**。因为睡眠也不是消灭，虽然没有人能够真正知道灵魂在睡眠的时候可以获得哪些享受，也没有人知道一种健康的睡眠是通过何处而来的抚慰疗效让精神元气饱满。虽然我们回忆不起那些享受，但这并不能证明它们不存在，而是仅仅证明，它们和催眠过程一样不能通过回忆而过渡到清醒状态。

　　印度意识在经验到质料因素的飘忽不定之后，就必然会抛弃这个东西。我们可以说，质料因素消失在印度人对它的蔑视中。对埃及人而言，失去灵魂的人类尸体仍然是神圣的，反之印度人则是试图用那种最具有吞噬性的元素（亦即火）去尽快摧毁尸体，让其重新回归各种元素。希罗多德说，埃及人在所有的民族里第一次提出，人死之后幸存的那个部分会通过新生而回归质料世界。这一点符合埃及意识的立场。从各种迹象来看，埃及人是以一种完全听天由命的心态去看待那个永恒不息的、必然的循环,亦即灵魂在身体死亡之后必须穿行于整个自然界。按照他们的民间信仰,这是灵魂唯一的长生方式。至于"死者生活在奥西里斯身边"这个学说,最初是由一种高度发展的意识提出的,不是来源于神话,而是来源于祭司阶层。与此相反,印度人认为灵魂转世——回归质料世界——是一种不幸,而且是无法逃避的,确切地说,如果是基于所谓的业报或外在的宗教行为,那么这种不幸是无法逃避的,但如果人们已经寻找并获得神之内的统一体,在死去之前不再面对那些四分五裂的、通过其张力而制造出质料现象的潜能阶次的外在世界,那么这种不幸是可以避免的。按照印度学说,如果要获得真正永恒的避难所或恒定不变的地方,唯一的办法是完全克服感官和世界,并且除了取悦神性、接近神性并最终与之合为一体之外,亦放弃任何别的奖酬。《吠陀》教导说,真正与神合为一体的人是不会回归的。在弗利德里希·施莱格尔翻译的《薄伽梵歌》的一处地方,克里希纳说:

> 谁来到我身边,置身于完满性的终点,
> 就不会回归飘忽不定的凡间和充满灾难的世界。
> 梵天造出的世界都是循环往复的[①],
> 但来到我身边的人,已经摆脱了转生。

印度环节是神话的质料因素发生**碎裂**的环节,而在希腊意识

[①] 单纯的梵天仅仅是现象世界的创造者,是质料世界的本原,而灵魂转世只有在现象世界或质料世界里才会发生。——谢林原注

里，神话仿佛在欢庆自己的重生和轮回。埃及神话、印度神话和希腊神话之间的关系，相当于身体、灵魂和精神之间的关系。埃及诸神是形体性的存在者，印度诸神是灵魂性的、幽灵般的存在者（过渡到一个更高的世界），而希腊诸神作为第三个环节，是精神性－身体性的存在者；他们具有身体，但同时升华为精神，好比按照基督教观念，复活的身体是σώματα πνευματικά [精神性的身体]。

神话过程仅仅是普遍的自然过程的一个重演，当自然过程达到人的时候，就有三个环节是可能的：1）人处于其身体现象中；在埃及神话里，意识仍然完全从属于身体现象，因此他们的宗教追求身体的保存（哪怕身体已经失去灵魂）。2）人处于**灵魂**状态中，亦即处于非质料性的统一体中（这时质料性统一体已经碎裂了）；这里出现了极乐和不幸的对立，而这取决于人们是在灵魂状态中找到安静，还是反过来追求质料世界。3）非质料性的统一体在升华状态中重新进入质料性统一体，并通过这个方式达到一个永恒常驻的和完满的状态。就此而言，在三种神话里面，印度神话主要是一种不幸的神话，因为它处于居间状态，从而处于未决断的状态。除此之外，如果我们注意到印度意识自远古以来就包含着另一种宗教亦即佛教的种子，这种宗教在某种意义上同样是与神话相对立的，同时比神话更具有**质料性**，那么我们就会理解，为什么佛教在印度很长一段时间里都受到安静的庇护，但当它开始取得独立地位，对印度的灵魂性宗教造成威胁，就必定在一种恐慌乃至愤怒情绪中遭到原本温柔而漠视质料的印度传统的抵触和驱逐。佛教在印度意识中的深刻地位还有一个体现，即哪怕佛教被强行驱逐出它的故乡之后，仍然有很多印度人受到这种被驱逐学说的吸引。此外还有一个独特的现象，即在西藏陡峭的、几乎不可攀登的高原上，来自婆罗门教圣地贝拿勒斯的朝圣者和来自佛教之国锡兰的朝圣者一起爬上西藏的雪山，只为目睹那位被他们的祖先驱逐出印度的神的显灵，希望他们的灵魂能够得到谅解和救赎，并且为他们的艰辛而凄惨的生命寻得某些慰藉。

XII, 577

印度人在宗教、哲学、造型艺术和诗歌里面取得的杰出成就，归功于他们的**灵魂**。他们所缺失的——这个缺失解释了印度人的绝大部分弱点，不管从理论方面来看还是从实践方面来看都是如此——，是希腊人的**精神**。在三种最终的和完整的神话当中，希腊神话与第三个环节相对应，因为它重新接纳了**第一个**环节或埃及环节，也就是说，它不像印度意识那样放弃了实在的神，而是坚守着这位处于分裂状态中的神。

在进一步讨论希腊神话之前，为了避免可能的误解，我希望预先指出，人们不可这样理解我们在埃及神话、印度神话和希腊神话之间设定的那个顺序，仿佛第一种神话**过渡**到第二种神话，然后第二种神话**过渡**到第三种神话。希腊神话必定是作为希腊神话而开始的；它作为一种独特的神话，与埃及神话和印度神话是同样原初的，尽管它通过坚守印度神话完全缺失的那个实在本原而重新接近于埃及神话。但这恰恰表明，希腊神话是这个序列里的**第三种**神话；因为第三个概念始终是向着第一个概念的回归，或者说总是重新接纳了第一个概念。这一点甚至可以在一些普通范畴那里得到证实，比如统一体、多样性、大全性。多样性在大全性之内使自己重新成为统一体——或者用我们此前提出的概念来说，这个顺序就是：

a）一个无界限的、需要被规定的东西；

b）一个进行限定或进行规定的东西，其中没有无规定的东西

（亦即没有潜能），而它为了进行规定，必须是纯粹的现实性；

c) 一个自己规定自己的东西，因此同时在自身之内包含着一个需要被规定的东西。

或者再换一个说法，这个顺序就是：

a) 纯粹的能够存在；

b) 纯粹的存在；

c) 被设定为存在的能够存在。

第三个东西不是第一个东西，但它所是的那个东西**曾经**是第一个东西。因此埃及神话相对于印度神话而言是统一体，印度神话相对于埃及神话而言是完全的分裂，而希腊神话是一个在分裂中重建自身的统一体，正因如此，这是一个被设定为统一体的统一体，一个理智的、**精神性**的统一体。希腊神话回到了质料因素，但是，正如基督教认为人在死后从非质料性存在的极乐状态或不幸状态回到质料因素，希腊神话所主张的也是质料因素的一种精神性轮回或复活。但从历史学的角度看，希腊神话是以**自身之内**而非自身之外的一些环节为前提，而它是这些环节的统一体。就此而言，我们必须再次从头开始讨论希腊神话，也就是说，我们必须回到希腊神话和埃及神话以及印度神话共有的那个普遍的过去。对于这个环节，我们在普遍的发展过程里已经用"克罗诺斯"这一概念加以标示，但当时我们也指出，"克罗诺斯"在这里不是指那位专属于希腊的神，毋宁只是我们选择的一个**普遍**名字，用来指代那位始终没有被克服的、屹立不倒的实在的神。

我们在希腊神话里必须回到**克罗诺斯**，因为库柏勒——我们在普遍的发展过程里把她看作更高潜能阶次的乌拉尼娅，即介于克罗诺斯和最终的展开之间的过渡环节——作为这样一个特殊形态,不是起源于希腊,而是在赫西俄德之后才被纳入希腊神话。既然我们在讨论**希腊**神话的时候又谈到克罗诺斯,那么这里才是第一次谈论**希腊的**克罗诺斯;这里将第一次讨论这位普遍的神在希腊神谱里具有的那些特殊规定。

按照希腊神谱,克罗诺斯和**瑞亚**(Rheia)——这个名字极有可能是起源于希腊语的ῥεῖν [流动],即拉丁语的fluere [流动]或movere [运动],因此瑞亚是指那个在克罗诺斯之内已经开始活动的意识——生了三个儿子:哈得斯、波塞冬和宙斯。但克罗诺斯不愿让这些儿子立即见诸天日,因此他把他们重新吞噬,或者说把他们隐藏在他自身之内。这件事后面再谈,因为最开始的关键是要规定这三个人格性的本性或概念。关于哈得斯,大概没有人会反对我们的这个说法,即他是克罗诺斯之内的**克罗诺斯**,是克罗诺斯的纯粹否定方面,或者说是克罗诺斯之内的那个绝对地拒斥一切,绝不屈服,因此也反抗一切运动和进步的东西。

XII, 579

在《伊利亚特》第九卷①,阿伽门农在谈到愤怒的阿喀琉斯时这样说道:

> 愿他息怒!哈得斯从不屈服,从不让步,
> 因此在诸神当中是凡人最为憎恶的。

ἀμείλιχος ἠδ' ἀδάμαστος [从不屈服和从不让步]。根据古代评注者

---

① 《伊利亚特》第九卷,第158—159行。——谢林原注

的观点，第一个词语的意思是"无法劝服"（ἀγοήτευτος），而第二个词语的意思是"不能以暴力相迫"（ἀδάμαστος）。这些说法指的是哈得斯在夺走凡人生命时是铁面无私的。但"严酷"这个概念是哈得斯生而具有的，因此赫西俄德的《神谱》在描述他的时候也使用了"冷酷无情"（νηλεὲς ἦτορ ἔχων）等词语。但他是后来才**成为**阴间之神；因为人们虽然可以这样解释"哈得斯"的名字——其字面意思为"不可见的"——，即他拒绝启示，希望保持在中心不可见的位置，不愿意来到边缘，也不愿意相对于一位更高的神而言成为外在的，但《神谱》在首次提到每一位神的时候，都是按照其随后的或最终的规定去称呼他们的名字。克罗诺斯具有的规定，就是必须从实在东西回到内核，回到隐蔽状态。既然如此，克罗诺斯之内的否定方面所具有的规定，就是必须随后被克服，回到隐蔽的、不可见的状态（τὸ ἄειδες），因此这个方面现在已经叫作哈得斯；此外《神谱》还补充道，他并没有真正出生，也就是说，这个人格性尚未**作为**哈得斯而被设定下来。他叫作哈得斯，意思是他**将要**成为不可见的，而不是说他现在已经是不可见的，又因为他并非**现在**就是不可见的，所以他也叫作冷酷无情；换言之，正如我们随后看到的，当他**现实地**成为哈得斯，为一位更高的神让出地方，这时他就是一位善良的、友善的、心胸开阔的神。但到目前为止，这位随后将要成为不可见者或隐蔽者的神仍然是在场的，仍然坚持自己是一位实在的神。这位神就是埃及神话里的提丰，而希腊人经常也把提丰称作哈得斯。

只要这位神仍然在**发挥作用**，仍然在场，而不是**作为**哈得斯被设定下来，他就拒绝转向精神性东西，随之首先拒绝将自身质料化；因为如果要转向精神性东西，他就必须成为一位更高的神的质料。

也就是说，只要他尚未**作为**哈得斯而被设定下来，他就不会容许自己成为一位更高的神的质料。与此相反，波塞冬也是克罗诺斯，但他已经成为一位更高的神的质料，已经将自身质料化。正如你们看到的，三个形式上的潜能阶次的作用在实在的神**自身**那里逐渐显露出来，而这恰恰导致一个质料性的诸神世界产生出来。在实在的神那里，亦即在克罗诺斯那里，哈得斯是克罗诺斯本身，而波塞冬是由第二个潜能阶次所设定的规定，即必须将自身质料化。既然如此，我们根本没有必要像某些人那样从叙利亚文出发去解释这个名字，说什么"波塞冬"的意思是"开阔"或"扩张"（expansus）。实际上，关于这个名字，到目前为止都没有一个可靠的希腊词源学解释。因此更稳妥的做法是依据荷马已经给予波塞冬的那个称谓，εὐρυσθενής [法力无边的]，将其理解为一位具有强大的力量并扩张自身的神。在造型艺术里，波塞冬的形象总是有着广阔的胸膛。随后我们将会发现，同样的称谓也暗示着扩张或质料化的环节。但这位神的整个本质或整个本性是符合我们的观点的。波塞冬的本质是一种盲目的、**不能掌控自身的**意愿和分裂活动。因为他受到一位更高的神的驱使，不能回到自身之内。至于他被看作**潮湿**元素的神，原因则是在于，一般而言，"水"是最初的质料化表述，其所指的是自然界在成为**自然界**的时候感受到的那种狂喜，即它摆脱了原初的张力，舒缓了自身之内的严肃性，使僵硬的东西变得柔软。最初那个以乌拉尼娅为标志的奠基运动就已经伴随着水的现象；在叙利亚宗教里，最初的自然界或最古老的自然神祇是明确地作为水神或鱼神而受到崇拜；在巴比伦，鱼神俄安内（Oannes）每天早晨都从大海里浮出，向刚刚摆脱野蛮的游牧民族状态的人们传授公民伦理、法律

XII, 581

和科学。波塞冬是质料意义上的原因，而狄奥尼索斯是形式意义上的原因。但狄奥尼索斯被称作潮湿本性的主宰（κύριος τῆς ὑγρᾶς φύσεως）。①埃及的奥西里斯同样是一个造成潮湿的本原和能力（ἡ ὑγροποιὸς ἀρχὴ καὶ δύναμις）②，从而是一切生育的原因，因此那位在质料里与狄奥尼索斯相对应的神祇必定是波塞冬。

当然，这仅仅解释了波塞冬的一个方面，因为波塞冬不是一般意义上的潮湿元素之神，而是广阔无边的**海洋**之神。他身上的潮湿性或流动性来自一个更高的潜能阶次，来自狄奥尼索斯；但他身上的狂野而苦涩的因素来自克罗诺斯，因为他仅仅是已经柔化的、仿佛流动起来的克罗诺斯，也就是说，克罗诺斯向海洋倾诉他为自己即将被征服感到愤懑和悲凉，因此正如普鲁塔克所说，至少在某些神秘主义学说里，海洋被称作克罗诺斯的眼泪（Κρόνου δάκρυον）。③这种说法比一种肤浅的物理学深奥得多，因为这种物理学把自然界里的一切东西都看作单纯的外物，除此之外还有一种缺乏精神的哲学，它在自然界里看不到任何内在进程，只看到许多概念的空洞的前后相继。只有当自然界里面的一切性质本身是一种原初感受，它们才具有意义。我们不应当机械地、外在地解释事物的性质，而是只能从万物自身在创世的时候获得的原初感受出发去解释这些性质。谁愿意相信，诸如硫磺、烟雾和流体金属的臭味、海水的不可解释的咸苦等等，只不过是一种纯属偶然的化学混合的结果

---

① 普鲁塔克：《伊西斯和奥西里斯》，第34—35节。——谢林原注
② 同上书，第33节。——谢林原注
③ 同上书，第32节。普鲁塔克认为这个说法起源于毕达哥拉斯学派。这里他还说道，埃及祭司厌恶海洋，并且把盐称作提丰吐出的泡沫。——谢林原注

呢？那些实体岂非显然是惊恐、畏惧、愤懑和绝望的产物？但我还是回到波塞冬吧。整部《伊利亚特》所展示出来的波塞冬身上的那种愤懑而阴郁的气质，仿佛仅仅是那位觉察到自己即将被征服的克罗诺斯的原初愤懑的余波。但无论是哈得斯还是波塞冬，都没有能力独自存在，而是只有作为居于从属地位的环节与第三者同时存在。这个第三者也是克罗诺斯，但这位克罗诺斯已经摆脱了自己的否定方面，同时也摆脱了相反的潜能阶次带来的影响，因此他是那个完全掌控着自身的、安静的、君临万物的**理智**。这位克罗诺斯就是宙斯，其证据是，《伊利亚特》总是给宙斯加上μητίετα [理智的]这个形容词，而一个人能够得到的最高称赞，就是"在理智上堪比宙斯"（Διὶ μῆτιν ἀτάλαντος）；除此之外我还想提醒一点，即柏拉图特意用"君王般的理智"（νοῦς βασιλικός）去形容宙斯。

也就是说，希腊神话的**直接的**过去是克罗诺斯；但克罗诺斯身上又显露出三个环节：a) 真正的克罗诺斯因素，即他本质上的那个否定的、与精神性东西相对抗的因素；b) 一个向更高的神敞开自身，愿意成为其质料的东西；c) 一个如今已经通过更高的神而回到自身的东西，即实在的神的完全掌控着自身的本质。因为只有在这些环节的**总体性**里，希腊意识才开启自身或揭示自身，所以克罗诺斯让位于三位神：1) 哈得斯，他就其概念而言已经是一种过去；2) 波塞冬；3) 宙斯，即已经被完全征服的克罗诺斯。但波塞冬仅仅是**伴随着**宙斯而显露出来的，他不再是绝对的波塞冬，而是一位已经从属于理智之神的波塞冬，并且不再显现为他过去单独出现时的样子。在神话意识里，他仅仅是那位已经被征服并成为哈得斯的克罗诺斯的儿子，也就是说，这个时候更高的东西（宙斯）已经被设定下来，因此

XII, 583

波塞冬仅仅显现为过渡环节，而他就其本性而言正是这样的东西。我们可以证明，波塞冬的形象在希腊意识里也发生过转化，而神秘学的神话还保存着对于这些转化的回忆；据说波塞冬曾经向德墨忒尔提出无理要求（后面我们将会指出，德墨忒尔代表着神话意识），而德墨忒尔**愤怒地**加以拒绝——这样一来，无疑可以解释鲍桑尼亚在其《阿卡迪亚志》里面记载的那些神奇传说，但我们在这里不可能详细讨论。在克罗诺斯尚未发生分化的那个时间里，三位神尚未显露出来，而德墨忒尔被认为是波塞冬的妻子，但她拒绝委身于他，并且如我们后面将要看到的，与波塞冬处于完全不同的关系。除此之外，波塞冬在诸神历史里没有进一步的后续，这也表明他仅仅作为一个过去的环节而服从于宙斯的统治。赫西俄德宣称波塞冬只有一个儿子，特里同（Triton），要不是他在一处地方明确地把特里同称作一位强大的神（δεινὸς θεός），我们简直要怀疑这个儿子究竟是不是一位神；因为无论是波塞冬自己，还是他和凡间女子所生的儿子，即那些半人半神的儿子，都仍然体现出克罗诺斯的粗野本性。不管怎样，特里同也仅仅是一位过去时间的神，从未跻身于真正的宙斯神族——赫西俄德明确宣称，特里同从未离开他的母亲安菲特里忒和海王父亲，一直居住于海洋深处的金宫里。

XII, 584

也就是说，在三位神当中，宙斯是唯一处于当下，亦即唯一保留下来的神，而哈得斯和波塞冬仅仅是过去的环节。但希腊意识把全部环节忠诚地保存下来，并没有只忠于其中一个环节。三位神仅仅是分裂的克罗诺斯，而克罗诺斯仅仅是那位在他们出现之前存在着的**神**。只有三位神合起来才等同于完整的克罗诺斯：克罗诺斯不是**哈得斯**，因为只有当他把自己设定为宙斯，他才能够成为哈得斯；他也不是单独的**宙斯**,因为只有通过成为哈得斯,也就是说,只有当他把自己的否定方面设定为过去并保存下来,同样把对于一位更高的神的盲目顺从,把自身之内的波塞冬因素设定为过去,他才把自己设定为宙斯。宙斯不是**绝对的**克罗诺斯的儿子,毋宁只是那位**同时**已经成为哈得斯的克罗诺斯的儿子。真正说来只有一位神,他往下是哈得斯,中间是波塞冬,往上是宙斯。宙斯仅仅是哈得斯的转向现在的方面,哈得斯仅仅是宙斯的转向过去的方面,因此哈得斯本身也是宙斯,只不过是阴间的宙斯——Jupiter Stygius [冥界的朱庇特]。也就是说,虽然宙斯是最高的神,但他不能脱离另外两位神。只有当哈得斯存在着,亦即只有当克罗诺斯的否定方面被克服,宙斯才存在着。宙斯不是克罗诺斯的征服者,不像狄奥尼索斯那样是质料性神祇的征服者;克罗诺斯并非**通过**宙斯,而是**在宙斯之内**被征服,也就是说,他同时已经成为哈得斯。正因如此,他们其实只是同时产生出来的。虽然有年龄上的区分,虽然宙斯号称波塞冬和哈得斯的兄长,但这只不过意味着,是他帮助另外两位神见诸天日,让他们达到分离的、特殊的存在;虽然宙斯在《神谱》里是克罗诺斯最小的儿子,但他在荷马那里却是克罗诺斯的长子,因为是他第一个逃脱了克罗诺斯的口腹,也就是说,只有**伴随着**宙斯的出现,克罗诺斯才分裂为三位神;正因如此,荷马才说宙斯"比他[波塞冬]年长,也比他聪慧"[①]。

  因为克罗诺斯的所有三个儿子都是互为前提的(即克罗诺斯只有在是宙斯的时候才是哈得斯,并且只有在是哈得斯的时候才是宙斯),因为所有三个环节在希腊意识里是同等重要的,所以三位神之 XII, 585

---

① 《伊利亚特》第十三卷,第355行。参阅赫西俄德:《神谱》第478行。——谢林原注

间没有时间上的区分，只有**空间上**的区分。每一位神都获得了一个专属的领地。哈得斯栖身于空虚的黑暗之地（ζόφον ἠερόεντα），那是诸神都感到畏惧的深不可测的阴间；假若阴间能够重新崛起，那么所有的神都会被消灭和吞噬，因为他们的存在只有一个前提，即那个**现在**位于深处的东西已经成为不可见的，或者说已经没落。希腊诸神对于不可见东西的畏惧，相当于埃及诸神在重新看到提丰时的那种恐惧。波塞冬获得的是浩瀚的海洋，这是地表事物里面最深的东西；他的内心里充满了抗拒，既不愿意无条件地服从宙斯的意志，也不愿意服从宙斯最初**所生的**儿女，因为他和宙斯本来是平起平坐的，拥有和宙斯一样的高贵出身；尽管如此，他还是听从了善意的劝说，承认自己的从属地位，而这种地位并没有推翻他和宙斯的同时性。这个关系在《伊利亚特》第十五卷有清晰的体现，在那里，宙斯的信使伊里斯（Iris）给波塞冬传达了如下信息：

> 他命令你立即停止战斗，退出战场，
> 回到诸神之列，或去汪洋大海里。
> 如果你蔑视他的命令，拒不听从，
> 他威胁说要亲自来和你进行可怕的战斗，
> 但他奉劝你避免这场较量，
> 因为他自认为比你更强大，也比你年长，
> 而你心里却以为可以同他这位
> 其他众神都畏惧的宙斯相匹敌。

对此愤怒的波塞冬回答道：

> 无论他多么强大，也不应当这样狂妄，
> 我和他一样尊贵，他怎能对我施加威胁。
> 我们是克罗诺斯和瑞亚所生的三兄弟：
> 宙斯和我，还有阴间之王哈得斯。
> 一切分成三份，我们各自统治一份，
> 但大地和巍峨的奥林波斯山是我们共有的。　　XII, 586
> 我绝不会听从他的安排；他固然强大，
> 但也应当安守他那三分之一的疆界。①
>
> （依据约翰·海因里希·福斯的译文）

这个地方同时也表明，大地是三位神共有的，因为大地一方面把他们分开，另一方面又把他们联系在一起。巍峨的奥林波斯作为聚集地也是三位神共有的。但宙斯居住在以太之中（Ζεὺς αἰθέρι ναίων），因为他是纯粹精神性的神，而广阔的天空（οὐρανὸς εὐρύς）和全部超于地表的东西都专属于他。

对于我让希腊神话开始于宙斯的做法，你们肯定会问：难道在希腊意识之内，此前就没有任何东西，没有别的神话观念吗？对此的答复是：既有，也没有，这取决于人们如何理解这件事情。希腊意识起源于整个神话过程，甚至可以说是**和**这个过程**一起**茁壮成长的。我们在神话意识里追溯过的所有早期环节，都保存在希腊人的意识里，并且只有在这个意识里才达到它们的完全展开和分化。这些材料仿佛是被传承给希腊意识的，而且这些材料仍然是起源于**过程**。

---

① 《伊利亚特》第十五卷，第174行以下。——谢林原注

这个过程在埃及意识那里仍然体现出自己的全部力量，但印度意识已经试图从中摆脱出来；在印度意识里，质料性统一体分裂了，那些一直以来共同维持着过程的潜能阶次也分道扬镳了；但这种分道扬镳仅仅是**过渡**。通过质料性统一体的分裂，造成了向着这个统一体的自由回归，而这个**自由的**回归属于希腊意识，它虽然继承了那些材料，但通过之前的环节，这些材料已经是一种给予意识自由的材料，正因如此，它们对希腊意识而言是一种完全自由的和理智的分化的对象。希腊神话的**材料**仍然属于过程，就此而言仍然属于必然性，但材料的展开是一种理智的、已经掌控着材料的意识的完全自由的产物。这也促成了希腊神话的诗意因素，而希腊神话正是以此区别于所有早期的神话。我们必须断言，整个过程的**这个**结局是早期环节的必然结果。潜能阶次的强大统一体仍然统治着埃及意识，然后这个统一体在印度意识里分裂了。二者之后必定会再次出现一个统一体，但这是一个自由的、伴随着意识而重建的统一体。

你们在这里可能会问，在这个前后相继的过程中，为什么每一个后面的民族都会继承那些在前面的民族之内设定的东西？这个把诸民族牢牢捆绑在一起的链条是哪里来的，以至于每一个后面的民族都会承续那个在前面的民族之内停下脚步的过程，每一个后面的民族都仅仅扮演着前面的民族给它指定的角色？对此唯一的答复是：正是过程的秩序、法则和天命把那些分裂的民族结合为**唯一的**人类，以此完成一个伟大的命运。经过对于自由的追求，必定会出现自由，经过对于解脱的追求，必定会出现解脱。我们可以说，印度意识已经被献祭给随后的希腊意识。希腊民族从一开始就具有印度民族通过艰辛斗争才获得的那种在面对潜能阶次时的自由。正因如此，希腊民族能够自由地回归印度民族竭力避免的质料因素。此外也不排除一个可能性，即我们或许可以证明，在希腊意识之内，在完全自由的分化环节之前，有一个与印度民族类似或平行的环节，但希腊意识没有像印度意识那样坚持拒绝质料因素，而是从这个环节返回到质料因素。总的说来，如果希腊神话不是埃及和印度的那种神话，也不是从那些神话里产生出来的，我们就可以假设，希腊意识之内也包含着与那些神话相对应的环节（比如佩拉斯吉的游牧民族，萨比教的环节）。①

关于希腊意识所具有的自由，还需要指出一点，即希腊人与诸神之间不再是一个盲目的关系，而是一个自由的关系，这在荷马那里尤其有所体现。这个关系**完全不同于**埃及人、印度人和所有先于希腊人的民族与他们的诸神之间的关系。这个关系一方面符合另一个观点，即希腊神话是以一种自由的方式产生出来的，**就此而言**（如果人们愿意这么说的话）是以一种最宽泛意义上的诗意方式产生出来的——不是就材料而言，而是就形式而言——，而且符合一切关于希腊神话的起源的历史考证。这里我想提醒大家回想一下希罗多德在一处迄今难以理解的地方关于佩拉斯吉人亦即原初希腊人的心灵状态所说的话，即他们虽然已经认识到诸神，但**没有用名字将诸神区分开**。②也就是说，在那个状态下，后期的《神谱》所说的诸神仍然是混沌不清的，仍然是完全质料性的，仅仅就材料而言存在着，因此这个状态在佩拉斯吉人或原初希腊人的意识里就时间而言先于诸神的分化、分离和区分。只有通过这个分离，或者说只有伴随着这个分

XII, 588

---

① 参阅多夫缪勒:《论希腊人的起源》(De primordiis Graeciae)，第35页。——谢林原注
（译者按，多夫缪勒［Karl Dorfmüller, 1806—1872］，德国古典学家）
② 希罗多德:《历史》第二卷，第52节。——谢林原注

离，希腊人才作为希腊人进入历史；他们在作为佩拉斯吉人的时候，仍然是史前人类的一个部分，这个部分一直潜伏到属于它的时刻来临，而在未区分的状态下，它的意识虽然在材料上包含着诸神，但并没有将诸神说出来。从希罗多德的叙述可以看出，整个过去的神话时间是如何压制着佩拉斯吉人的意识，使他们沉默不语，一直到某个瞬间，他们才可以把这个在质料上已经完备无缺的过去作为自由分化的对象加以**理解把握**，并在其面前开启自身。

XII, 589　　在这件事情上，同样具有说服力的是我在第一个普遍的导论里①已经提到的希罗多德的一个文本，他在那里提到了赫西俄德和荷马，并且说是这两位诗人把诸神的历史教给希腊人。希罗多德在说这番话的时候明确指出这是他通过考察得出的观点，也就是说，他很想知道希腊的诸神历史是在他之前的什么时间产生出来的，而他最后得出一个极为重要的结论，即希腊的诸神历史是**一种新事物**，并不比全部希腊诗歌艺术更古老。众所周知，希罗多德的这个文本在语文学家和历史学家当中引发了很多讨论。就质料或材料而言，神话可以回溯到一个极为悠远的过去，因此在这个**意义**上，不可能是赫西俄德和荷马给希腊人创制出神话。这个文本最有启发的地方在于，其强调的是"诸神历史"或"神谱"这个词语。赫西俄德和荷马虽然没有为希腊人创制神话的质料，但给他们带来了一种在其全部环节里保持着自由并且以深思熟虑的方式加以区分的诸神历史。当然，我们也不应当按照字面意思去理解这件事情，尤其在涉及荷马的时候更是如此，因为正如我们看到的，荷马从未明确叙述诸神的历

---

① 谢林：《神话哲学之历史批判导论》，第15页以下（XI, 15 ff.）。——原编者注

史,顶多只是偶尔谈到诸神之间的历史关系,而且他所说的某些情况和赫西俄德所说的情况是不同的,这些偏差表明诸神的历史本身在荷马那个时代尚未完全固定下来并达到完满的固定形态,而这恰恰意味着思想的自由。因此真正说来,希罗多德所指的只能是那个**时代**,他真正想说的是:那个把赫西俄德和荷马赐予希腊人的时代,第一次把完整的诸神历史赐予希腊人。一般而言,只有当意识摆脱了神话过程,诗歌才是可能的。因此我们也发现,真正的诗歌在印度人和希腊人那里都不会先于神话而出现。印度人仅仅以一种否定的方式摆脱了过程,但无论是在他们的思维方式里还是在他们的诗歌里,我们都看不到希腊人的那种肯定的和自由的对待神话过程的关系。只有当意识像在希腊那里一样摆脱了过程的必然性,同时带着自由的精神回归过程,与过程的各种形态处于一种完全自由的,亦即诗意的关系,诸神的历史才会如此完备地显露出来。为了证明希罗多德的意思主要是指那个时代,我还可以举出一个证据,即在赫西俄德的一个与上述讨论有着最密切关系的本文里,其所说的和希罗多德关于两位诗人所说的话几乎是完全一致的。也就是说,希罗多德宣称两位诗人给诸神分配荣誉和地位,让每一位神都获得与他的意义相对应的名字,而赫西俄德则是宣称,当宙斯战胜了提坦神代表的过去势力之后,诸神选择他成为首领,并且希望他公正无私地安排他们各自的排序、关系和地位,而宙斯也欣然应允,ὃ δὲ τοῖσιν ἑὰς διεδάσσατο τιμάς [为他们分配了荣誉职位]。宙斯是真正的希腊之神,是让全部希腊人合为一体的神,Ζεὺς πανελλήνιος [宙斯属于全体希腊人],是他使希腊人区别于佩拉斯吉人。只有伴随着宙斯,才开始出现希腊生命和希腊人。

XII, 590

第二十六讲
希腊神话中的卡俄斯和雅努斯

我们首先仅仅在一般的意义上寻找进入希腊诸神历史的途径，然后又规定了它相对于神话过程的整体而言的地位；在这之后，我们将如何处理进一步的发展，真正去**解释**希腊神话呢？对于希腊神话，必须区分两个方面。第一，它作为神话运动的一个**环节**所具有的独特性。按照我们此前的分析，希腊神话呈现出的是那样一个环节，即意识相对于那个在它之内达到终点的过程而言已经是一个完全自由的东西，不像印度意识那样仍然在痛苦的挣扎和持续的斗争中试图摆脱过程。第二，正因为希腊意识觉察到自己相对于过程而言是自由的，所以它能够自由地回归印度人竭力摆脱的过程，深入过程的整个质料并对其进行重组。也就是说，基于这个自由的关系，唯有希腊神话才同时包含着一个完整的、从开端直到终点都一以贯之的诸神体系。在这种情况下，希腊神话超越了自己的个别性，成为**普遍的**神话，而此前的任何神话都没有做到这一点；因此只有希腊神话才能够完满地揭示和解释其余的全部神话。

如果我们想要知道希腊神话是如何在生命里呈现出来的，就必须参考荷马；但如果问题在于希腊神话是如何在希腊人的**意识**里直接呈现出来的,我们就必须依据赫西俄德的《神谱》。如果说荷马仅仅是在生命的**折射**或镜像中展现出希腊神话,那么赫西俄德则是向我们展示了希腊神话如何从早先的过程里展开自身并直接进入意识之内,而在这个意义上,他的《神谱》对于我们的整个神话理论而言是最为宝贵的证据。①

既然如此,我们对于希腊神话的解释就只能依据赫西俄德的诗歌。这部诗歌彷佛已经做了我们要做的工作。赫西俄德的《神谱》是一种首次从神话自身之内显露出来的哲学的作品。在这里,我并不打算对这部诗歌给出一个详细的解释,更不打算给出一个令**所有的人都满意**的解释,因为这项事务除了需要一些对于解释神话而言不可或缺的哲学本原之外,还需要渊博的学识,但在这件事情上,单纯的博学是无济于事的。

虽然就材料而言,赫西俄德的《神谱》是一种科学意识的产物,并且以一种直接的和不由自主的方式把神话展示出来,但这部作为科学意识的喉舌的**诗歌**,或至少是这部以现在的形态流传下来的诗歌,其产生的年代不可能比荷马距离神话的源头更为

---

① 荷马和赫西俄德都是工具,诸神的历史借他们之口说出自身,同时将自身**固定下来**。因为一个如此有生命力的过程的结果必定是很早就被纯粹地说出来并确定下来,以免重新陷入紊乱。这种明示可能有两种方式:1) 在生命和重新产生的生命的直接形象亦即叙事诗里,神话仅仅显现为**整个**希腊生命进一步发展的要素——这是荷马做的事情;2) 神话本身成为对象,并且已经被看作一个整体(体系)。关于诸神历史的分化,希罗多德认为赫西俄德和荷马具有完全同等的地位。希腊意识最终的大分化是在两位诗人那里完成的,只不过以不同的方式呈现出来:在荷马那里呈现为向着历史生命的过渡,在赫西俄德那里呈现为向着科学的过渡。因为只要人类仍然屈服于那个内在的过程,这**两位诗人都没有容身之地**。——谢林原注

遥远。①至于现在的这部诗歌是产生于哪个年代,除了一些外在特征(比如许多明显不同于荷马的习惯用语)表明诗歌是较晚出现之外,诗人的内在性格,尤其是他在政治方面和伦理方面体现出的倾向,都标示着一个较晚的时代。比如赫西俄德对荷马推崇的王公贵族们颇为反感,他所赞美的不是豪气万丈的英雄生活,而是悠闲的市民生活。关于人与人之间的不平等关系以及在财富和荣誉方面的分配不公的起源,他的观点很明显是以对于政治生活的某种反思为前提。在他的另一部著作亦即《工作与时日》里,他对于普遍平等的黄金时代和后来愈加败坏的时代的描述,还有整个关于普罗米修斯的故事,以及故事结尾处的那种弥漫在诗人的全部著作里的阴沉的人生观——"此外还有几千种不幸漫游人间,灾厄遍布大地,覆盖海洋"等——,这些都表现出事情和普遍状态的一个**变化**,而这个变化在希腊是由于从早期退化的英雄-君主制度过渡到后期的共和制度而造成的。随着君主制度的没落,真正意义上的荷马世界也走向

---

① 有些人认为,科学沉思——不同于那部将其表达出来并予以阐述的诗歌——的出现距离希腊神话最初产生的环节有很长一段时间;但这个观点是毫无理由的,因为我们实际上不可能估算这个最终的完全解放所带来的影响。总的说来,这个环节是一个神奇的环节,并且在进一步的文明发展的整个历史里不可能被任何一个环节取代。一切都让我们确信,当限制被打破之后,希腊精神的全部力量都在飞速前进的过程中展开自身,并且在那种最初的自由感里,在神话运动的整个力量和整个活力的支持之下,已经达到后世的反思只能缓慢地重新赢得的成就。不仅在赫西俄德那里,柏拉图的某些说法也流露出一种很早就已经出现的,与神话的最终发展处于同一时期,因此显然是**直接**出自神话的智慧的痕迹。比如柏拉图经常提到的παλαιοὶ λόγοι [古人的传说],如果不是来自神秘学,还能够来自什么地方呢?正如一位拉丁语作家所说的,这些深奥的言论岂非传承于**一个刚刚离开诸神的族类**?我指的是塞内卡在《书信集》(第90封)所说的: Non tamen putaverim, fuisse alti spiritus viros et, ut ita dicam, a Diis recentes [我相信他们是具有崇高精神的人,甚至可以说是一些刚刚离开诸神的人]。参阅西塞罗《图斯库兰论辩集》(第一卷,第12节)的一个类似说法。——谢林原注

消亡，而赫西俄德的《神谱》和其他著作无疑是在这个时代最终完成的，并且力压荷马诗歌一头，与此相反，后者由于后来出现的抒情诗歌和体育精神而一度被人遗忘，直到梭伦和庇西特拉图家族等实际上具有君主权力的民众统治者崛起之后，才重新得到重视。除此之外，荷马和赫西俄德之间的差异既是时代上的差异，也体现出一个与希腊民族同时存在的原初对立。我指的是多立克本原和爱奥尼亚本原之间的那个贯穿整个希腊文明的对立。今天我们不但区分出独特的多立克音乐和建筑，也区分出多立克雕塑、诗歌和哲学。赫西俄德的诗歌在本性上完全是多立克的风格；神话在荷马和赫西俄德那里的不同呈现方式，岂非恰恰体现出多立克制度和爱奥尼亚制度的基本差异性吗？如果一个人只读过荷马和那些追随其写作方式的作家（比如品达），就会发现赫西俄德所说的很多东西和荷马是完全不同的，甚至是荷马根本没有提到的。无论如何，我坚持这样一个 XII, 595
观点，即赫西俄德身上展示出的独特路线和荷马的路线是同样原初的。当然，我在这里不可能详细讨论这个问题，否则我就必须讨论荷马这个古代世界最伟大、最神奇和最不可思议的现象，而现在并不是合适的时机。因此我在这里首先解释一些细节问题，后面再对希腊神话和希腊文明做出一个最终判断，因为这个判断的前提是那些细节问题已经得到解释。

我认为赫西俄德的诗歌是一种科学意识的产物，而神话运动在它的最终环节里或通过它的最终的大分化已经不由自主地把自己揭示在这种科学意识之内。在最终的环节里，随着一直紧绷的张力完全松弛下来，早先运动的全部环节作为历史环节呈现在意识面前，过去的诸神也成为一部神谱史诗的主人翁。赫西俄德并未发明这些神祇，而是以这些已经出现在意识之内的神祇为前提，仅仅致力于澄清他们相互之间的关系和出生顺序，而且他采用的叙述方式让我们很容易看出，他在这样做的时候仍然始终遵循那个制造出整个神话的必然性带来的原初灵感。就此而言，无论人们如何设想《神谱》的产生年代和产生过程，都不必考虑什么更古老的或更真实的源泉，因为现在的关键是要表明，在希腊意识之内，神话是如何第一次作为体系或作为整体而形成的；因此我们接下来对于希腊神话的解释也是依据赫西俄德的诗歌。

此前我曾经说过，来到**终点**的神话意识必须也清楚地认识到**开端**。在这里，当神话意识第一次觉察到自己是自由的，魔法就解除了（因为在整个过程里，意识都是置身于一种痴迷状态），与此同时，那个从神话最初产生出来就笼罩在意识头上的命运的整个迷雾也消散了，整个运动从开端到终点对于意识而言都成为透明的。

当来到终点的意识看清了那个**先于**全部**现实的**意识的状态，随之也看清了那个**先于**运动而在原初意识之内设定的潜能阶次的**统一体**（神话过程是由潜能阶次的分裂或张力造成的），那么相比于意识随后的**经验的**充实（这种充实恰恰是通过潜能阶次相互之间的张力和分裂产生出来的），统一体对意识而言就将显现为一个绝对**空旷**的、无障碍的统一体，一个仿佛仅仅是诸神的深渊的东西。这个统一体的观念在神谱的开端就是**卡俄斯**。"最先产生的是卡俄斯。"卡俄斯这个词语来源于"张开"（χάω, χαίνω, χάζω），既包含着"退缩到深处"的意思，也意味着"保持开启"，后面这个意思又回溯到一个更高的概念，即"没有障碍"（因为只有具体事物里面才有障碍）。除此之外，最初概念的否定意义还体现在，同一个词语也包含

XII, 596

着"匮乏"和"欠缺"的观念。由于这个主导性的概念意味着具体事物和障碍的缺失,所以后人也用Χάος这个词语指代**一般意义上的空旷空间**,尤其是**天空**,进而用它指代单纯潜在的、与已规定的现实事物相对立的东西,最后甚至用它指代那种没有任何形式或属性的质料,只可惜我在希腊作家那里没有找到这个**意义**的一个例子,因为柏拉图在本来可以使用这个最简洁的概念的地方(比如在《蒂迈欧》里)却没有使用这个词语,而是仅仅指出,全部感性事物的母亲或基础既不是土,也不是气、火、水,但他并没有说这个东西是由四种元素构成的,更没有说四种元素是由它产生出来的,而是仅仅宣称它是某种完全不可见的、无形态的东西。①也就是说,假若卡俄斯这个概念对希腊人而言确实意味着无形式和无形态的质料,那么它就会出现在这个地方了。但不管怎样,它显然是一个更高级的、更具有形而上意义的概念。

当然,经过奥维德的解释而流传至今的卡俄斯概念就更是错误的;按照他的解释,卡俄斯意味着全部质料元素的混沌状态,于是这种状态在物理学讨论世界秩序的宇宙谱系学里经常变着各种名目出现。没有任何例子可以证明一个希腊人曾经用这个词语去指代这样一种单纯物理学意义上的虚构。卡俄斯是一个思辨的概念,比如在阿里斯托芬笔下的苏格拉底的那个著名誓词里,它是一种**凌驾于诸神之上**,甚至对诸神抱有敌意的哲学所使用的概念。②这个词语表达出了一个纯粹的哲学概念,而这个概念所依据的是"相对的虚空"

XII, 597

---

① 柏拉图:《蒂迈欧》51A。——谢林原注
② 参阅谢林:《神话哲学之历史批判导论》,第45页。——原编者注

（即相对于随后的经验的充实而言）和"无障碍"等观念。①

在我看来，如果卡俄斯是一个纯粹的哲学概念，它就同时规定着一种与希腊神话具有亲缘关系的神话的类似人格神。但需要指出的是：卡俄斯本身，作为荷马尚且不知道的东西，不是一位人格神，而且赫西俄德也没有把它看作一位神；反之在另一种神话里，整个发展过程的开端就有一位代表着卡俄斯的人格神。我指的是古意大利神话中的**雅努斯**（Janus），虽然就**名字**而言并非每一个人都能立即看出他和卡俄斯的一致性（对此我马上要做出证明），但二者就概念而言是完全一致的。这种一致性也解释了我为什么在这个走向终点的发展过程中没有给予伊特鲁里亚人、拉丁人和罗马人的神话以特殊地位。目前说来我只想指出，我经过大量研究之后，完全同意另外一些研究者的观点，即希腊神话和意大利神话之间是一种平行关系，二者虽然独立于彼此，但其实是孪生兄弟。真正说来，它们之间的区别不是在于**结局**——全部神话之内都是同一个解决，同一个终

---

① 帕拉塞尔苏斯和他的追随者雅各布·波墨一样在本性上都具有某种神话色彩，因此或许正是基于这种自然的禀赋，他以一种特殊的方式清楚理解了某些词语的意思。对他而言，卡俄斯**同时**意味着无障碍的、就此而言保持开启的东西。比如他在谈到那些让他极为痴迷的侏儒矿工时说，他们可以轻松穿越岩石和城墙，因为所有这些事物对他们而言都是卡俄斯，亦即无——这不是指像空气那样不阻碍我们，而是指形体事物对他们而言实际上根本不存在。由此可见，帕拉塞尔苏斯并没有把卡俄斯理解为一种混沌的质料或全部宇宙材料的交织状态，反之奥维德对于卡俄斯的如下描述看起来简直是那种最狂放不羁的微粒哲学或现在所谓的分子哲学的翻版：

　　Lucidus hic aer et quae tria corpora restant,
　　Ignis, aquae, tellus, unus acervus erat.
　　[清澈的气与其他三种元素，
　　与火、水、土合为一体。]——谢林原注（译者按，帕拉塞尔苏斯[Paracelsus, 1493—1541]，德国炼金术士，首次确立了化学在医学中的地位。波墨[Jakob Böhme, 1575—1624]，德国神秘主义哲学家）

点——，而是仅仅在于一些次要的规定，比如某些环节在希腊神话里是处于从属地位，但在意大利神话里却更受重视。因此这些意大利神话对我们而言仅仅是一个辅助工具，也就是说，只有当它们能够澄清或更好地佐证我们的一个主张，我们才引用它们。既然如此，对**这些**神话体系的特殊推演工作充其量只能展示出一种博学。除此之外，这些意大利宗教包含着许多晦涩难解的和充满争议的东西，如果我要把它们当作一个特殊推演工作的对象，就需要付出比当下形势所容许的更多的时间。借这个机会我想提醒大家注意，还有一些神话体系也没有进入我的考察范围，因为它们真正说来不具有原创性，或至少就现在的形态而言无疑只是一种原初神话的扭曲变形（只有神话运动的原初环节才属于我们的推演工作）。进而言之，如果我们没有办法从历史的角度追溯到某些神话的最初开端和产生过程，这样的神话也不可能进入我的考察范围。这里我指的是古日耳曼神话和斯堪的纳维亚神话。对于古日耳曼神话，我们不仅要像人们修复一件残缺不全的艺术品那样去**修复**它，甚至几乎是必须依据一些蛛丝马迹将它完全创造出来。至于斯堪的纳维亚神话，虽然其狂热信徒宣称它是起源于亚洲，但他们同时也承认，这种神话的观念已经迁就于北欧人的性格，亦即已经失去了原初性（已经受到基督教的影响）。对于这些单纯偶然的，或者说通过某种原初神话的变异而产生出来的文明，我们在这里不可能深入讨论。①

XII, 599

至于古意大利神话中的雅努斯，这个意味深长的形态对于卡俄

---

① 这里似乎也有必要提到日耳曼神话和斯拉夫神话的对立。日耳曼神话（如果在一般的意义上可以这么说的话）是以一种亚洲神话为原型，反之斯拉夫神话与佛教有关。——谢林原注

斯的概念本身而言是如此具有解释力，以至于我们必须在提到卡俄斯的时候提到他，并且把他纳入我们的推演工作。但我们首先只希望更深入地理解卡俄斯这个特定的概念，因为我们直到目前为止都仍然是在泛泛而谈，而雅努斯是卡俄斯的一个特定形态。

　　赫西俄德说，卡俄斯是最先产生的，亦即先于一切而产生的。正如此前指出的，普通人把卡俄斯看作rudis indigestaque moles [粗糙而混沌的材料]，看作质料元素的混沌状态，而这个东西不可能有任何形态。但我已经指出，至少这个概念不是起源于希腊，也没有哪一个希腊人把它和卡俄斯这个词语联系在一起。**假若**卡俄斯是指一种混沌状态，那么这充其量只能是非质料性的潜能阶次的一个混沌状态。但如果我们回想一下更早的例子，回想起那个在本质上被看作单纯的点的圆，那么同一个点在这里既可以被解释为圆周，也可以被解释为直径或圆心，也就是说，它并非专指其中的一个东西，而我们也不知道，究竟应当把它规定为哪一个特殊的东西，因此其实是我们处于混沌状态——如果可以这么说的话——，即我们试图在思想之内区分我们在对象自身那里不能区分的东西，而这个点本身并不是什么混沌的东西，不是人们所理解的那种混沌意义上的卡俄斯。反之我们可以完全正确地说：点是处于混沌状态的圆，或点是被看作混沌的圆。按照同样的方式，我们很容易看出，上帝之内有两个东西：a) 他的本质的能够存在者，也就是说，通过这个东西，上帝能够成为自己的他者或不同于他自身；b) 一个必然等同于自身的东西，正因如此，它是纯粹的存在者，与上帝的本质无关。但那个**能够**不同于自身的东西和这个必然等同于自身的东西是无法区分开的，正因如此，二者与第三个东西，那个在不同于自身时保持自身等同的东

XII, 600

西——那个作为他者（客体）而保持为它自身（主体）的东西——，与精神也无法区分开。就此而言，我们也是在我们的思想之内设定了一种在对象自身那里不能加以区分的三元性；但上帝并不因此就包含着混沌；因此我们可以说，三个潜能阶次在分道扬镳之前对我们而言是混沌，即它们对于我们而言可以**内在地**加以区分，但在对象那里不能外在地加以区分。简言之，1) 混沌就其真实概念而言不是质料元素的统一体，而是精神性潜能阶次的形而上的统一体；2) 它也不是无穷多元素的统一体（这是通常对于质料性混沌的看法），而是特定数目或完全固定数目的潜能阶次的确定的统一体。

后面这个规定尤其在雅努斯的形态里显露出来，因此，如果这个外在的联系同时表明自己是一个内在的、以事情本身为根据的联系，那么那个在整体上与希腊神话平行的罗马神话就可以被认为是一个进步，也就是说，它不再把非纯粹的东西看作单纯的混沌，而是看作一种已经把各个环节区分开的混沌。这样一来，雅努斯实际上仅仅是卡俄斯的仿佛人格化了的概念，亦即完全已规定的概念。

XII, 601

为了更明确地展示这一点，我首先指出，人们曾经提到雅努斯的一座雕像，它不是雅努斯的全身像，仅仅是一座有两张脸的头像，或者说一座由两张背对的脸构成的头像。也就是说，这座雅努斯头像虽然也是混沌意义上的统一体，但它是那个处于分裂环节，从而可以认识的统一体。注意我并没有说雅努斯是绝对的混沌，而是说他是已经可以认识的、在其概念中走向分裂的混沌，或者换个同样意思的说法，一种即将走向分裂的混沌。背对的两张脸就是原本针锋相对的两个潜能阶次，其相互之间好比正极和负极的关系。当那个应当是负极的东西保持为一种与存在**无关**的纯粹能够，当它坚持自己的否定性，就设定了纯粹的正极或一种同样与能够无关的纯粹存在：前者设定后者，将其拉到自己身边，仿佛用它遮挡自己，并且仅仅呈现为**一个**本质。在这里，两个潜能阶次是朝向内部的，因此对外表现为零（混沌）。在这里，统一体深入到自身内部，成为不可认识的、深渊般的东西，就像人们通常设想的混沌那样。但是，当那个应当是负极的东西崛起之后成为正极（在这种情况下，它并非按照其本性而言就是正极，毋宁只是偶然的正极），它就不再拉扯那个在本性上是正极的东西，而是将其排斥。二者分道扬镳，转过脸去彼此相背。这就是罗马的雅努斯呈现出的那个向外开启的统一体。因此，当奥维德在《岁时记》里这样说雅努斯，Tibi par nullum Graecia numen habet [希腊没有像你这样的神祇]，如果numen [神祇]在这里是指一个人格性的存在者，那么奥维德的话就是正确的。因为混沌始终被看作一个非人格性的东西。虽然也有人指出，希腊的钱币（这些钱币绝大多数是来自忒涅多斯，据说也有一些是来自雅典）上也出现了一种雅努斯头像，但我们不能确定那些钱币上的双头像是否就是雅努斯头像，因为在雅努斯头像里，两张脸都是男性，并且长着胡须，而在希腊的钱币上，其中一张脸是女性。后者或许只不过是暗示着那个贯穿整个希腊神话的普遍观念，即男性原初力量和女性原初力量的结合。除此之外，这些钱币上面同时刻画了太阳和月亮的符号，当然人们并不能由此推出，钱币的制作者认为太阳和月亮是某种不同于男性原初力量和女性原初力量，甚至比它们更高级的东西，因为前者很有可能只不过是后者的**象征**。也就是说，人们没有任何理由认为希腊钱币上面的双头像是雅努斯头像，仿佛只要把背对着的男性脸庞和女性脸庞摆在一起，也可以表达出一个原初的统一体，

XII, 602

一个本身无性别的、像卡俄斯那样的中性统一体，或者说它仅仅以隐蔽的方式（仅仅潜在地）把两张脸庞包含在自身之内，然后两张脸庞在统一体发生分裂的时候才被区分开。

诚然，神话的原初潜能阶次B和A^2在后续的过程中也会显现为男性和女性，但即便这样，也只有两个潜能阶次，而在罗马的钱币上面，两个头之间却有一个象征，很明显是标志着第三个潜能阶次。这个处于彼此背对的两个头之间的象征是一个上弦月。① 古人在解释这个象征的时候说，雅努斯是"全部时间的守护者"（ἔφορος τοῦ παντὸς χρόνου），亦即时间之神，问题在于：1）这个说法没有解释，人们凭什么相信一个上弦月就能够清楚地表达出一位统治着时间的神的概念？2）这个标志所表达出的，究竟是**整体**上的雅努斯，还是整个雅努斯的概念？实际上罗马钱币上面的那个象征更有可能是标示着一个第三者，因此同样只是标示着一个潜能阶次；因为如果已经有两个暗示，那么一个额外添加的象征就肯定不是意味着整体，而是同样意味着一个已规定的东西，即一个第三者。除此之外，人们发现另外一些钱币上面没有上弦月，而是有另一个象征，对于这个象征，甚至埃克赫尔②都不敢断言它究竟是什么东西；他仅仅说：Protuberat quid flori, forte Loto simile [看起来是一朵花，大概

XII, 603

---

① 这个象征出现在米林《神话图集》（*Galerie Mythologique*）收录的一副插图里。对此格尔哈特教授在给我的一封信里说："关于米林《神话图集》（I, 5. 6）里的雅努斯上弦月，人们很难依据阿里格尼博物馆的已经丢失的原本去证实那个明显是**非常随意地**画出的图案。反之《钱币收藏》（pl. I, Nro. 13）里的另一个忠实临摹的样本是确凿无疑的，而且这部著作的文字部分（p. 6, obs. 5）也提到了雅努斯上弦月。"——谢林原注（译者按，米林 [Aubin-Louis Millin, 1759—1818]，法国考古学家。格尔哈特 [Eduard Gerhard, 1795—1867]，德国考古学家）
② 埃克赫尔（Joseph Hilarius Eckhel, 1737—1798），奥地利钱币学家。——译者注

是莲花]①；格雷乌斯②《罗马文物图集》(*Thesaurus antiquitatum Romanarum*)收录的雅努斯画像里，这位神手里也拿着一朵三枚花瓣的花；总之不管这是个什么东西，人们至少可以看出它是一个分出三叉或三瓣的象征，因为它作为第三个东西（或者是最高的东西）同样标示着一个把整个三元性整合起来的潜能阶次。

但是，为什么上弦月标示着第三个潜能阶次呢？对此的答复是：上弦月起初无非象征着一个未来事物，而且是**确凿无疑**的未来事物，即一个尚未存在着，但应当存在的东西，而第三个潜能阶次本身就是未来的潜能阶次，并且在神秘学里也始终被看作一个尚未存在着，仅仅即将来临的东西（荷鲁斯的头上也有一个上弦月）。正因为这个第三者仅仅是**即将来临**的，所以它不能作为一个人格（并通过一张脸庞）表现出来，而是只能通过一个普遍的象征暗示出来。就此而言，我们在雅努斯头像里看到了三个原初的潜能阶次的最完满的象征，这些潜能阶次按照此前解释过的概念来说相当于能够存在者、必定存在者和应当存在者，因此在这个象征里，三个潜能阶次一方面已经分道扬镳，另一方面看起来又是不可分裂的。这样一来，我们在解释整个神话时当作出发点的那个最高概念，几乎可以说在神话自身之内以形象的方式得到证实，而我们的本原也表现为神话的终点。

但我迄今为止关于雅努斯的理念所说的一切，只不过是为了证明，雅努斯的形态包含着某种比我们原本所预想的还要更高级的释

---

① 埃克赫尔：《古代钱币学说》(*Doctrina Numorum Veterum*)第一卷，第5、215页。——谢林原注
② 格雷乌斯（Johann Georg Graevius, 1632—1703），德国语文学家和历史学家。——译者注

义的要素,也就是说,这种更高级的释义是可能的。但这种更高级的释义因此就是**必要的**吗?人们之所以推崇这种释义,不就是因为他们过于偏爱所谓的更高级的解释,却惘然不顾那些近在咫尺的更简单的、更容易为普通人理解的解释?比如雅努斯的两张脸就是指过去和未来,这难道不是显而易见的吗?又因为前后相继的时间或时间周期处于这样的关系,即前者的终点就是后者的开端,所以人们才用这样一个双重象征去标示一年的开端,后来也用雅努斯的名字去称呼每年的第一个月。[1]因此,如果人们只知道这个象征本身,此外只知道所有的大门和通道都装饰着雅努斯神像,那么他们只需要说出这些就够了,即雅努斯神像总是会出现在两个状态分道扬镳的地方或区分向前和向后的地方,简言之,雅努斯**一般而言**仅仅是过去、现在和未来的象征。但马克罗比乌斯指出,雅努斯在撒利安人最古老的诗歌里被尊为"众神之神"(Saliorum antiquissimis carminibus Deorum Deus canitur)[2],并且在苏尔皮修[3]的四音韵脚诗歌里被称作principium Deorum[众神之王];这些说法证明,雅努斯不属于那些后来在神话过程里产生出来的神,而是被看作整个诸神世界的源头和统一体。但他只有作为那些引发了过程的神的统一体,亦即作为那些形式化的神的统一体,才能够被这样看待。他只有作为那些原初的潜能阶次的统一体——通过这些潜能阶次的分裂,才设定了神谱过程,也就是说,一般地设定了诸神——,才能够叫作"众神之神"和"众神之王"。对此的证据是,在那些刻

---

① 西方语言里的"一月"(Januar, January)就是用雅努斯命名的。——译者注
② 马克罗比乌斯:《农神节》第一卷,第9章。——谢林原注
③ 苏尔皮修(Sulpitius Severus, 363—420),早期基督教历史学家。——译者注

有雅努斯的钱币上面，除了可以看到他的另一些属性之外，还可以看到所谓的双子守护神，对此我只想指出，他们就是那些纠缠在一起的潜能阶次的标志或象征；希腊人和罗马人把他们放在卡比洛斯（Kabiren）的名义下对他们加以祭拜，但瓦罗①指出，伊特鲁里亚人把他们称作Dii consentes et complices [形影不离的神]，因为他们只能一起产生，一起死亡（Quia oriantur et occidant una）。②

这些特征表明，雅努斯与这些形式化的神有一个直接的关联，即他是这些神的神，而这些神本身相对于那些后来由他们生产出的质料性神祇而言又被称作 Deorum Dii [众神之众神]，由此得出如下一个从下至上的序列。最下面的是那些单纯被生产出来的神（他们是B的具体现象，对应于自然界的形体事物）。他们之上是一些作为原因的神，这些神**不是**被生产出来的，而是进行生产，是神谱力量本身。他们超于质料性神祇之上，正如三个原因超于自然界的具体事物之上，而按照古人的学说，万物都是这三个原因的共同作用而产生出来的。也就是说，这些作为纯粹原因的神不仅超于那些被生产出来的神之上，而且他们作为后者的共同原因或共同本原，又是众神之众神。从他们出发，又有一个推进——这不是一个哲学意义上或科学意义上的推进，更不是什么人为制造的推进，因为我们在这里讨论的是一个必然的、按照内在法则而发展的、一直来到终点的过程——即在 Deorum Diis [众神之众神]之上，按照一个必

---

① 瓦罗（Marcus Terentius Varro, 前116—前27），罗马诗人和学者。——译者注
② 转引自阿诺比乌斯：《反异教徒》（*Adversus Gentes*），第三卷，第40章。亦参阅谢林：《论萨摩色雷斯诸神》，注释115。——谢林原注（译者按，阿诺比乌斯[Arnobius]，公元4世纪的基督教作家）

然的而非偶然的推进，还有一个作为Deorum Deus [众神之神]的统一体，是他生产出那些作为原因的神。如果雅努斯从最早的时间开始就被当作**众神之神**来祭拜，如果他被称作principium Deorum [众神之王]，这件事情就不可能有另外的意义。作为这个意义上的众神之王，雅努斯在另外一些方面也得到承认，比如在所有的献祭仪式里，无论是祭拜哪一位神，人们都首先想到雅努斯。马克罗比乌斯说：Invocatur primum, cum alicui deo res divina celebratur [人们在向一位神献祭时，首先要呼唤雅努斯]①，西塞罗说：Quumque in omnibus rebus vim haberent maximam prima et extrema, pricipem in sacrificando Janum esse voluerunt [因为开端和终点是所有事务中最重要的，所以他们在仪式中首先向雅努斯献祭]。②

XII, 606

雅努斯通常被称作Initiator [开端者]。很多人觉得这是一件麻烦的事情，即在这种情况下，拉丁神话和伊特鲁里亚神话里面仿佛有**两位**最高的神，即雅努斯和朱庇特。但当雅努斯和朱庇特被称作最高的神时，意思是完全不同的，因为后者仅仅是质料性神祇的首领。更何况我从来没有听说过雅努斯被称作"最高的神"，只听说过他被称作"最初的神"。因此困难在于人们混淆了这两个概念。朱庇特作为最高的神，是相对于质料性神祇而言，而不是相对于雅努斯而言；他之所以是最高的神，因为他是最终的神，是所有的神的终点。瓦罗说：Jovi praeponitur Janus, quia penes Janum sunt prima, penes Jovem Summa. Prima enim vincuntur a summis, quia licet

---

① 马克罗比乌斯：《农神节》第一卷，第9章。——谢林原注
② 西塞罗：《论诸神的本性》，第二卷，第27节。——谢林原注

prima praecedunt tempore, summa superant dignitate [朱庇特的地位高于雅努斯,因为雅努斯是最初的神,朱庇特是最高的神。因为最初的东西会被最高的东西征服,前者虽然在时间上占先,但后者在尊贵性上占优]。①可见这里清楚地区分了prima [最初]和summa [最高]。雅努斯不是最高的神,因为"最高"是一个**相对的**概念,最高的神以自身之外的另外一些较低的神为前提,但雅努斯出现的时候还没有别的神。正如之前所说,他是全部神祇的原初统一体和源头。

经过以上讨论,我们基本上已经可以断定,雅努斯不是与别的神处于同一个层次,而是位于诸神体系的开端,就此而言与赫西俄德所说的卡俄斯处于平行的地位。以此为前提,一切余下的事情就很好解释了。

首先值得注意的是罗马的那个宗教习俗,即雅努斯神庙的大门在战争时期是开启的,反之在和平时期是关闭的。人们试图这样解释这个宗教习俗,即那座在和平时期关闭的雅努斯神庙是罗马最古老的城门的遗址,而这个城门正对着与之交战的萨宾人;后来随着城市的扩张,这座城门变成了市中心,仅仅被当作一个通道;也就是说,那个宗教习俗起源于最初与萨宾人交战时普遍采用的预警措施之一。诚然,在与敌国交战的时候,临近敌人的城门是重要的哨所,但按道理说,城门应当在和平时期开启,在战争时期关闭,但罗马的情况刚好相反。这件事情怎么解释呢?近代那位直到晚年都在精心研究雅努斯的布特曼②,其唯一想到的就是奥维德已经给出的解释,

---

① 参阅谢林:《论萨摩色雷斯诸神》,第104页。——谢林原注
② 布特曼(Philipp Karl Buttmann, 1764—1829),德国历史学家。——译者注

即ut populo reditus pateant ad bella profecto [让人们在打仗的时候有一个安全的退路]；也就是说，罗马人在战争时期把城门开启，是为了让失利的军队尽可能迅速地撤回城内。这种对于退路的操心在我看来并不是很符合罗慕路斯①的那种mascula proles [男子汉气概]，反而让我想起革命战争时期一位军官在谈到一支失利的军队时的说法，即如果打了败仗，人们非常清楚应当到哪里去，那就是回家去，反之如果打了胜仗或者需要挥师前进，一切反而变得很不确定。因此布特曼的那个解释是不值一驳的，而我们既然已经能够断定雅努斯是最高的理念，亦即是原初统一体的理念本身，就不难在罗马的那个宗教习俗中看到一个更高级的意义，而不是认为它仅仅与通常的战争有关。再者，罗马最初的政治制度必定从一开始就具有深刻的伦理基础和宗教基础，因此这个国家在后来的历史中才能够势如破竹般地迅速壮大，所以我们也更倾向于认为，即使是那个习俗，也必定是以一个更深刻的宗教意义为前提。

XII, 608

也就是说，只要那些原初潜能阶次相互聚拢在一起或朝向内部，统一体对外就表现为宁静与庄严的和平；然而当统一体开启自身或展开自身，换言之，只要那些潜能阶次转向外部，随之分道扬镳，就产生出冲突或战争。因此，如果罗马的雅努斯神庙开启的大门意味着战争，其关闭的大门意味着和平，那么这个情况只能是起源于一个不久之后被明确说出的观念：战争是万物之父（πόλεμος ἁπάντων πατήρ），而且这个学说和某些最古老的思辨真理一样，都是一种从神话立场转移到科学立场的认识。雅努斯作为那个统一体，在深入

---

① 罗慕路斯（Romulus），罗马城的建立者。——译者注

到自身**内部**的时候**对外**就表现为宁静与和平,在揭示自身的时候就成为战争和斗争的原因(真正说来,只有这种斗争才确保万物的持续存在)。——在这个意义上,雅努斯也是战争与和平的统一体,统一与对立的统一体[①],这对于那位很明显受到历史学家影响,亦即经过毕达哥拉斯学派理念熏陶的努马·庞皮留斯[②]来说并不是什么过于高深的思想,据说是他第一次关闭了雅努斯神庙,以此作为和平的标志。

通常人们在提到雅努斯神庙的关闭时都是说:Janum Quirinum clusit [他关闭了雅努斯-奎里努斯];但贺拉斯的一个著名文本却说:vaccum duellis Janum Quirini clausit [它关闭了雅努斯-奎里努斯,现在已经没有战争了],因为雅努斯在这里是被当作通称名词来使用的,并且意味着通道,所以可以看出奎里努斯(Quirinus)仅仅是雅努斯的另一个**名字**,更何况我们不要忘了,尤利乌斯·凯撒曾经劝说他的士兵不要去羞辱平民(Quirites),而平民的意思就是"和平的居民",因此这里还可以推导出一个**区别**,即奎里努斯是专指和平时期的雅努斯,亦即关闭的雅努斯。无论如何,这就解释了奎里努斯在罗马的民众意识中的崇高地位,因为其中设定了罗马民族的最高统一体本身;同时我们也理解了贺拉斯在向奥古斯都提出如下祝愿时的心情:Laetus intersis populo Quirini [但愿你与奎里努斯的子民一起长治久安]。

众所周知,失明的罗慕路斯被认为就是奎里努斯,或者说是奎

---

① 按照马克罗比乌斯《农神节》第一卷第9节的说法,Janus Clusivius [关闭的雅努斯]和 Janus Potulcius [开启的雅努斯]是合为一体的。——谢林原注
② 努马·庞皮留斯(Numa Pompilius),罗马的第二任国王。——译者注

里努斯的原型。但更正确的做法不是把奎里努斯看作已经神化的罗慕路斯的名字，而是把罗马的这位首任国王看作**失去神性的**奎里努斯，这样大概就可以证明，罗慕路斯和他的兄弟雷慕斯（Remus）以及儿子（努马·庞皮留斯）本身仅仅是**神话**意义上的潜能阶次；相应地，罗马的原初历史就并非像一位著名而深刻的研究者所假设的那样是起源于一些原本只具有历史意义的英雄诗歌，毋宁仅仅是一种降格到历史立场的更高层面的历史，即神性的历史或神话历史。好比我们一旦承认了雅努斯的更高意义，就很容易知道，奎里努斯的名字并不是起源于萨宾语的curis [长矛]，因为这个词源学只不过是立足于后期罗马作家的权威。如果要让我来说（当然我在这里不可能进一步旁征博引），那么奎里努斯是起源于"能够"（queo, quire）或"可能"（posse）。刚才提到的卡比洛斯在罗马人那里叫作Dii potes [能力之神]，而potes是起源于"能够"（pos, potis），比如pos-sum的意思就是"我能够"或"我有能力"。他们之所以叫作"能力之神"，并非仅仅基于他们能力的普遍概念，并非仅仅因为他们强大（因为最终说来所有的神都是强大的），而是指他们作为神祇而言是**纯粹的**潜能阶次，是纯粹的原因，并且超然于质料性神祇之上。雅努斯作为原初统一体，仿佛是这些潜能阶次的潜能阶次，是这些潜能阶次本身仍然处于潜能状态时所在的核心——因为相比于它们在分裂之后或处于相互的张力中的状态，现在它们处于潜能状态。也就是说，奎里努斯作为这些潜能阶次的源头，是一位无所不能的神，一位本身具有原初能力的神，一位原初的能力之神，一切东西都服从于他或他的能力。

XII, 610

就此而言，我认为刚才提到的那位研究者提出的一个猜测并不是荒诞可笑的。他猜测奎里努斯是罗马的拉丁语名字，但这个名字就像马克罗比乌斯所说的那样，被秘而不宣。虽然他还进行了别的解释，但他的这个猜测在我看来是接近于真相的，因为奎里努斯实际上只不过是希腊语"罗马"('Ρώμη)的拉丁文名称，这个希腊词语也意味着"强大""力量""能力"，和拉丁语的potentia是同一个意思。无论人们出于什么理由来驳斥我从"能够"推导出奎里努斯的做法，我都要立即指出，Quirinus仅仅是Cabirinus的一个弱发音（或一个同样基于相似性的缩写），而在这种情况下，奎里努斯看起来就是卡比洛斯（那些作为原初潜能阶次或万物的原因的神）的源头和核心。因此仍然是同样的结果。至于quire和Quirinus中的第一个音节以及Cabirinus中的第二个音节的不同数量，我认为并不构成反驳，因为有足够多的例子表明（而且我们在后面也会看到几个例子），原来的音节nominibus propriis [在作为专名时]会发生变化。当然这些都是次要的。我的主要观点是，雅努斯是一个与希腊的卡俄斯平行的形态，因此他实际上是全部神话的原初潜能阶次。作为这个观点的决定性佐证，我再援引奥维德让雅努斯亲口说出的一句清楚无疑的话：

Me chaos antiqui (nam sum res prisca) vacabant.
[古人把我称作卡俄斯，因为我是极古老的。][1]

奥维德肯定不是凭空臆想出这个说法；正如我们已经用一个

---

[1] 奥维德：《岁时记》第一卷，第103行。——谢林原注

例子表明的,他的《岁时记》开篇处的雅努斯颂歌基本上不是表述他自己的观点;因此这大概是奥维德的时代一个**已有的**和流行的传统观点,即雅努斯在更早以前或在最初的时候就是希腊人所说的**卡俄斯**。我们不能用某些人偏爱的、但实际上很肤浅的方式去解释这个说法,仿佛二者之所以具有可比性,仅仅是因为卡俄斯在希腊人那里是开端,而雅努斯在罗马神话里也是一位生产和开启出一切东西的神。比较之下有更深刻的基础,甚至就包含在那个具有决定性意义的名字之内。正如此前所说,卡俄斯起源于基本词χάω,这个词语在字面上是"开启"的意思,其所指的是一个如同吞噬万物的深渊一样的东西在那里敞开着。那么雅努斯又是起源于什么词语呢?西塞罗认为起源于eo [去那里],因此雅努斯原本叫作埃阿努斯(Eanus)。①诚然,人们可以经过一座城门或一个通道,但即使没有通道,人们照样会走路去什么地方:那么埃阿努斯为什么会变成雅努斯呢?虽然拉丁语没有动词io,却有一个动词hio,而这个词语和希腊语的"开启"(χάω, χαίνω)完全是同一个意思,因此雅努斯原本应当叫作希阿努斯(Hianus)。若非一位古代作家支持这个推导,恐怕没有人敢采取这个近在咫尺的,但看起来体现不出渊博学识的做法。我不想指责我的前人们忽视了费斯图斯②的这个推导;毕竟我自己也是在独立思考的情况下通过概念的单纯必然性才想到同样的推导,后来却发现它已经出现在费斯图斯的著作里,但不是在解释"雅努斯"的地方,而是在解释"卡俄斯"的地

XII, 611

---

① 西塞罗:《论诸神的本性》,第二卷,第27节。——谢林原注
② 费斯图斯(Sextus Pompeius Festus),公元3世纪的罗马语法学家。——译者注

方。费斯图斯是这样解释的:Chaos appellat Hesiodus confusam quandam ab initio uitatem [赫西俄德把卡俄斯称作原初的紊乱的统一体]。①按照之前的评论,这里的"紊乱"(confusa)并不是一个准确的词语,但"原初的"(ab initio)这个补充的说法表明,卡俄斯至少不是后来通过一些已有的和分散的元素的混合才导致的紊乱,而是一个原初的统一体。此外请注意"统一体"(unitatetm)这个词语,可见我们把卡俄斯规定为原初统一体的做法并不是把近代的一个哲学理念附会到卡俄斯身上,而人们既不能指责费斯图斯对近代哲学一无所知,更不能指责他偏爱近代哲学。为连贯性起见,我在这里摘录他的整段文字:Chaos appellat Hesiodus confusam quandam ab initio uitatem hiantem patentemque in profundum, ex eo et χαίνειν Graeci, et nos hiare decimus. Unde Ianus detracta aspiratione nominatur ideo, quod fuerit omnium primus, cui primo supplicabant velut parenti, et a quo rerum omnium factum putabant initium [赫西俄德把卡俄斯称作原初紊乱的、向着深渊开启自身的统一体,这个名字起源于希腊语的χαίνειν,即我们拉丁语的hiare。因此人们用缩短的送气音把雅努斯称作万物中的第一位神和万物所依赖的父母,因为人们相信,万物最初都是从他那里产生出来的]。

  以上文字不但证明了我们对于雅努斯名字的解释,更证明了雅努斯本身是一个与卡俄斯平行的形态。就此而言,我认为有必要指出,布特曼依据这位神在各种场合获得的称谓及其在所有献祭仪式

---

① 费斯图斯:《论动词的特征》(*De significatione verborum*),C. O. 缪勒版,第52页。——谢林原注

乃至日常事务里获得的普遍而崇高的地位，也认为把雅努斯仅仅看作一位门神是不合适的。他进而认为，雅努斯作为罗马民族的远古的诸神，必定拥有一个广阔的神性范围，而狄安娜（Diana）这个名字为此给出了一个意味深长的暗示，因为Diana显然是diva-Jana或dia-Jana的缩写，这表明已经存在着一位**雅娜**（Jana）女神，也就是说，既然狄安娜无疑是月亮（Luna），那么**雅努斯**除了是太阳（Sol）之外还能是别的什么呢？——关于狄安娜这个名字，哪怕它确实是起源于雅努斯，我还是觉得Di是拉丁语的那个意味着"双"的前缀，因此狄安娜是二元性的原因，是一位导致雅努斯分裂的神，因为在那位已经分化的、可见的和形象化的雅努斯的根基处，还有一位不可见的，仍然纠缠在自身之内的雅努斯。这个解释并不是信口开河，因为狄安娜通常确实被看作二元性和张力的最初原因；她的特性也暗示着这一点，比如她的形象绝大多数时候都是通过交替的张力和舒缓去营造世界的和谐，而其中一个形象就是弓（βιός），这是一个意味深长的形象，因为它和生命（βίος）只有重音上的区别。狄安娜是喜欢拉弓的女神；弓必须被一再拉满，而生命作为弓第一次拉紧的东西，不应当返回到无之内。与此相反，狄安娜与月亮的联系绝不是一个原初的联系，毋宁只是后来衍生出来的，而且从我们的观点来看，我们根本不会认可把整个丰富多姿的神话回溯到太阳和月亮的片面做法，也不会认可布特曼的那个观点，即朱庇特和朱诺原本无非是天空和大地，仿佛只有当神性的概念变得尊贵之后，雅努斯和雅娜，朱庇特和朱诺才具有了精神性的意义，与那两个巨大的**偶像**区分开；单是布特曼的那个做法，即把"偶像"这个称呼——它仅仅适用于神话的一个后来受到限制的和地位极低的环节——用在那两个巨大光

XII, 613

源（它们是原初崇拜的主要对象）身上，就表明他的观点甚至远远不如他的前辈们的那些较少论证的观点。

那么这位以上述方式达到更高地位的神的**名字**究竟是从哪里来的呢？布特曼认为很简单：好比拉丁语的jugum［横梁］起源于希腊语的ζυγόν［横梁］，雅努斯也起源于古多立克语的Zάν［宙斯］，雅娜起源于Zανώ，后面这个词语据说恰恰是赫拉的意思。但是，即便上述说法是正确的，接下来必须要问，为什么崇高的天空之神会降格为一位负责家庭事务，看管大门和进出通道的神呢？布特曼还是认为很简单：这归咎于一种错误的词源学。也就是说，罗马人混淆了两个碰巧发音相同的词语janus（通道）和janua（大门），于是雅努斯稀里糊涂地成了门神，好比按照内特斯海姆的科尼利乌斯·阿格里帕[①]的一个说法，德国人用"圣·瓦伦丁"去称呼癫痫，法国人用"圣·尤特罗皮乌斯"去称呼水肿。[②]布特曼认为通称名词janus和janua都是起源于eo［去那里］，因此很自然地认为这两个词语和神的名字都是起源于hio［开启］，但既然雅努斯本身就是原初封闭的、随后向一切存在开启的大门，我们何必绕着圈子借助这一串推导去解释这位掌管着通道亦即开启的大门的神呢？此外众所周知，罗马雅努斯神庙的大门从努马时期一直到第一次布匿战争结束的时期，然后从那时一直到奥古斯都时期都是开启的。正如克罗伊策所说，奥古斯都曾经

XII, 614

[①] 阿格里帕（Cornelius Agrippa von Nettesheim, 1486—1535），中世纪德国神秘主义哲学家。——译者注
[②] 圣·瓦伦丁（St. Valentin），3世纪的罗马殉道者，对癫痫患者、恋人、养蜂人非常友好，而他殉难的日子（2月14日）在后世演变为西方的情人节。圣·尤特罗皮乌斯（St. Eutrope）也是3世纪的殉道者，在一座以其命名的教堂里，法国国王路易十一治愈了久患的水肿，因此他捐资为教堂修建了80米高的钟楼，并大肆宣扬这个奇迹。——译者注

有一段时间想要让他的统治具有努马时期的美好形象，并且在他的统治期间至少三次关闭雅努斯神庙的大门，让罗马人享受那个古老的、崇高而神圣的、几乎已经绝迹的宗教习俗。

此外我还想简要指出，德语里面与希腊语的"开启"（χάω, χαίνω）相对应的那个词语也被诗人用来描述一个裂开的或阴森森的深渊，比如"深渊对我们张开大嘴"。最后我还想请大家注意塞内卡《奥塔山上的赫尔库勒斯》（*Herkules auf Oeta*）这部悲剧里的一个段落，在那里，合唱队说出了奥菲欧教的智慧，即一种关于万物（包括诸神在内）的没落的学说：

> Coeli regia concidens
> Ortus atque obitus trahet,
> Atque omnes pariter Deos
> Perdet mors aliqua et Chaos.
> [崩塌的天宫
> 将终结一切产生和消灭，
> 卡俄斯和一种死亡
> 也将摧毁所有的神。]

注意诗人说的是"一种死亡"（mors aliqua），因为诸神所经受的不是普遍的死亡，而是一种特殊的死亡。他们的死亡就是回归卡俄斯。就此而言，卡俄斯是诸神的**终点**，正如它在赫西俄德那里是诸神的**开端**。

第二十七讲
希腊神谱的分期以及神话和神秘学的区别

此前我在讨论赫尔曼的理论时已经证明，希腊神谱里的卡俄斯概念不可能是起源于希腊神话的最初源头。[①] 这个位于神谱开端处的概念足以证明，神谱本身已经是一种致力于理解自己、分析自己并解释自己的神话的作品。赫西俄德首先提到那个仍然位于全部神话之上的卡俄斯，随后只说了一句αὐτὰρ ἔπειτα [然后]，就过渡到第一个形态。这里很自然地出现了神话的最古老的过去，这种过去作为天空崇拜只能是质料性的萨比教。因为他**只能**把萨比教作为过去而接纳下来。他说，最先产生的是卡俄斯，然后产生的是胸膛宽阔的大地（γαῖα εὐρύστερνος）；他把大地称作全部不朽神灵的永恒牢靠的驻地，也就是说，大地就其本性而言是全部神灵的设定者，从而是神谱的根据。这里出现了很多值得注意的地方，容我一一道来。

首先，第一个从中性的或无性的卡俄斯那里显露出来的东西，是一个**女性**本原，γαῖα [大地或该亚]。下面是对此的解释。在整个神谱里，关于神的**意识**和神本身之间的关系都相当于女性和男性

[①] 参阅谢林：《神话哲学之历史批判导论》，第45页。——原编者注

的关系。意识作为神的**设定者**，相对于神而言具有**优先性**；但意识 XII, 616
的**存在**只是为了成为神的设定者，因此意识在这种情况下相对于
神而言又处于**从属**的地位。优先性（Priorität）并不包含着优越性
（Superiorität）。为了同时表达出**二者**（一方面相对于神而言具有优
先性，另一方面又从属于神），唯一的办法就是将其设定为一个**女性
的**生育神的本原。这不是一个人为捏造的表述，毋宁只是以一种自然
的方式表达出客观的现实关系。也就是说，女性本原之所以首先出
现，只是为了去设定神。

其次，赫西俄德并没有说 γαῖα [大地或该亚]如何从卡俄斯那里
显露出来；只有一点是清楚的，即卡俄斯并没有**生出**她。但"胸膛宽
阔"这个修饰语包含着一个暗示。在这个修饰语里，"宽阔"暗示着
此前是一个狭隘的或**存在**于困境中的东西。该亚本身是那个把神
设定下来的实在本原。只要这个本原保持在这样的关系中，即它本
身并不**存在着**，仅仅是神的设定者，这时就只有卡俄斯；一旦它崛起
为存在——这个崛起恰恰包含着整个过程的开端，包含着最初的张
力——，同时又想eodem loco [留在原来的地方]，留在内核里，它就
处于困境和畏惧之中。为了摆脱困境，它必须显露出来——将自身
质料化。这个最初的东西，这个从内到外的东西，就是 γαῖα [大地或
该亚]；它起源于动词 γάω [产生]，此外也可以被解释为 χωρέω [腾出
地方或让位]。这个让出核心位置而来到边缘，并变得宽阔的本原就
是 γαῖα εὐρύστερνος [胸膛宽阔的大地]。正如大地在希腊语里是通
过变得宽阔或让出地方（locum dare）而获得名字，在别的语言里，
比如在闪米特语言里，大地也是通过屈从而获得名字，因为它在闪
米特语言里其实是"被贬抑者"的意思。二者是一回事。但由于这

个实在的、对意识而言已经成为大地的本原是设定神的根据，所以它恰恰通过变得宽阔而成为全部神灵的永恒牢靠的驻地（πάντων ἕδος ἀσφαλὲς αἰεὶ ἀθανάτων）①，亦即成为全部神灵的实在的设定者，成为神谱的根据。在赫西俄德那里，该亚或意识的已经质料化的原初本原的唯一功能就是首先生出一位与她相同的神，那位整齐地覆盖着她，承载着群星的天空之神乌兰诺斯（Γαῖα δέ τοι πρῶτον μὲν ἐγείνατο ἶσον ἑαυτῇ Οὐρανὸν ἀστερόενθ᾽, ἵνα μιν περὶ πάντα καλύπτῃ）。②这里无疑接纳了原初时间的萨比教，尤其值得注意的是，这里如何以一种明确的方式区分了非神话的萨比教和后来的神话。该亚独自——在没有交合的情况下——设定或生出了乌兰诺斯，让他整齐地覆盖着她，而她在这种情况下重新成为被封闭的东西，也就是说，外在的东西重新成为以前那样的内在东西。谁会看不出这里有一个**过程**，而且是一个universio［颠转］过程呢？

同样，在没有交合的情况下，或者如《神谱》（第132行）所说的，"在没有甜蜜之爱的情况下"（ἄτερ φιλότητος ἐφιμέρου），该亚还设定或生出了绵延起伏的高山（οὔρεα μακρά）、不产果实的深海和蓬托斯，即一些纯粹实在的对象。真正具有神话意义的神是通过该亚与她自己生出的丈夫（乌兰诺斯）结合才产生出来的；因为在该亚的所有产物里，只有承载着群星的乌兰诺斯才是ἶσον ἑαυτῇ［与她相同］。也就是说，这里才奠定了神话的根据。但是——这又是非常值得注意的一点——，该亚和乌兰诺斯生出的孩子不再是**纯粹的**自

---

① 赫西俄德：《神谱》，第117行。——谢林原注
② 赫西俄德：《神谱》，第126—127行。——谢林原注

然对象,而是已经具有神话意义的、精神性的神祇,而且我们马上就会发现,这些孩子虽然被生出,但仅仅保持隐蔽状态,并没有显露出来。就此而言,神谱的第一个时期实际上仍然局限于质料性的萨比教。那些超出萨比教的东西,**仅仅**被设定为未来的东西。更高的、精神性的神仅仅表现为现在之中的未来,仅仅表现为一些被规定为只有在未来才真正**存在**的神。因为**乌兰诺斯**,即质料性的萨比教,仍然把精神性的神封闭起来。

该亚和乌兰诺斯最先生出的族类是**提坦**。如果我们分别考察这些提坦的名字,就会发现俄刻阿诺斯(Ὠκεανός)与深海(Πέλαγος)和蓬托斯(Πόντος)之间的区别(后两者是该亚在没有与乌兰诺斯交合的情况下独自生出的),也就是说,该亚在第一个时期独自生出的是纯粹实在的潜能阶次,并且属于单纯质料性的萨比教,但这些潜能阶次在第二个时期已经具有神话意义上的人格性。提坦不再是星辰,也不是星辰的形象,总之不再是现实的对象,毋宁相对于这些对象而言已经是精神性的神。特别是如果我们接受赫尔曼从语法学的角度做出的无可辩驳的解释,那么提坦的名字就不是星辰本身,而是一些支配着星辰运动、仿佛相互竞争的力量,比如许佩里翁(Hyperion)和伊阿佩托斯(Japetos)。①但提坦只有伴随着克罗诺斯才从隐蔽状态中显露出来,因此他们在第一个时期实际上并未现实地**存在**着,就此而言,神谱里面只有三个时期:a)乌兰诺斯的时期或纯粹实在的潜能阶次的时期;b)观念的-实在的潜能阶次的时期,即那些伴随着克罗诺斯才见诸光明的提坦时期,因为

XII, 618

---

① 参阅谢林:《神话哲学之历史批判导论》,第39页。——原编者注

XI, 39

在提坦那里，那个实在的、粗野而强悍的本原虽然已经提升到精神性，但始终没有被克服；任何人只要知道古人所说的灵魂的提坦因素——普鲁塔克认为这个因素是激情、非理性、被设定在自身之外的东西(τὸ ἔμπληκτον)的同义词——是什么意思，对于我们的这个主张就不会要求进一步的证明；c)完全观念化的神或宙斯神族的时期。至于"提坦"这个总称的意义，在我看来是不可能有争议的。赫西俄德本人就提供了一个具有最高的权威性的说法，即它是起源于"紧张"(τείνω, τιταίνω)。诚然，赫西俄德认为这个名字所指的是伸出手去阉割乌兰诺斯的行为，而只有乌兰诺斯最小的儿子亦即克罗诺斯实施了这个行为，但我们从赫西俄德那里接受的仅仅是词源学本身，即"提坦"得名于伸手和紧张。至于第一个音节在数目上有所不同，在τιταίνω里是短音，在τιτάν里是长音，这些都不构成反驳。任何提到"紧张"或"张力"的地方，无论是在原本的意义还是在派生的意义上，人们都使用τιταίνω这个动词，因此我们发现神话本身就包含着我们经常使用的这个术语。在提坦那里，实在本原和观念本原之间的张力或者说实在本原的紧张仍然占据着支配地位。因为在自然界里，每当一个起初隐蔽的（潜在的）东西显露出来，每当一个起初不发挥作用的东西开始发挥作用，都会表现为紧张或张力。因此人们很自然地也用这个名字去称呼提坦，因为在他们那里，那个从不可见状态显露出来的实在本原仍然保持着紧张状态。

简言之，该亚和乌兰诺斯最先生出的族类是提坦，但他们不再是实在的对象，而是观念的存在者，因此真正说来属于一个较晚的时期。他们在质料性的萨比教时期起初仅仅**潜在地**存在着，这体现于乌兰诺斯把他们封闭起来，不让他们见诸光明。该亚和乌兰诺斯生出的第二个族类是**库克洛佩斯**（Kyklopen），他们是一个还要更晚时期的预兆。因为提坦已经伴随着克罗诺斯的统治获得解放，而库克洛佩斯（以及百臂巨人）要等到宙斯来临才获得解放。①

库克洛佩斯和他们的百臂巨人兄弟要等到宙斯来临才获得解放——这证明他们在乌兰诺斯时期是宙斯统治权的预兆，正如提坦是克罗诺斯统治权的预兆。也就是说，库克洛佩斯和百臂巨人对于一个较晚的时期而言是预先形成的，同时具有最初那个时期的粗犷特征；因此很自然地，当他们真正见诸光明之后，只能承担一些次要事务。库克洛佩斯与宙斯并肩战斗对抗提坦，至于百臂巨人，即布里阿瑞斯、科托斯和古埃斯，其任务是看守被宙斯打入塔尔塔洛斯的提坦。

对于该亚和乌兰诺斯共同所生的这些孩子，人们千万不要迷惑于通常的解释（比如像卡尼②那样），以为他们已经现实地存在着。《神谱》关于这一点的说法是非常清楚的：在该亚和乌兰诺斯生下的所有子女中（ὅσσοι γὰρ Γαίης τε καὶ Οὐρανοῦ ἐξεγένοντο）③——注意这里说的是**所有**子女，没有例外——，他们不服从父亲（σφετέρῳ δ' ἤχθοντο τοκῆι），而且他们不是因为父亲对他们做了什么，而是**从一开始**（ἐξ ἀρχῆς），亦即就其本性而言，就不服从父亲；简言之，并非因为父亲封闭他们，所以他们憎恨父亲，毋宁正相反，因为他们反抗父亲，所以父亲才封闭他们。他们恰恰是作为一个较晚时期的潜能阶次而反对和敌视父亲，因为他们已经包含着那个有

XII, 620

---

① 赫西俄德：《神谱》，第501行以下，第617行以下。——谢林原注
② 卡尼（Johann Kanne, 1773—1824），德国作家、神话学家、东方语言学家。——译者注
③ 赫西俄德：《神谱》，第154行。——谢林原注

朝一日将要推翻乌兰诺斯统治的本原，所以乌兰诺斯想要压制这个本原。

赫西俄德在说明理由之后，继续说道：乌兰诺斯把他们封闭起来，不让他们见诸光明（πάντας ἀποκρύπτασκε καὶ ἐς φάος οὐκ ἀνίεσκε），但他是把他们深藏在大地之内（Γαίης ἐν κευθμῶνι），也就是说，他们仍然隐藏在那个从属于乌兰诺斯意识的深处。虽然精神性神祇看起来在最初的那个时期也已经被设定下来，但他们仅仅潜在地存在着。最初那个时期真正存在着的东西只有布满群星的天空、高山、不产果实的深海，简言之只有单纯的自然对象。也就是说，虽然赫西俄德从一开始就让后来的神话意义上的潜能阶次潜在地存在着，或者说**作为**未来的潜能阶次现在已经存在着，但他还是非常明确地把最初的时期刻画为一个自在的非神话时期，并且让神谱从非神话时期过渡到神话时期，就像我们在普遍的神话运动里看到的那样。但在讨论这一点之前，我还想指出，我所追溯的仅仅是《神谱》里真正的诸神历史的主要线索，所以略过了许多与我们的考察目标无关的中间环节（因为我们的任务仅仅在于考察希腊神话里的普遍者）。

XII, 621

在回到卡俄斯之际，我必须指出，赫西俄德还让卡俄斯生出了另外一些东西，即厄瑞玻斯（Ἔρεβός）和黑色的纽克斯（Νύξ），即黑夜。我们可以这样设想这个联系：当自在的绝对者尚未与那个隐藏在它之内、仍然完全封闭的对立相关联，就是卡俄斯；但同一个绝对者也可以与这个对立**相关联**，这样一来它就只能被看作对立的**否定**或单纯**非存在**。与这个偏向于否定意义的概念相对应的，就是厄瑞玻斯，因此人们可以赞同赫尔曼的观点，把它解释为"掩蔽者"。厄瑞玻斯是那个仍然掩蔽和遮挡着对立的绝对者,而意识之内同样有某种女性的、偏向于否定意义的东西与它相对应,它并不否认对立,而是把对立**隐藏**起来。这个东西就是纽克斯。

意识最初的这个黑暗状态或未区分状态已经包含着一些随后从中显露出来的孩子,比如摩罗斯(Μόρος,即厄运或原初偶然性)、摩莫斯(Μῶμος,即全部嘲讽的本原)、悲哀(不是普通的悲哀,而是那种悬在整个人类头上,让人类在神话过程对此有深刻感受的悲哀)、厄里斯(不和)等等。这整个关于纽克斯的段落是一个具有哲学意义的插叙,也就是说,这里出现了一些纯粹的哲学概念。但我的意思并不是说,这个段落相比整篇诗歌的其余部分(比如诗歌的第一行)是更晚出现的。因为整部《神谱》已经是一种对于神话的科学阐述;既然如此,它包含着一些哲学论题,这就不足为奇了,但这些哲学论题并非如海涅①和赫尔曼想象的那样是先于神话而出现的,而是从神话里直接产生出来的。简言之,黑夜的生产谱系具有纯粹的哲学意义。至于另一条贯穿《神谱》的线索,另一个谱系,则是客观的、现实的神谱过程本身。在这里,首先**跟随**卡俄斯出现的是该亚。注意我说的是"跟随",因为赫西俄德在谈到纽克斯和厄瑞玻斯的时候说: ἐκ Χάεος δ' Ἔρεβός τε μέλαινά τε Νὺξ ἐγένοντο [卡俄斯还生出了厄瑞玻斯和黑色的纽克斯],在谈到该亚的时候却只说了一句αὐτὰρ ἔπειτα [然后],即该亚跟随卡俄斯出现。当意识挣脱了质料性的萨比教,就成为随后的整个诸神谱系的根据,但它自己并没有

XII, 622

---

① 海涅(Christian Gottlob Heyne, 1729—1812),德国古典学家和考古学家,赫尔曼的老师。谢林在《神话哲学之历史批判导论》里曾经对他和赫尔曼的神话观提出了细致深入的批评。——译者注

因此被生产出来。整个叙述纽克斯和厄瑞玻斯的子女的段落里面都是纯粹的哲学概念,这些概念虽然不是起源于神话本身最初的产生过程,但很有可能是一种**直接**出自神话本身,并且在神话的**生长**期间自行产生出来的科学意识的产物。因此我完全不同意赫尔曼认为这些关于纽克斯的子女的诗句只不过是一些窜文的观点。克罗伊策已经注意到这些概念与后来的哲学体系(比如恩培多克勒和赫拉克利特的哲学体系)的某些概念的相似性,甚至注意到其中的某些概念与东方学说的某种特征的一致性。

在纽克斯和厄瑞玻斯这些子女里——至于他们还生出了赫莫拉(Ἡμέρη)和以太(Αἰθήρ),则是属于另一条线索——,最先出生的是厄运女神摩罗斯。这里请注意我在前面谈到佩耳塞福涅的时候指出的情况。①从意识的最初自由到神话束缚状态的过渡被看作一般意义上的**原初偶然性**,被看作福耳图娜(Fortuna)或厄运,而佩耳塞福涅本身——刚刚落入实在的神手中的意识——在后期的神话论题里恰恰被称作厄运女神摩罗斯。最初的未区分状态的怀抱里还有死亡厄运、死亡本身及其兄弟睡眠之神。随后出现的是纽克斯的儿子摩莫斯。哪怕人们仅仅关注通常与这个词语联系在一起的嘲讽和指责等概念,也可以清楚看出,如果要进行嘲讽和指责,必须在一个东西之外有**另一个东西**——当他异性首次从统一体中显露出来,就为全部嘲讽和指责奠定了根据。因为摩莫斯这个名字是起源于"争斗"(μάω, μάομαι),所以他是一位寻找他异性、反对者和对立面的神。随后很自然地出现了悲哀之神,他虽然不是伴随着

XII, 623

---

① 参阅谢林:《神话哲学》(上卷),第153页。——原编者注

现实的**他异性才出现的,但全部悲哀的实体已经存在于最初的未区分状态之内。然后是严格意义上的命运三女神和涅墨西斯(我们已经解释过她的概念),再然后是代表着原初幻相的欺骗女神阿帕忒('Απάτη)与不和女神厄里斯("Ερις),后者又生出一个类似的厄运神灵的族类,其中甚至出现了谎言(Ψευδέες Λόγοι)和模棱两可('Αμφιλογίαι),而这些看起来已经和原初的神话没有半点关系。但这些概念恰恰具有不可估量的价值,因为它们证明了一种直接出自神话并且由神话自身产生出来的哲学意识。

为了重新回到那个持续推进的过程,需要再强调一点,即我们迄今为止阐述的都是《神谱》里的那个非神话的时期。那些已经超出这个时期并具有神话本性的潜能阶次,比如提坦和库克洛佩斯,仍然被压制着,不能现实地显露出来。但该亚,亦即那个在惘然无知的情况下从属于另一个更高的东西并希望向着另一个更开阔的时间前进的质料性意识,对子女们的不幸遭遇感到悲痛,对乌兰诺斯把刚生下的子女隐藏到大地(亦即那个仍然从属于他的意识)深处的做法极为不满。于是她和子女们密谋废除或剥夺父亲的权力。如果你们还记得的话,在**普遍的**神话过程里,从非神话时期到神话时期的过渡是通过前一个时期的神亲自转变为女性而发生的,比如乌拉尼娅取代了乌兰诺斯。但这个过渡的**普遍**概念是,那位一直以来占据统治地位的神被剥夺了男性本质,被剥夺了至高无上的权力。这件事情在《神谱》里是这样发生的:乌兰诺斯最幼小的儿子,亦即最后才获得存在的儿子(因此他在提坦里面具有相对最大的神性),通过埋伏的方式(ἐκ λοχεοῖο),在父亲毫无防备的情况下阉割了他,并且把割下的阴茎抛向后方,亦即抛向过去。阴茎掉入大海漂流一段时

XII, 624

间之后，从它周围的浪花产生出柔美的女神阿佛洛狄忒，因此她在希腊神话里也是一位**古老的**神祇，并且在希腊神话里取代了亚洲神话里的乌拉尼娅；并非希腊人从亚洲宗教里搬来了阿佛洛狄忒，毋宁说这位女性神祇作为一个必然的环节已经包含在希腊意识之内，因此当希腊意识发展出完整的神话，亦即那种把之前过程的全部环节都包揽在自身之内的神话，阿佛洛狄忒在希腊意识里也必定会出现于她应有的位置。当乌兰诺斯失去权力之后，世界的统治权也归属于最年轻的提坦亦即克罗诺斯，与此同时，其他提坦——他们不是由克罗诺斯所生的，而是与他辈分相同——也取得了统治地位；但正如之前所说，在这些提坦里占据支配地位的始终是那个未被征服的实在本原的盲目而无理智的本性，一种仅仅立足于粗暴力量的存在，但即便如此，他们和克罗诺斯一样已经是一些相对而言具有精神性的神祇，而克罗诺斯在其**最初的**排斥性里以实在本原已经被征服为前提。

XII, 625　　但克罗诺斯服从于和乌兰诺斯一样的命运；他同样仿佛受制于《神谱》尚未提到的一个隐秘敌人；《神谱》只有到了整个过程的终点才提到这个敌人，因此他在这之前实际上只是通过他的**作用**来表明他的存在，但本身并没有显露出来。克罗诺斯也必定会生出一些超越他和他的时间，从而威胁着他的统治权的子女，因此他不得不把他们封闭起来和隐藏起来，正如他的父亲乌兰诺斯也不得不把他和他的提坦兄弟隐藏起来。也就是说，该亚预先告诉他和乌兰诺斯，他也注定要被自己的儿子废黜。这样我们就回到《神谱》里的那个地方，我们在那里第一次把希腊神话接受下来，把那里看作希腊神话的真正产生环节，这样之前的所有环节——作为过去的环节——才与**这个**环节衔接起来,而且它们在希腊意识里不会**提前**作为现实的,亦即分别**已设定的**环节而存在着,而是只有**伴随着**最终的大分化的环节才出现,而这个大分化的产物就是宙斯的诸神世界。既然如此,我们在这里的任务是要表明这个最终的大分化在希腊神谱里如何把**自己**呈现出来。克罗诺斯的妻子是瑞亚,后者作为提坦之一,当然已经有自己的位置,并且从一开始就是这个名字——总的说来,全部神祇要么从一开始就按照他们的最终概念获得名字,要么他们的名字已经预先表达出他们具有的规定,而这也证明了我们所说的完整神话的产生方式,即早先的东西在意识里不会真正**先于**后面的东西而出现,而是与后者**一起**出现——,因此瑞亚就是那个在克罗诺斯之内已经开始运动的意识,其表现就是,她和过去的该亚一样想要做出推进,并且在准备推翻克罗诺斯的时候,也是和她的那个注定获得未来世界统治权的最年幼的儿子(也是最具有精神性的儿子)进行密议。简言之,克罗诺斯和瑞亚生出六个孩子,三男三女。三位男性神祇是哈得斯、波塞冬和宙斯,而我们已经解释过他们的意义和相互之间的关系。哈得斯预示着克罗诺斯之内未来将要被完全克服的克罗诺斯因素,但正因如此,这个因素**现在**还在坚持。在波塞冬那里所设定是克罗诺斯的那样一个环节,即他作为实在的神被要求服从于一位更高观念的神。宙斯预示着那位已经从盲目存在完全转化为理智的克罗诺斯。因为宙斯不是别的,**正是**那位已经完全转化为理智的克罗诺斯。这三位男性神祇与三位女性神祇相对应(值得注意的是,即使在《神谱》里,女性神祇也是先于男性神祇而被命名的——女性神祇在意识之内展现出同样的东西,她们在意识之内展现出的环节,就是男性神祇在神自身之内展现出的那些环节）。

　　三位女性神祇是赫斯提亚（Hestia）——拉丁语里叫作维斯塔（Vesta）——德墨忒尔（Demeter）和赫拉（Hera）。她们是按照**这个**顺序出现的，单是这一点已经表明她们各自是与哪一位男性神祇相对应，而由于赫拉在这个顺序里是作为宙斯的妻子而出现的，所以赫斯提亚与哈得斯、德墨忒尔与波塞冬无疑也是完全一样的关系。赫斯提亚完全符合我们为哈得斯勾勒出的概念，因为此前我们说：哈得斯是克罗诺斯之内的克罗诺斯因素，亦即那个反抗运动的东西。正因如此，这个因素注定随后要被克服，并转变为哈得斯。但它**尚且**不是哈得斯，虽然我们暂时已经这么称呼它。因此在克罗诺斯的未区分状态的时期，哈得斯尚未**作为**哈得斯而被设定下来，而与之相对应的神祇就叫作赫斯提亚，意思是"固定者"（ἵστημι），她让万物保持**固定**，不让克罗诺斯流动起来，因此首先反抗波塞冬，而就波塞冬仅仅是一个过渡而言，她也反抗全部更高的东西。但是，虽然在**这里**，在持续反抗的环节里，赫斯提亚从名字上看被规定为哈得斯的妻子，但这似乎和《神谱》陷入了矛盾，因为当达到完满的发展或大分化之后，赫斯提亚没有被称作哈得斯的妻子，反而是（到目前为止没有妻子的）哈得斯劫掠了佩耳塞福涅，把她作为妻子带到阴间。《神谱》里的这些矛盾（刚才所说的矛盾并不是唯一的）是非常有意思的。正是这些矛盾让我们不得不相信，《神谱》不是某种人为制造出来的东西——因为只要是人为制造出来的东西，知性都知道如何避免矛盾——，正是这些矛盾表明，我们面对的是某种通过一个**过程**而不由自主地产生出来的东西；因为这个过程是不断推进的，并且在后面的环节重新制造出前面的环节里已经设定的东西，所以它不可避免会陷入自相矛盾。

也就是说，哈得斯的真正未来的妻子是佩耳塞福涅。但由于佩耳塞福涅同时是德墨忒尔的女儿，所以我们看到，在解释清楚德墨忒尔现象之前，要理解这一点是不可能的。

XII, 627

德墨忒尔相对于波塞冬而言的地位已经暗示出，她是意识的那个能够与一位更高的神相接触的方面。如果说波塞冬在质料性的神**之内**是那个与狄奥尼索斯（A^2）相接近或相对应的潜能阶次——波塞冬与狄奥尼索斯的这个关系在希腊也通过某些习俗得到承认，比如赫西基奥斯就认为酒神节是ἑορτὴ Διονύσου καὶ Ποσειδῶνος [为狄奥尼索斯和波塞冬共同举行的庆典]——，那么我们就必须主张，德墨忒尔同样是那个与更高的观念的神相接近的意识，而从这一点来看，我们也没有必要急于提到她和狄奥尼索斯的亲密关系，而是将其留到**后面**再做讨论。就**当前**的环节而言，德墨忒尔是波塞冬的伴侣（后来她被换成了安菲特里忒），赫斯提亚是哈得斯的伴侣（但克罗诺斯被打败之后，哈得斯从隐蔽状态显露出来，劫走了佩耳塞福涅）；为了解释这些情况，我们的注意力必须从最终的大分化的外在的或显白的进程（迄今为止我们只考察了这个方面）转移到**内在的**或隐秘的进程。

正如你们看到的，外在的进程就是那位盲目存在着的神分别转变为哈得斯、波塞冬和宙斯：唯一的实在的神消失在三位共同取代他的位置的神里面。这三位神的**共同之处**在于，唯一的盲目存在着的神在他们那里已经被遮挡起来，成为不可见的。无论是在宙斯之内还是在哈得斯之内，这位神都已经被克服了。但他在宙斯之内仅仅以肯定的方式被克服，因为宙斯被认为包含着一种与盲目的东西相对立的努斯,而这个盲目的东西在哈得斯之内仅仅被否定,仅仅被设定为过去。哈得斯仅仅是下界的宙斯,或者说从下方、从否定方面来看的宙斯。盲目的东西在哈得斯这里仅仅被压制住,但在宙斯那里却转化为理智。但二者是互为前提的。盲目的神只有在成为宙斯的时候才成为哈得斯,只有在成为哈得斯的时候才成为宙斯。简言之,三位神是实在的神的共同遮挡者和掩蔽者。我们可以把这位被三位神共同遮挡着的神称作**绝对的**哈得斯,以区别于那位相对的哈得斯,因为后者仅仅表达出这种遮挡状态的否定方面。

但意识在克罗诺斯时期仍然完全接近于盲目的唯一者,因此真正说来,最终大分化的过程必定是在这个设定**神**的意识自身之内发生的。三位神只不过是意识自身之内那个内在事件同时产生出来的现象。但能够促成这个转化的,不是一个**仅仅**接近于实在的神的意识,而是一个同时也接近于观念的神的意识。只有那个处于两个潜能阶次正中间的意识才能够促成大分化,因为它一方面犹豫不决,害怕在失去盲目存在的同时也失去神本身,另一方面又不能抵挡一个更高的精神性潜能阶次的冲击。这个处于正中间的意识恰恰是德墨忒尔,这一点从她在克罗诺斯时期所占据的位置就可以看出来。因此,如果说诸神历史呈现出的是那个事件的**内在**方面(其显白的或外在的方面就是三位神的产生,即克罗诺斯转变为哈得斯、波塞冬和宙斯),那么德墨忒尔就是真正的主体,仿佛整个事件都是围绕着她作为核心和轴心而发生的。在克罗诺斯时期,赫西俄德谈到三位神以及与之相对应的女性形态(赫斯提亚、德墨忒尔和赫拉)的方式,和他在乌兰诺斯时期谈到提坦的方式是一样的,亦即明确指出他们尚未**现实地**显露出来。赫西俄德在列举克罗诺斯的六个孩子之后，这样说道：καὶ τοὺς μὲν κατέπινε μέγας Κρόνος [每个孩子刚离开母亲的怀抱，克罗诺斯就将他们吞噬]。①在这种吞噬状态下，当各个潜能阶次仍然处于混沌状态，当克罗诺斯仍然阻止分离和区分，赫斯提亚就仍然包含在德墨忒尔之内，因此我们可以说：赫斯提亚正是那位尚未与德墨忒尔分离或区分开的佩耳塞福涅的名字，赫斯提亚**代表着佩**耳塞福涅。

在这里，赫斯提亚意味着意识之内的那个让意识和实在的神联系在一起或纠缠在一起的东西——她是意识和实在的神之间的纽带。然而当克罗诺斯失去权势，当意识认识到自己和更高的精神性的神之间的关系，从而相对于实在的神变得更自由，它就能够认识到自身之内的那个坚持着实在的神东西（那个让它和实在的神纠缠在一起的东西），并且认识到这是一个特殊的、可以与它区分开的东西，一个对它而言是偶然事物和外在事物的东西。当它认识到这个把它和实在的神联系在一起的纽带是不同于它的东西，就会挣脱或解开这个纽带。于是这个**被解开**的东西，这个此前与它合为一体的东西，就显现为它的**孩子**——也就是说，那个纽带**现在**对意识而言呈现为一个特殊的人格性；但这个特殊的人格性不再是赫斯提亚，因为她只有像在克罗诺斯时期一样，在**尚未**与意识区分开或仍然与意识合为一体的时候才是赫斯提亚。但在**与意识**分离之后，她就变成了佩耳塞福涅。

当意识把自己的这个方面与**自己**区分开，它就把**它自己**规定为一个特殊的人格性。只有在这个时候，意识才**真正**是德墨忒尔。虽

---

① 赫西俄德：《神谱》，第459行。——谢林原注

然这个名字很早以前已经在克罗诺斯时期被使用（正如哈得斯在尚未被**设定为**哈得斯的时候就已经叫作哈得斯），但意识只有在与佩耳塞福涅分离之后才被**设定为德墨忒尔**，亦即成为一位具有**神性**的母亲；如果可以把Δημήτηρ [德墨忒尔]中的Δη这个音节拿来与δαίμονες [神性的]中的δαι (= δαη) 做比较，那么意识直到这个时候才被**设定为**一位进行认知的、精神性的、摆脱了质料因素的母亲。只有在佩耳塞福涅那里，意识才摆脱了它的纠缠于实在的神的本性；也就是说，意识只有在生出佩耳塞福涅之后才成为德墨忒尔。作为佩耳塞福涅的母亲，德墨忒尔不再是波塞冬或一位克罗诺斯时期的神的妻子；只要她仍然显现为波塞冬的妻子，那么赫斯提亚就没有与她分离，没有被设定为佩耳塞福涅。德墨忒尔是和宙斯**一起**生出佩耳塞福涅。那个在克罗诺斯的统治下是赫斯提亚的东西，在宙斯的统治下成为佩耳塞福涅，而宙斯也成为这样一个东西的父亲，它虽然从别的关系来看是先于宙斯而存在，但只有**伴随着**宙斯并且**通过**宙斯（亦即通过那个和宙斯一起被设定的大分化）才获得现实性。宙斯作为狄奥尼索斯的父亲也是基于这个方式，因为后者虽然早就先于他而存在，但仅仅是即将来临，即将被实现，也就是说，宙斯仅仅是已经完满**实现的**狄奥尼索斯的父亲。

在这里，佩耳塞福涅作为一个特殊的形态出现在神话里，而赫斯提亚消失了，尽管这两位神祇的同一性后来在很多方面也体现出来，比如在某些神庙里，人们都是把一种永恒的火献祭给赫斯提亚和佩耳塞福涅。但即使作为一个特殊的形态，佩耳塞福涅也不可能留在母亲身边，与之处于同一个地方（eodem loco）。这就是我接下来要说的佩耳塞福涅被劫掠的故事。

德墨忒尔作为母亲，始终是一个得到净化的和精神化的意识，而在这种关系里，佩耳塞福涅必须退回到隐蔽状态。但这个分离——从德墨忒尔的方面来看是失去女儿——仅仅是意识所处的一个**斗争**的结果。换言之，这不是一个自愿的分离；意识在不甘不愿的情况下与本原分离（通过这个本原，神对意识而言虽然是盲目存在着的，但同时是唯一的），而女儿则是被强行从母亲那里夺走，也就是说，母女双方都是不甘不愿的。这件事情的表现，就是那位退回到不可见状态的神**劫掠**了女儿，带着她进入一种本身不可见的，因而仅仅类似于阴影的存在。因此人们说：哈得斯从德墨忒尔那里劫走了佩耳塞福涅。假若德墨忒尔同意女儿与哈得斯成亲，她就必定也会同意唯一的神转化为许多形态，也就是说，意识必定会放弃把唯一的神当作**现实地**存在着的神。但这是不可能的。因为对于意识而言，唯一的神变出来用以遮挡自身的许多形态（通过这些形态，神成为不可见的）不可能替代神本身；因此，当这位曾经填满意识的神消失之后——所谓消失，好比**我们**在自然界里徒劳地寻找神，但在任何地方都只找到他在他的位置留下的**事物**的形态，却找不到他自己，只看到他的足迹，却看不到他自己——，意识或德墨忒尔就成了一个空洞而空虚的意识，仿佛只剩下欲望、追求和饥渴。德墨忒尔**寻找**失踪的女儿，实际上是寻找那位曾经盲目地存在着，后来又现实地存在着的神。但这位神已经分化为许多神，在这种多样性里，德墨忒尔只能看到已经分裂的神的残迹（exuvias, λείψανα）。

XII, 631

只有通过德墨忒尔的形态，希腊神话才获得其完整的独特性。没有德墨忒尔，就没有希腊的诸神世界。德墨忒尔从一开始就置身于实在的神和观念的神之间，不像埃及的伊西斯那样不得不追随那位进入阴间的神；德墨忒尔仿佛仅仅把她本质的一个方面——佩耳塞福涅——交给了神，而失去了佩耳塞福涅的德墨忒尔始终是一个纯粹观念上的意识，既摆脱了实在的神，也摆脱了这位神消失于其中的那种质料性的诸神的多样性。与此相反，伊西斯始终和提丰纠缠在一起，从未自由地设定提丰化身其中的多样性，也从未设定提丰在其中得以重建的统一体。只有通过德墨忒尔，希腊神话才真正来到埃及神话和印度神话的中间，既没有落入前者的唯物主义，也没有落入后者无节制的唯灵主义。希腊神话与埃及神话的不同之处在于，意识在这里并未沉沦于质料性的诸神里，而是保持在他们**之外**，而希腊神话区别于印度神话的地方在于，它并没有完全放弃与神的关系，因为佩耳塞福涅始终是一个纽带，通过这个纽带，更高的、精神性的意识（德墨忒尔）与质料性诸神联系在一起。

刚开始的时候，在最初的空洞感或空虚感中，因为女儿被劫掠而愤怒悲伤的德墨忒尔对所有的神大发雷霆——整个伴随着宙斯而被设定的诸神多样性对她而言不可能替代**神本身**。正因如此，她盼望着女儿回归，渴慕失去的东西。《神谱》也提到了佩耳塞福涅被劫掠的事情，因为这是和克罗诺斯转变为哈得斯、波塞冬和宙斯同时发生的事件。无数的造型艺术作品（尤其是绘画）都呈现出了佩耳塞福涅被劫掠和德墨忒尔寻找女儿的事迹，甚至可以说劫掠及其后果是造型艺术非常偏爱的一个题材；至于那些更为内在的、返回到意识深处的事件，亦即母亲的和解与最终的平静，却不再属于神话，而是完全留给那个仅仅在神秘学里表现出来的隐秘意识。因为时间所限，这里不能对此展开阐述，因为我马上就要在另一个语境下专门讨论神秘学。总之这里的关键是，首先，神秘学的真正内容恰恰是

XII, 632

第二卷　神话（续）　299

德墨忒尔的**和解**，其次，神秘学本身无非是为了劝慰德墨忒尔而举行的庆典（这种劝慰不是一次完结的，而是持续进行着的）：这一点已经体现于荷马的《德墨忒尔赞歌》的那个著名段落，在那里，德墨忒尔亲自指出，她之所以创立狂欢节或厄琉西斯秘仪——在这里，狂欢节无非意味着神秘学，对此人们切不可想到通常的狂欢现象，因为这类现象无论对于厄琉西斯秘仪还是对于已经和解的德墨忒尔痛定思痛的本质而言都是完全陌生的——，主要目的是让自己得到持续的和解： XII, 633

ὄργια δ᾽ αὐτὴ ἐγὼν ὑποθήσομαι, ὡς ἂν ἔπειτα
εὐαγέως ἔρδοντες ἐμὸν νόον ἱλάσκοισθε.
[我亲自创立狂欢节，是为了让你们在未来
用神圣的仪式一直让我的心得到和解。]①

由此可见，"和解"（Versöhnung）这个说法不是**我们**发明的，而是一个真正原初的说法；正如荷马的赞歌所说，德墨忒尔是一位需要和解的神。

但究竟什么情况才能够满足德墨忒尔的渴慕，平息她的悲伤和愤怒呢？这是我们现在就可以甚至必须深入研究的一个问题。而唯一的答案就是：她取代那位已经消失的神，成为一位不会再次消失的神，一位常驻的、理应存在的神。

第一个潜能阶次不是一个理应存在着的潜能阶次。因此那位与

---

① 荷马：《德墨忒尔赞歌》，第274—275行。——谢林原注

之相对应的神也必须从存在那里退回。留下来的不是他自己，毋宁只是他当初进入存在并成为质料或基础之后生出的那些形态，而他自己则消失在这些形态里面；他留下来了，但并没有留在现在，而是仅仅作为那些形态的共同过去；他留下来了，但隐藏在那些形态里面，这是只有那个仍然与现在保持距离，仍然属于过去的意识才知道的秘密。

对于意识而言，只有一位**应当存在**、理应存在的神，才能够替代那位不应当存在，因此从存在重新回到非存在的神。这位应当存在的神不可能是我们迄今称之为狄奥尼索斯的那位神，因为后者仅仅是一个中介，亦即通过否定不应当存在的神而呈现出一位应当存在的神。他不是自在的神，而是纯粹现实的神，他只有通过否定不应当存在的神，才表明自己是一位神。但意识所追求的是**自在的神**，而且它希望这位神**存在着**。当意识把**单纯**自在的神提升到存在，就失去了这位神。但自在的神不可能从存在那里退回，除非他把他的位置（亦即他所离开的存在）让给另一位神，后者一方面是**自在的神**，是纯粹的潜能阶次，另一方面又作为精神**存在着**。只有当这样一位神出现，意识才能够平息下来；因为意识永远都是一个设定着神、追求着神、渴求着神的东西，而在佩耳塞福涅那里被夺走的仅仅是偶然的、招致的东西（通过遥不可思的行为而招致的东西）。只有当一位**作为精神**而存在着的神出现在意识面前，意识才能够平息下来，也只有通过这样一位神，意识之内留下的虚空才得到充实。除此之外，意识是同时认识到第一位神和将其取代的第三位神，换言之，意识把第三位神看作复活的、重新崛起的第一位神。通过这个无比**自然**的方式，意识能够在三位神那里仅仅看到唯一神的三个潜能阶次。

当第一位神从非存在中显露出来，他在这种情况下是狄奥尼索斯的**对立面**；当他退回到非存在，就接纳了狄奥尼索斯的本性并等同于狄奥尼索斯。至于把二者的本性统一在自身之内的第三位神（他和第一位神一样是纯粹的潜能，同时和第二位神一样是存在着的神），同样是狄奥尼索斯。简言之，意识通过一个自然的方式达到了三重狄奥尼索斯的观念，它不再把三个纯粹的潜能阶次或原因看作质料性复合体，而是看作纯粹的、已经提升为概念的原因，同时把它们看作过程的真实的和真正意义上的结果，这样一来，我们用以解释和推导神话运动的那些本原，就被认识到是神话意识自身之内的运动的本原，并且已经作为本原而成为意识自身的对象。

XII, 635

如果**这些**神是神秘学的主要内容，那么神秘学就不是单纯的神秘学，而是实际上包含着希腊神话乃至全部神话的真正秘密，并且是我们的整个神话理论的最终证明和最高证明。从现在起，神话的**本质**或真正内核包含在神秘学之内，而那个外在的、显白的诸神世界只不过是内在事件的**现象**，只具有一种**现象**的实在性；因为实在的东西亦即真正的宗教意义仅仅包含在一些隐秘的概念之内，与这些概念相关联的，不是后来产生出的东西，而是神话过程的纯粹**原因**，而在一种以这些原因为对象的意识中，原初意识——神话最初是通过它的分裂而产生出来的——被重新制造出来。总的说来，我们通过迄今所述证明了四件事情：

1) 存在着第三位狄奥尼索斯，他在希腊意识里和埃及意识里的荷鲁斯是同一个东西，但区别在于，他在荷鲁斯那里质料化了，没有被**设定**为纯粹的原因，在形式上没有摆脱质料性东西；

2) 与佩耳塞福涅分离的德墨忒尔，亦即那个清洗掉全部质料因素的意识，那个设定了（用神话的表述方式来说就是生出了）神的东西，是这第三位狄奥尼索斯的母亲；

3）这第三位狄奥尼索斯的诞生是唯一能够安抚德墨忒尔的悲伤，平息她的愤怒的东西；

4）神秘学（确切地说厄琉西斯的那种最神圣的神秘学）**庆典**的主要内容，正是这第三位狄奥尼索斯的诞生和来临（Kommen），或用庆典的表述来说，他的将临（Zukunft）、抵达（Kunft）和降临（Advent）。

当然，我们在这里对于所有这些证明只能点到为止，因为那些事实不再属于真正意义上的神话，而是保留在神秘学之内。正如之前所说，属于神话的只有那个事件的显白方面，比如最初的神分别转变为宙斯、波塞冬和哈得斯，以及与之相关的佩耳塞福涅或科勒（Kore）①的消失或被劫掠。著名的《德墨忒尔赞歌》之所以尤其值得注意并且具有一种迷人的独特性，就是因为它摇摆于显白事物和隐蔽事物的这个界限之间。尽管如此，佩耳塞福涅被哈得斯劫掠的事件仍然属于神话，因为正如之前所说，这些在赫西俄德的《神谱》里也有所提及。②

考虑到你们可能也听说过一些关于佩耳塞福涅的通常解释，我觉得有必要再谈谈我的推演和这些解释的关系。我希望用一种言简意赅的方式表明，那些解释是完全站不住脚的，而且德墨忒尔和佩耳塞福涅的理念具有比那些解释所依据的肤浅观点深刻得多的

XII, 636

---

① "科勒"是佩耳塞福涅的另一个名字，原意为"处女"。——译者注
② 隐秘事件主要通过女性神祇体现出来，显白事件主要通过男性神祇体现出来。——谢林原注

意义。

通常对于德墨忒尔和佩耳塞福涅的看法是这样的：一般而言，德墨忒尔——她和罗马神话中的刻瑞斯（Ceres）是同一位神祇——是掌管农耕和整个植物界的女神，而佩耳塞福涅是谷种，它必须被埋在泥土里面，然后才能够发芽生长。我真的觉得很奇怪，为什么有些本来对通常的肤浅观点不屑一顾的人，仍然相信佩耳塞福涅原本就是谷种的意思。这个解释唯一看起来有点道理的地方，就是把德墨忒尔看作农耕的发明者。至于说她是掌管植物界的女神，这完全是无稽之谈，仅仅是福斯自己臆想出来的。只有一件事情是真实的，即德墨忒尔是作为农耕的发明者而得到纪念。希腊人的伦理生活确实归功于德墨忒尔，这种生活实际上是伴随着农耕和经过分配并受到市民法律保护的固定私有财产才产生出来的；因为希腊意识是伴随着德墨忒尔才真正形成的，也就是说，德墨忒尔对于希腊人而言是从无法律的史前时间到有法律的历史时间的过渡，正因如此，她也被称作立法女神。她和狄奥尼索斯一起被称作农耕的发明者，正如伊西斯和奥西里斯在埃及也被称作农耕的发明者，而提布鲁斯[①]对此的说法是：

> Primus aratra manu solerti fecit Osiris,
> et teneram ferro sollicitavit humum,
> primus inexpertae commisit semina terrae.
> [奥西里斯用灵巧的双手第一次制造了犁，

XII, 637

---

① 提布鲁斯（Albius Tibullus，前55—前19），罗马哀歌诗人。——译者注

用铁锹刨开清新的土地,

第一次把种子撒向未经耕种的大地。]

德墨忒尔和狄奥尼索斯(确切地说第二位狄奥尼索斯)——二者被描述为πάρεδροι [并排坐着的]、共享一个王座并进行统治的神——在希腊意识里扮演的角色,就是伊西斯和奥西里斯在埃及意识里扮演的角色。尤其对于希腊意识而言,正是已经获得解脱的德墨忒尔造成了向着法律生活和农耕的过渡,因为从希腊人的角度来看,克罗诺斯统治时期还**没有**财产的分配,因此他们把黄金时代归于克罗诺斯时期,而在希腊人的记忆里,克罗诺斯和乌兰诺斯仍然是交织在一起的。因此维吉尔①说:

Ante Jovem nulli subigebant arva coloni,

Ne signare quidem aut partiri limite campum,

Fas erat.

[宙斯之前②没有耕种者征服过这片土地,

甚至连划分土地或将其标记为财产,

都不被允许。]③

---

① 维吉尔(Virgil,前70—前19),罗马诗人,其代表作是长篇叙事诗《埃涅阿斯纪》(Aeneis)。——译者注

② 所谓宙斯之前,就是宙斯统治时期之前,而由于这个时期是和德墨忒尔一起被设定的,所以也是德墨忒尔之前。——谢林原注

③ 维吉尔:《农事诗》第一卷,第125行以下。——谢林原注

简言之，在这个**历史的**意义上，德墨忒尔是农耕女神或农耕的发明者。但是，无论把这个概念拓展到一位掌管植物界的女神，还是将其联系到**自然的**农耕，随之联系到埋在土里的谷种的**自然的**发芽生长，这两种做法都毫无历史根据。因此这个解释的第一个前提就是无中生有的。假若佩耳塞福涅就是隐藏在土里的谷种，假若由此甚至可以解释德墨忒尔-佩耳塞福涅传说的全部特征（虽然事情根本就不是这样的），假若被哈得斯劫走的佩耳塞福涅无非就是埋在土里的谷种，为什么人们要绞尽脑汁给撒播谷种、谷种发芽生长之类如此平凡的日常事件披上一件如此精雕细琢、矫揉造作的外衣，而这样的外衣怎么可能符合希腊人广受赞誉的纯朴性呢？针对这样的外衣，贺拉斯在谈到荷马时特意强调的nil molitur inepte [不要做无用的蠢事]①岂不是正中要害吗？

  但这个比较真的就毫无可取之处吗？刚才我们以完全自然的方式（亦即历史的方式）解释了德墨忒尔为什么不但是农耕的守护者，而且是农耕的发明者。当我们认识到这一点之后，也许就会发现，并非如通常所说的那样，她的女儿佩耳塞福涅被当作谷种的象征，毋宁是**谷种**被当作佩耳塞福涅的象征，正如《新约》所说，谷种被埋在土里面并死去，然后在一个新的完全不同于它的植物里复活。当使徒保罗以一种完全相似的暗示方式这样说谷种，"所种的是必朽坏的，复活的是不朽坏的"②，这或许表明，熟悉希腊文明（尤其熟悉

XII, 638

---

① 出自贺拉斯《诗艺》（*Ars Poetica*）第140行。贺拉斯在这里以"大山轰轰隆隆生出一只小老鼠"为例子，告诫诗人不要小题大做虚张声势，而是应当像荷马那样尽可能以平淡的方式展示神奇。——译者注
② 《新约·哥林多前书》15: 42。——译者注

神秘学)的他想起了厄琉西斯秘仪里的类似观念。无论如何,当心思敏锐,尤其对大自然充满爱意的希腊人注意到自然的意识在佩耳塞福涅和神秘学那里表现出来的死亡,很有可能会把这种死亡比作谷种的死亡。也就是说,自然的意识(它仅仅设定一位实在的神)必须死去,这样才会出现一种自由的、精神性的意识(它**设定**一位精神性的神,随之设定多个精神性的神)。自然的意识就是佩耳塞福涅,它仅仅是一种现实地、真正地设定神的活动的**种子**或**萌芽**;正如我们此前解释过的,它仅仅在本性上是神的设定者,仅仅是神的**潜在的**设定者,只有当它从自己的潜在状态中崛起,才成为神的**现实的**设定者;诚然,当它从自己的潜在状态中直接崛起时,只设定了非神,亦即否定了神,但是当它被带回到自己的潜在状态,就不再是潜在地设定神,而是现实地设定神。简言之,人们很有可能看到自然的意识必须死亡才会导致一种更高的、精神性意识的出现,于是把谷种的宿命比作佩耳塞福涅的宿命,亦即把这种卑微而低下的东西当作那种更高东西的象征。与此相反,有些人认为佩耳塞福涅的崇高而神圣的理念——佩耳塞福涅在神话里作为真正的奥秘受到崇敬,其在神话里最常见的修饰语就是"神圣的"(ἀγνή)——无非是谷种及其各种变化的象征,但这样的观点只能出现在一个在谈论神话的时候完全不知道象征的真正原初的意义,甚至已经把这个意义颠倒过来的时代。象征是一个感性的符号——甚至在这个词语的日常使用里,当它指示着某东西,我们就把它称作"标记"(tessera)——,比如通过一个符号,我们就可以认识到一位不在场的朋友。就此而言,感性东西可以成为非感性东西的象征,比如太阳和月亮可以成为阿波罗和阿尔忒弥斯的象征,或者说成为一般意义上的生殖本原和受孕本原的象征,而在当前的例子中,谷种也可以成为佩耳塞福涅的象征,但反过来把崇高的精神性东西当作低下的感性东西的象征,这就完全违背了原初的概念,尤其完全违背了希腊人的本性。

假若德墨忒尔**仅仅**是农耕女神,佩耳塞福涅**仅仅**是谷种,那么德墨忒尔所创立的与之密切相关的狂欢节或神秘学的内容是什么呢?难道农耕是一种奥秘?难道真的如前不久一位法国人所说的,厄琉西斯庆典仅仅是一种丰收节庆,神秘学仅仅是一种Cours d'agriculture[农学课程]?一位曾经研究过《新约》的著名解经学家认为,必须和福斯一样把他的解读技巧也应用在神秘学上面。在他看来,整个希腊都心向往之的厄琉西斯秘仪实际上是一种神庙庆典,这种庆典部分是在摹仿那种令整个民族着迷的农业活动,部分是以寓托的方式将这些活动人格化,而从这些庆典可以看出从播种到丰收的农耕活动是如何整齐有序地进行的(或许还借助一个有效的治安部门和一部详细制定的农耕法律)。但人们应当如何去摹仿这种农耕活动呢?难道是在舞台上牵着牛去犁地?但愿他们在摹仿这些活动的时候没有忘记抛洒粪便肥料,这可是农耕的"灵魂"!难道人们以为,在整齐撒播的种子和谷粒之间,观众虽然不能听到生长过程,却能够**看到**这个过程?这都是些什么玩意儿!除此之外,这些摹仿究竟目的何在呢?难道是为了让一位农夫看看这些他每天已经见惯不惊和亲历亲为的事情,让他欣赏一下这些滑稽的摹仿?那些虔敬的人原本为了参加神庙庆典甚至绝食禁欲,最终却是为了像席勒的一首著名的讽刺短诗里的那些去剧院的人一样说道:

XII, 640

我们在这里寻找并且找到**我们自己的**悲伤和痛苦。

但在这段漫长的时间里，这些人其实可以对自己说出席勒借莎士比亚的幽灵之口对那些热衷于家庭剧和市民生活剧的人所说的话：

这一切你们在家里看得更真切和更清楚。

XII, 641　噢不！古人真的不像这些解释者认为的那样幼稚和愚蠢。这些解释者在无知的人看来是启蒙主义者，但在稍有学识的人看来对于古代文明却是真正的门外汉，因为他们仿佛出于本能就要在任何地方扼杀一切生命，而由于他们自己的概念尤其是他们的宗教观点是如此之愚笨和贫乏，所以他们也企图把古代文明的一切东西庸俗化。

厄琉西斯秘仪所呈现出的，必定是某种比耕田、播种和收割之类日常事务更深刻的东西。单是前面引用的荷马《德墨忒尔赞歌》的诗句已经足以证明，这种神秘学的意义和真正内容是悲伤的德墨忒尔（亦即一种受到伤害的意识）的和解。当德墨忒尔创立狂欢节并将其当作她的持续和解仪式，就表明她自己是一位永远需要和解的神，而且她确实是这样一位神。因为德墨忒尔在失去佩耳塞福涅之前是一个热衷于实在的神的本原，这个本原必须被克服，这样**自由的多样性**才会取代此前唯一的神。就此而言，德墨忒尔是所有别的诸神崇拜的第一个前提，甚至是所有**仪式**（Cultus）的第一个对象，而"仪式"这个词语在涉及德墨忒尔和与她相关的神祇时具有其最本真的意义。正如土地的僵化性必须被克服，必须反过来变得柔软，一言以蔽之，必须被耕耘，这样才能够结出丰硕的果实，意识的僵化性也必须被克服并发生颠转，这样才能够产生出一种不再束缚意识的诸神多样性。**因为**德墨忒尔必须得到劝慰，所以那种显白的多神论需要德墨忒尔的仪式，或者说把这个仪式当作自己的前提。但那个需要和解的本原只是被克服，不是被消灭，正因如此，这种克服也不是一次完成的，而是在一种持续的启示中表现为一种永远进行着的关心、劝慰与和解的对象。

关于佩耳塞福涅的被劫掠和德墨忒尔的悲伤，就说这么多。　　XII, 642

但在接下来的阐述中，我们可以把德墨忒尔看作已经得到和解；从**现在**起，佩耳塞福涅在母亲的认可之下真正成为哈得斯永远的妻子，德墨忒尔也与所有的神和解了，而当诸神**在内部**平静下来之后，在外部就完全归顺于狄奥尼索斯。真正说来，宙斯的诸神世界是一个由狄奥尼索斯——第二位狄奥尼索斯，A^2，当我以绝对的方式谈到狄奥尼索斯时，都是指第二位狄奥尼索斯——生产出的世界；整个宙斯神族仅仅是这样一些形态，它们把唯一的实在的神遮挡起来，正因如此把他设定为不可见的、单纯的**根据**，就此而言，狄奥尼索斯的全部作用就在于让这位最初的神成为单纯的根据，成为杂多的、已划分的存在的质料和基础。正如在自然界里，排他的本原成为杂多的、已划分的存在的根据，神话里面也是如此，也就是说，宙斯的世界（即伴随着宙斯而设定的诸神世界）是狄奥尼索斯的世界，狄奥尼索斯本身就在宙斯**之内**。据鲍桑尼亚说，在一座由波利克利图斯①制作的雕像里，宙斯和狄奥尼索斯一样穿着厚底靴，一只手拿着酒杯，另一只手拿着酒神杖，而宙斯的雄鹰就站立在酒神杖上面。假若没有我们刚才所说的那种关系，这样的组合是根本无法解释的。就此而言，一直以来那种仅仅以封闭的和未展开的方式存

---

① 波利克利图斯（Polykletos），公元前5世纪的希腊雕塑家。——译者注

在于希腊意识之内的诸神多样性可以回溯到最遥远的过去，在不受反抗本原的约束的情况下显露出来，以活生生的方式填满过去时间和现在时间的全部空间。完满的多神论是被生产出来的，是**完全**显白的，因为只有当它摆脱了那个本原（而且这个本原在被克服之后成为隐秘的东西），才能够成为显白的多神论。在此之前，那种多神论仍然是隐秘的，**不能够**被完整地生产出来。对多多那的佩拉斯吉人（亦即前希腊时期的希腊人，因为他们通过那个最终的大分化才成为希腊人）而言，宙斯本身仍然是一个秘密。克里特岛的克诺索斯曾经有一段时间存在着宙斯秘仪，也就是说，宙斯在那个时候仍然是一个秘密。只有经过那个内在的、在意识自身**之内**发生的大分化，那种模糊地包含在意识之内，一直不能达到自由的分离和分化的诸神多样性才被完全**释放**出来。

从现在起，隐秘因素（das Esoterische）和显白因素（das Exoterische）已经是唇齿相依的。因为，1）隐秘因素只有**通过**神话过程才自行产生出来；它不能与神话过程**分离**，它不是作为抽象的东西，而是只有作为一个被神话过程包裹着的东西才产生出来。2）显白因素也不能推翻隐秘因素，因为显白因素在产生出来的时候总是已经**设定**隐秘因素，正如外壳总是已经设定内核，并且只有在封闭着一个内核的时候才是外壳；假若它不设定隐秘因素，它本身就会被拉扯到那个没有任何分离和分化的、内在黑暗的诞生地之内；它（显白因素）的外在的、自由的存在以阻碍者被克服（亦即成为隐秘因素）为前提。只有当那个阻碍着或拒绝着任何多样性的统一体自己退回到隐蔽状态或奥秘之内，多样性才以外在的方式保持为一种纯粹的产物，这种产物不再包含在黑暗的**转变**过程之内，而是已经现实地**产生出来**，且正因如此成为我们在赫西俄德《神谱》里看到的那种完全自由的、沉思着自身的展开状态的对象。意识曾经受到自身之内的多样性的束缚和压制，但现在它仿佛已经离开了多样性，回到**它的**内在的神庙，自由地**面对**这种对它而言已经完全客观化的多样性。

在这里，我必须再补充说明一点，即按照这整个阐述，我们对希腊多神论的看法必定会不同于令人尊敬的克罗伊策，也不同于所有那些认为希腊多神论仅仅是一种早期更纯粹的学说的模糊残片的学者。完满的多神论绝不是什么模糊残片，毋宁是一种**伟大的**解放。通过设定这种外在的、显白的多神论，意识获得解放，或者说达到了一种内在的、纯粹精神性的认识，在这种认识中仅仅与纯粹的原因打交道，而这些原因本身又导向一种**还要**更高的认识，但这种认识在神秘学里仅仅被宣告为未来的、即将来临的东西，并且被当作**最深层的**秘密保存下来，任何将其公之于众的做法都会遭到死刑或永恒放逐的惩罚。

XII, 644

第二十八讲
希腊神话中的人性因素

　　如果说希腊神话是全部神话当中最终的神话，并且是神话过程本身的终点，那么其中必定会包含着全部神话的本原——因为终点展现出的是曾经位于开端的东西——除此之外，希腊神话本身作为最终的大分化的产物必定区别于所有早先的神话，多神论在希腊神话中具有的意义必定不同于它在早期的诸神学说中（那时它仍然必须与自己的对立面作斗争）具有的意义。也许每一个人都感受到早期神话的诸神和希腊神话的诸神给他带来的不同印象。或者说谁会觉察不到，同样的谬误在早期神话里表现得更为严肃和更为严峻，但在希腊的诸神世界里却看起来更为轻微，甚至充满了魅力呢？

　　希腊神话也是立足于一个最初的谬误，即那个真正说来不应当存在的本原的崛起：假若没有这个谬误，就**没有**希腊神话，因此它以这个谬误为前提；但这样一来，希腊神话也是一个虚假的、错误的宗教；与此同时，希腊神话至少克服了这个谬误带来的影响，并恰恰因此重新成为一**种相对的**真理，一种独特的真理，好比自然界也是一种独特的真理。因为整个自然界在某种意义上都是一个谬误；没有人愿意承认自然界具有上帝和他**自己的**精神所具有的那种实在性；虽然我们认为上帝和精神的实在性完全不同于感官世界的实在性，但我们毕竟不能剥夺感官世界的**全部**真理，因为，就感官世界中的那个不应当存在的东西**虚假地**存在着而言，谬误已经部分地被否定和被扬弃，而在这种情况下，感官世界作为对于不应当存在的东西的相对否定（我们可以把个别事物看作这样的相对否定），也获得了一种真理，这虽然不是无条件的真理，但毕竟是相对的真理。诚然，希腊神话是立足于一个最初的谬误或一种最初的错位，即本原本来应当是单纯的主体或单纯的潜能，却离开了自己的位置，突破自己的限制，成为客观的东西；如果人们出于这个原因把希腊神话称作一个谬误，那么他们必须说，希腊神话是一个美丽的、迷人的谬误，正如人们也可以在一个更高的观察立场上说自然界仅仅是一个美丽的谬误。希腊神话是一个谬误，但这个谬误已经被克服，并且部分地已经升华为真理，促成向着真理的过渡。希腊多神论的独特之处在于，它——介于过去和未来的正中间——允许意识完全自由地对待自身。也就是说，当希腊神话一方面忠于远古时期的**虚假**宗教本原或敬畏本原[①]，并且把它作为过去控制在自身之内，另一方面把神秘学里完满的精神性宗教的本原设定为**未来**，精神就在那种介于过去和未来的正中间（亦即停留于现在和**普遍的**意识之内）的诸神多样性里进入一种完全自由的关系。

当多神论不再是东方体系里那种真正迷信的对象（在东方体系里，迷信因素恰恰是基于那个排他的、虚假一神论的本原的持续在

XII, 646

[①] 关于这里所说的"敬畏"（deisidämonisch），参阅谢林《神话哲学》上卷第299—300页的论述。——译者注

场),就直接成为一种诗意的,甚至遵循诗人意图的争辩的对象。早期神话的严肃和严峻在这些神祇那里消失了,只有经过柔化的庄严留下来;这些神祇不再要求具有宗教的实在性,真正的实在东西已经沉入深处。从一个科学的或经过诗意升华的心灵的更高观察方式来看,希腊诸神是感官世界里的事物;他们实际上仅仅作为现象而**存在着**,仅仅是一种更高级的想象中的存在者,其要求具有的真理并不超出诗歌形态可以具有的真理。但正因如此,他们本身不可能是以诗意的方式被制造出来的;这种单纯的诗歌意义可以是过程的**终点**,却不可能是过程的开端。这些形态不是**通过**诗歌产生出来的,毋宁说,他们升华为诗歌;诗歌本身是**伴随着**他们并且在他们之内产生出来的。

但以上关于希腊神话的这种纯粹诗歌意义的言论,仅仅适用于那种显白的、外在的、单独出现的多神论。如果人们仅仅依据荷马叙事诗里的那种诸神学说去评价希腊宗教,就是一种片面的做法。正如我们已经看到的,神秘学是希腊宗教的另一个方面,而且不是一个偶然的方面,而是一个**必然的**方面。从这个关系也可以看出,另一种做法同样是毫无根据的,即以荷马神话完全没有提到神秘学为证据,断言神秘学是起源于荷马之后。首先,通常默认的那个用来证明神秘学起源于荷马之后的做法——荷马从未提到神秘学——在任何场合都被认为是一种拙劣的做法。除此之外,可能有一些人倾向于认为,荷马是带着某种暗暗的恐惧提到那些通过神秘学而闻名的利姆诺斯、伊姆罗兹、萨摩色雷斯等岛屿。①但我们根本不想把这些当

---

① 参阅《奥德赛》第二卷,第134行。——谢林原注

作证据。我们只想问那些宣称荷马那里没有神秘学的人，他们所理解的神秘学究竟是什么东西？如果他们所指的是神秘学本身，那么我要指出，我们**现在**讨论的**根本不是**作为一种**学说**的神秘学。因为一切**学说**或教义都是在时间进程里形成的，如果我们不承认一种作为学说的神秘学是逐渐形成的，并且很晚（或许在希波战争之前不久）才成为一个封闭的整体，那么这当然违背了最明显的事实。但我们的整个研究并不是在讨论这种**学说**，而是在讨论神秘学的基础或基本材料，我们所追问的是，这种材料是和神话**一起**被给予的呢，还是如福斯及其追随者想象的那样，后来才从异邦被移植到希腊？只要我们这样规定问题，即不去讨论作为一**种学说**的神秘学，而是讨论神秘学的要素，那么荷马那里缺失的神秘学要素就只能是早期东方体系的那种虚假宗教。人们在荷马那里当然**不可能**找到这个要素，因为这个虚假的唯一的神恰恰已经被多神论遮挡起来，仿佛已经隐藏在其中，已经成为**多神论**的基础乃至内核，也就是说，这个虚假的唯一的神在荷马那里当然必定是不可见的。

XII, 648

但你们可能会说，即使荷马没有提到这个神秘学要素，它在荷马那里也**应当**作为一个隐蔽的、神秘的东西被暗示出来。假若是这样的话，荷马就不是荷马了。因为荷马（或者说荷马的多神论）正是基于神秘学要素的这种被遗忘状态。荷马本身就是大分化，他本身就是那个大分化的结果或遗迹。他作为伟大过去的最终产物不属于个别民族，而是属于整个人类。他是一位象征性人物，通过这位人物，那种纯粹的、完全摆脱了自己的对立面的多神论呈现出自身。并非他制造出神话，正相反，他本身是神话的产物，即那个最终的大分化的产物。因为如果那个纯粹神话意义上的诸神历史是在荷马那里得以完成的，而且我们只有在**这个**意义上才可以理解，为什么希罗多德说荷马最初为希腊人**制作**了神谱，那么神秘学因素的分离（亦即神秘学的起源或最初基础）必定是与荷马同时被想到的。但由于那个分离过程是在**荷马**那里才彻底完成并达到终点，所以我们必须宣称，神秘学就其最初的根据而言比这里所说的荷马更古老，亦即比那位已经完结的、完成的或者说最终的荷马更古老。荷马的诸神世界在自身之内静悄悄地包含着一个奥秘，并且是在这个奥秘（仿佛一个被鲜花遮挡的深渊）之上建立起来的。荷马的诸神世界本身是一个已经转化为多样性的唯一者。希腊之所以拥有荷马，正是因为它拥有神秘学，也就是说，希腊成功地完全战胜了过去那个在东方体系里占据支配地位并显露在外的本原，将其重新设定为内核，设定为秘密或奥秘，而希腊原本是从这个奥秘中显露出来的。只有当那个在早期宗教里占据支配地位的阴森本原——当一个本来应当保持在秘密状态、隐蔽状态或潜伏状态里的东西显露出来，人们就称其为阴森的——的黑暗力量和暗化力量被压制在奥秘之内，那个笼罩着荷马的诗歌世界的纯粹天空或以太才能够在希腊之上舒展开来；只有当真正的宗教本原隐藏在内核之内，让精神完全自由地走向外部，荷马时代才会想到去塑造那段纯粹诗意的诸神历史。

但正如之前所说，所有的这些主张都仅仅是在谈论神秘学的**开端**或根据。当纯粹的多神论产生出来的时候，甚至在这种多神论获得其最终的、荷马式的形态之前，这个根据必须已经被**奠定**下来。除此之外，任何不希望违背事实和明显证据的人都会承认，那种作为一种**学说**而存在于希腊的神秘学仅仅是逐渐产生出来的，**并且**仅仅是逐渐完全成形的。

在结束这个普遍的考察之前，还有必要再一般地谈谈荷马诸神的性质。因为我并不认为每一个人都有能力完全清楚地设想这些神祇的真正本性和性质。

首先需要指出的是：1) 荷马诸神实际上是被严肃而真诚地看作**诸神**，而非被看作自然力量的寓托式呈现或人格化。他们是**现实的诸神**，因为那位唯一的、排他的神的种子就在他们之内：他们之所以**是**诸神，正是因为那位神在他们之内已经成为单纯的潜能。他们的内核不是自然界，而是**神**，或者说他们仅仅是那位被遮挡起来的神。2) 他们是现实的诸多的神，而不是像最初时间的那些神一样，臣服于唯一的、排他的神，仅仅**在形式上**是诸多的神。只有当唯一的、排他的神真正被征服并成为内核之后，才会产生出一种与抽象多样性相对立的现实的多样性，亦即不同类型的多样性。3) 正因为实在东西在他们之内被带回到自身，所以他们不是一些纯粹外在的、单纯虚构出的并被灌输以精神性的形态，毋宁说，他们自在地并且内在地就是精神性的存在者、真正的人格性、自由的伦理本性，又**因为**他们虽然是后来生成的，但保持为一个已经完全结束的并且不再重复的过程的结果，所以他们也不会发生进一步的变化，而是不朽的（这是他们的一个主要谓词）。4) 他们作为一些受到限定的概念，具有完全已规定的形态，而且是类似于人的形态，因为只有这个形态才适合那种回归自身，重建为精神的状态。尽管如此，这个类似于人的形态并不能延伸到人类身体的**质料属性**。我们虽然把宙斯及其统治的神称作质料性诸神，但这只是为了把他们和那些形式上的诸神对立起来，后者直到现在仍然凌驾于前者*之上*，不再被看作**后来生成的**，而是仅仅被看作纯粹的潜能阶次或者说纯粹的本质

XII, 651

性。宙斯及其统治的神是质料性诸神，因为实在的神已经成为他们的**存在**的质料或基础；在这个地方，我们不是在自然的意义上，而是在哲学的意义上使用"质料"这个词语，亦即把它理解为一种位于根基处的ὑποκείμενον [载体]，而不是把它理解为一种可摧毁、可取消、可消失的东西。但我在这里把人的形态和它的质料属性进行了区分。

在这个意义上，诸神不是质料性诸神，而是如同伊壁鸠鲁所说的神那样：他们仅仅仿佛具有一个身体，他们的血液也不是血液，毋宁仅仅仿佛是血液。① 荷马认为诸神具有一种不朽的血液（ἄμβροτον αἷμα）。他们是轻灵的生物（ῥεῖα ζώοντες），他们仅仅是精神性身体（σώματα πνευματικά），而《新约》也是用这个词语描述那些通过复活而得到升华的人。他们不可能是**无形态的**，因为恰恰在他们之内，那个原本无形态的、起初排他的无限者才具有了形态，而任何比人的形态更卓越的形态都是不可设想的。宙斯不再容忍野蛮的、先于人类的东西；在宙斯那里，一位人形的神或已经成为人的神显现出来，而这位神在埃及神话里仍然是动物。就此而言，诸神的人类形态必然是神话过程的终点，正如人类是自然过程的终点。人类形态恰恰是那位被战胜的、已经失去统治权的盲目的神的标志。这位神本身，作为一位在其神性之外盲目存在着的神，通过被征服而被带回到他的神性之内。因此人类形态是这位神真正被尊奉为神的标志，而当克罗伊策和其他人一样大谈希腊人的感性的神人同形同性

---

① 西塞罗：《论诸神的本性》，第一卷，第18节。——谢林原注

论时，这只不过是一个误解，就像他把多神论仅仅看作一种败坏那样。另一方面，我们也不能像另外一些人那样扭曲希腊诸神世界的朴素直观，因为这些人认为，星辰崇拜和元素崇拜相比于希腊人的形象崇拜是一种更纯粹和更具有精神性的宗教。不可否认，最古老的人类所崇拜的那位天空之神是一位更具有精神性的神，但他并不是一位历史性存在者，因为他反抗进步，就此而言仍然位于神话**之前**和**之外**，是一位非历史性的存在者。这位神必须为一位更高的神让出空间，成为后者的质料。在这里，原初的精神性的萨比教也降格为一种对于质料性星辰的崇拜，但正是通过这位首先成为质料，后来又重新回到精神性的神，才产生出那些永远具有精神性的神，他们并非仅仅是伦理性存在者，毋宁同时是历史性存在者，而这就是希腊神话的立场。

XII, 652

至于希腊人的那种遭到谴责的形象崇拜，我想指出的是：**精神性的多神论恰恰是以诸神的形象为自己的根本特征**。因为只有当一位神本身不是自然对象，并且不再与一个自然对象的观念合为一体，我们才需要他的一个形象，与此相反，如果一个人把神看作现实的对象，无论是看作星辰、太阳或是动物，他就不需要神的形象，或者说当他想要接近那些遥远的、被当作太阳和月亮来崇拜的神，就会满足于最粗糙和最笨拙的摹仿。只有那种作为纯粹的思想在精神之内被感受到并活在其中的东西，才能够通过一种真正精神性的创造被重新呈现出来。有些人认为希腊的多神论仅仅是一种更高级的偶像崇拜，但我们可以认为这个观点本身仅仅是野蛮人的观点，同时反过来承认，正如阿里斯托芬的一个著名段落表明的，充满精神和教养的希腊人带着一种自信的感觉站在他们的精神性多神论的巅峰,俯视被野蛮人当作神来崇拜的太阳和月亮。①

除此之外,希腊诸神作为自由的、精神性的存在者,也享有一种绝对的运动自由。他们不再像最初时间的星辰诸神一样无休止地运动着,而是在自身之内掌控着一种无休止的运动的本原,因此显现为一个**完全**被克服的天体。所有随意的运动都是基于吸引和延伸的更替。但宇宙的运动也是基于同样的更替。**唯一的**区别在于,有机世界里的这些吸引和延伸的力量是从属于一个随意掌控着它们的更高的潜能阶次(当A^3出现的时候,B也成为精神或意志,但仅仅是从属于A^3)。

毫无疑问,达到自由运动的诸神的完全类似于人的形态是一个最伟大的进步,而希腊意识也仅仅是缓慢地、逐步地决定通过造型艺术把诸神的类似于人的形态现实地呈现出来。

在尚未完全区分的,亦即前希腊意识的最初时间里,全部希腊人(τοῖς πᾶσιν Ἕλλησι)——这是鲍桑尼亚明确指出的——所崇拜的不是诸神的形象,而是粗糙的石头(λίθοι ἀργοί)。②这种对于石头形式的诸神的崇拜也符合佩拉斯吉人的尚未把诸神区分开的混沌意识。③甚至一些未加工的木头(木偶)也被当作特定的神祇而受到崇拜(因为意识尚未习惯于借助一个明确的形态去思考一位神祇),比如在伊卡利亚,ξύλον δὐκ εἰργασμένον [一块未加工的木头]就被当

---

① 阿里斯托芬:《和平》,第408—411行。柏拉图《克拉底鲁篇》的一个段落(397D)也属于这种情况。——谢林原注
② 鲍桑尼亚:《希腊行记》,第七卷,第22节。——谢林原注
③ 参阅多夫缪勒上述著作第64页。——谢林原注

作阿尔忒弥斯的形象。①在斯巴达,双生神(两位牢不可分的神)的概念是借助于一根纵梁联系两根横梁而表现出来的。②后来出现了各种柱子或锥形的石头,比如塔西佗描述的帕福斯的那座阿佛洛狄忒像③,以及西库昂的作为金字塔的宙斯。

因此,当人们第一次敢于按照人的形态去塑造神像,这是一个伟大的进步。至于腓尼基人的那些虽然一般而言类似于人,但却非常丑陋的神像(其部分残余仍然保存在印度,比如世界之王④的神像就让人想起腓尼基的那些摩洛克神像),并不是源于艺术技巧的粗糙,而是源于对人类事物的**畏惧**,而那个阴森的宗教本原在被征服之前,正是利用这种畏惧支配着人类。一个东西愈是缺少人性,就愈是具有神性。人的形态是最终的形态(la plus finie),亦即最为**有限的**形态,与那个荒芜的无限者形成最大的**对立**。动物和动物形态仍然在很大程度上保留着荒芜的、无限的东西。如果类似于人的东西不能被完全排除,人们就尝试通过颠倒或扭曲某些特征重新推翻这种情况。有些埃及神祇就拥有人的身体和动物的头。希腊人摆脱了这种恶心的做法,个别例外是前面已经提到的费加里亚的一座德墨忒尔神像,其长着一个马头,上面缠绕着蛇。⑤希腊人之所以摆脱了这种恶心的做法,是因为他们在艺术里也是深思熟虑的,并且宁愿满

XII, 654

---

① 亚历山大里亚的克莱门:《劝导书》,第40页。赫罗狄安在其《罗马史》第五卷,第182页也提到了 εἰκόνα Ἡλίου ἀνέργαστον[赫利俄斯的一个令人厌恶的形象]。——谢林原注
(译者按,赫罗狄安[Herodianus],公元2世纪的希腊历史学家)
② 普鲁塔克:《论罗马人的命运》,第478页。——谢林原注
③ 塔西佗:《历史》,第二卷,第3章。——谢林原注
④ 世界之王(Jaggernaut)是毗湿奴的化身克里希纳的一个称号。——译者注
⑤ 鲍桑尼亚:《希腊行记》,第八卷,第42节。——谢林原注

足于那些仍然封闭着的、尚未发展为形态的象征。即使人的特征已经被暗示出来,人们也不敢把形象塑造为完全摆脱了或独立于无生命的基座。自由开放的、将一切公开展现出来的形象是与一种获得解放的、对对象完全具有**确定性**的意识相对应的。

那些在大象岛和萨尔塞特的地下庙宇里进行创作的艺术家,虽然塑造出许多极为凸出的和最大程度的浮雕形象,但还是不敢让这些形象完全脱离地基,而是让它们与岩石基座联系在一起,仿佛诸神本身是后来才逐渐从中挣脱出来。即使在希腊,人们也不敢从一开始就让形象脱离基座,使其成为一个自由的、从**所有**方面都可以触摸和看见的东西。正是出于这个原因,而不是出于艺术**本身**的非完满性,那些柱式立像的双手才平放在身体上,同时双腿紧闭。众所周知,许多希腊作家都指出,埃及和希腊最古老的柱式立像就是这种形式,而且双目紧闭,仿佛其描绘的是一些仍然纠缠于实在的本原,仍然沉睡未醒的神。它们具有人的形态,但不具有人的自由而随意的运动,手臂和双腿如同死人一样紧贴身体,而眼睛作为那个主要并且首先与随意运动相关联的官能的工具,也是紧闭着的。众所周知,阿米克莱翁的阿波罗神像的双腿虽然在下方是凸出的,但仍然与一个基座连在一起。完全得到解放的、活生生的东西是通过随意运动表现出来的。也就是说,人们还不敢塑造活生生的诸神,这些神像仍然保留着基座,而基座即便不是无生命的,也终究是静止不动的。运动而变化着的神对于当时的意识而言是一种太过于捉摸不定和变幻莫测的东西。

关于这些形象的意义,即它们不但标示着艺术发展的一个环节,而且标示着宗教概念发展的一个环节,普鲁塔克的一个文本提供了最佳的揭示和证明。这个文本指出：在埃及人的传说里，宙斯（亦即阿蒙）曾经长着粘连在一起的双腿（συμπεφυκότα τὰ σκέλη），因为这导致他不能行走，所以他在羞愧之下离群索居（保持在隐蔽状态和μονότης [单一状态]里），直到伊西斯用一个锯子将他的双腿分开，他才能够自由地变换形态。① 我想强调的是，这个传说在很大程度上证实了我们此前对于埃及阿蒙的解释。因为我们曾经说过，阿蒙是启示**之前**的神，即潜能阶次发生分化之前的神，而这种分化被看作神的自身运动和走出自身，而且按照一个极为古老的观念，所谓创世就是指神走出自身，动身上路。基于同样的观念，《旧约》也谈到了上帝的**道路**，而那个叫作"智慧"(הָ.מ.בָ.ת)的东西在这里说："耶和华在其道路的开端（亦即在他还没有运动起来之前）已经拥有我。"② 正如犹太人在创世者身边安排了一位"智慧"(הָ.מ.בָ.ת)，埃及人也让伊西斯出现在仍然隐蔽而孤独的（亦即尚未在潜能阶次的多数性中显现出来的）阿蒙身边，让她帮助他开始运动。是伊西斯促使起初孤独而封闭的阿蒙走出自身，亦即促使他去创世。

XII, 656

希腊人关于代达罗斯（Dädalos）的传说，几乎是字句不差地重复了埃及人在普鲁塔克的那个文本里关于伊西斯的说法。通常认为，代达罗斯是希腊艺术史的开端，而据希腊人说，是他第一次让柱式立像拥有分开的双腿（διαβεβηκότα τὰ σκέλη），并且让神像睁开眼睛，如此等等。这种与埃及传说的平行性无比明确地证明，代

---

① 普鲁塔克：《伊西斯和奥西里斯》，第62节。——谢林原注
② 参阅《旧约·箴言》8: 22。——译者注

达罗斯的传说属于一个**不同于**艺术史的层面。那些**最古老的**神（星辰神祇）虽然是运动着的，但他们的运动不是一种**向前推进**的运动，因此等同于静止不动。很明显，从代达罗斯的名字（这个名字也是一个形容词，意指一种召唤出丰富多姿的生命的本性）和那些据说是由他建造的石窟作品和地下迷宫就可以看出，他属于一个过渡的时间，即从萨比教的庄严统一体向着后期多神论的多样性和杂多性过渡的时间。因此从根本上看，关于代达罗斯的传说仅仅包含着对于最初的过渡（从不动的、非前进的诸神到运动的、前进的诸神的过渡）的回忆。但这并非直接是艺术里的一个过渡，毋宁首先是宗教意识或神话意识的一个过渡。按照希腊人的说法，从代达罗斯开始，人们终于有勇气去呈现那些自由运动着的神，而同属于埃及和希腊的代达罗斯（因为从相关传说所指的时间段来看，当时各个民族还没有发生分裂）无论如何都仅仅标示着思维方式的一个过渡。

XII, 657　　人们曾经不敢去呈现自由运动着的神，而在更长的时间里，人们也不敢完全依据人类的**面部**特征去塑造神像。即使精神已经对那些类似于人的神像习以为常，宗教情感仍然需要一些让人们回忆起远古的阴沉恐怖状态的面部特征。甚至某些被认为是代达罗斯作品的神像也仍然激发起一种独特的、掺杂着敬畏之心的恐怖感，而据鲍桑尼亚说：它们乍看起来是某种粗俗不堪的东西（ἀτοπώτερα πρὸς τὴν ὄψιν），但其中又蕴含着一种独特的神性。[①]埃斯库罗斯的某些言论大概也与类似的作品有关，因为他曾经这样评价一位与他同时代的诗人提尼库斯（Tynichos）所作的赞神诗："相比这篇作

---

① 鲍桑尼亚：《希腊行记》，第二卷，第4节。——谢林原注

品,我的诗歌就像是那些虽然只经过简单加工,却被认为具有神性的古老神像,反之人们虽然赞美后来的神像,但并不认为它们具有神性。"[1] 因为费加里亚的那座黑色诸神之母(德墨忒尔)的远古神像早已失传,所以伟大的雕塑家奥纳塔斯(Onatas)必定是凭借着这种对于古老神像的根深蒂固的信念才在梦境之中看到女神亲自向他现身,从而制作了那座神像的替代品。也就是说,这里所指的是一个 vera Icon [真实的形象]。

从根本上看,范·艾克[2]这位近代绘画界的代达罗斯所做的事情,无非就是通过他的精湛技艺把教会珍藏的耶稣头像透露出的那种恐怖感同时予以美化和强化。当看到慕尼黑现在收藏的圣维罗妮卡的汗巾上沾满鲜血的头像[3]和范·艾克最伟大的学生赫梅林克[4]以严格对称的方式创作的耶稣头像,谁会感受不到这种得到美化的恐怖感呢?

即使已经获得自由的艺术持续不断地把古老的形式转化为人性事物和自然事物,也仍然不敢染指诸神的那些已经通过年岁和身世而变得神圣的面部特征。艺术仍然保留着自古以来的特征,但已经带着一种情不自禁的嘲讽,而这种嘲讽在埃伊纳岛的那些引人注目的雕像那里已经是显而易见的,因为雕像的面部特征和身体的其余

XII, 658

---

[1] 出自波菲利奥:《论禁欲》(De Abstinentia),第二章,第18节。——谢林原注
[2] 范·艾克(Jan van Eyck, 1390—1441),荷兰画家,被称为"油画之父"。——译者注
[3] 根据一个从13世纪开始出现的传说,一个名叫维罗妮卡(Veronika)的女人在路上遇到了被钉十字架的耶稣,当她用汗巾擦去耶稣脸上的血和污物,耶稣的脸就印在汗巾上,而据说这就是耶稣的真实的形象(vera Icon)。——译者注
[4] 赫梅林克(Hemmelink),即汉斯·梅姆林(Hans Memling, 1430—1495),德国裔荷兰画家。——译者注

部分的合乎自然的动作处于一个几乎不可解释的矛盾之中。我们清楚地看出，这些艺术家完全有能力以一种忠实而逼真的方式去摹仿身体的其余部分，因此也能够以合乎自然的方式去塑造面部特征。但他们为什么没有这样做呢？或许有人会说，这是因为希腊人在一切东西里面都看到一个合乎法则的进程，所以他们和现代艺术相反，首先去塑造较为低级的部分。假若头部和面部特征只能展示出一种低级的摹仿技艺，这个说法大概是可以令人满意的。但事实并非如此。或许这个独特的现象是源于人们常说的希腊艺术对于埃及艺术的那种奴隶般的依赖性？然而这始终没有解释，为什么这些艺术家在塑造身体的其余部分时已经完全不再依赖于埃及原型（因为埃伊纳岛的某些雕像可以说已经达到希腊艺术的极致的美），偏偏在塑造面部的时候仍然遵从埃及的原型？因此必须有一个特殊的理由，去解释为什么艺术不敢或羞于让诸神或那些等同于诸神的英雄（赫拉克勒斯也出现在那些雕像当中）具有类似于人的面部特征。诚然，我们在埃伊纳岛的雕像的面部特征里看到了更古老的原型，但这个原型并非属于埃及，而是属于一般意义上的更古老的艺术，这种艺术试图仅仅通过扭曲而颠倒的人类特征去呈现神性东西，不让它公开显示出来，而是用某种脱离人类的东西或非人类的东西——用某种陌生的东西——将它遮挡起来，并且赋予其某种阴森的气息。最终说来，或许正是基于同样的感觉，直到今天普通人也更喜欢圣徒的古怪的，尤其具有扭曲的面部特征的形象，觉得这样的圣徒比拉斐尔笔下的完美无瑕的圣徒更有魅力。实际上，艺术从未以**平行**的方式去呈现神的特征和人的特征，而是要么让神的特征低于人的特征，要么让神的特征高于人的特征。如果人们不想让神性因素乃至英雄因素失去任何崇高意义，就绝不可以让它们仅仅去摹仿人的特征。

当然，正如此前所说，我们在埃伊纳岛雕像那里只能依稀辨认出这样的原型；本身说来，我们很容易看出这些颠倒的形式已经不再被看作神圣的东西，而是包含着明显的嘲讽意图，因此这样的面部是真正的**面具**，也就是说，艺术家知道他并不是在呈现真实的和现实的东西，毋宁只是遵循一种曾经具有神圣意义的形式。除此之外，这些雕像的眼睛像中国人的眼睛一样细长，而其向上翘起的嘴角则是透露出某种微笑或嘲笑的神情；如果人们认为这些特征也是起源于埃及原型，那么他们必须解释，为什么埃及艺术会产生出这样的形式？但人们没有理由认为这些形式是对于现实的自然界的摹仿，也就是说，没有理由认为某个时期的埃及人就是这个长相，因为现在已经没有人认为中国人是起源于埃及，而那些保存完好的木乃伊头部和颅骨也让我们认识到了一些与此完全不同的形式。但只要一个人曾经注意到，一种虚假虔诚的情感是如何通过转动的眼睛或扭捏作态的微笑而暴露出来的，那么每当他看到这些形式的时候，他都会明白，希腊艺术绝不可能是如此耻辱地依赖于埃及艺术，而且那种摹仿埃及神像的古怪特征的做法也完全违背希腊人的本性和民族性。正如此前指出的，只要我们追溯艺术的进程，就会发现，艺术实际上从未把人的简单朴素的面部特征和神性东西统一起来，毋宁说，当艺术不再居于人性因素**之下**，就把全部特征和关系提升为超越人性的东西。因此按照我的估计，无论在埃及还是在希腊，向着完满神像的过渡首先是在巨像那里发生的。小型的埃及神像在大多数情况下都是奇形怪状的，反之在庞大的斯芬克斯像和同样规模

XII, 660

的其他作品那里，人的面庞就具有一种最合乎规则的、最完满的，同时最富于表现力的美。英国博物馆收藏的一个粉红色的花岗岩头像据说是青年曼农的头像，对此所有的行家都一致认为，它表现出无比崇高的精神性，甚至表现出某种神奇而寂静的狂喜。至于刚才提到的埃伊纳岛的雕像绝大多数都是**小于**自然的尺度，虽然这主要是由它们所在的山墙面的高度决定的，但在我看来，这也表明在这些作品产生的时代，艺术尚未尝试去创作巨型神像。通过这个特征，人们可以一眼就区分出埃伊纳岛的作品和最早的阿提卡时期的作品，而这个特征或许是基于某种与形式、维度和比例关系无关的东西。至少有一点值得注意，即鲍桑尼亚坚持认为奥纳塔斯标志着埃伊纳艺术已经达到与阿提卡艺术比肩的高度，而鲍桑尼亚的主要论据，就是奥纳塔斯所创作的一些相比菲迪亚斯的作品毫不逊色的巨型神像。①

如果说只有当造型艺术把纯粹的人类形式提升为超越人性的东西，它才能够勇敢地把这些形式接受下来，那么这种以神奇的方式得到**提升**的人性因素现在反过来就证实了诸神的实在性，亦即表明诸神是真正更高的存在者，并且属于一个更高的事物秩序，好比昆提连这样描述奥林波斯山上的宙斯: cujus pulchritudo adjecisse aliquid etiam receptae religioni videtur [他的美丽看起来甚至给公认的宗教增添了某种东西]。

---

① 鲍桑尼亚:《希腊行记》，第八卷，第42节。——谢林原注

第二十九讲
希腊的整个诸神世界与宙斯的关系

迄今为止，我们已经把希腊神谱追溯到那种伴随着宙斯而产生的诸神多样性，或更确切地说，追溯到那个伴随着宙斯而产生的精神性的诸神之国。因为在最终的发展过程中，并不是只有宙斯显现出来，毋宁说乌兰诺斯、克罗诺斯和宙斯都显现为一种精神性的诸神多样性的**环节**。当乌兰诺斯和克罗诺斯被纳入希腊的诸神历史，就同样置身于一个精神性世界，不再是腓尼基人或最早的星辰崇拜者心目中的乌兰诺斯和克罗诺斯。但是，如果人们这样看待最终的诸神产生过程，仿佛这些神祇是这个时候才产生出来的，那么这就是一个不正确的观点，并且与《神谱》本身的表述相矛盾。实际上，宙斯仅仅是一位把这些神祇予以释放，让他们显露出来的神，正如狄奥尼索斯按照其最高作用而言仅仅是一位让他们获得"解放"（Λύσιος，就像他的名字表明的那样）和自由的神，当然同时也是一位把他们提升为历史性存在者的神。诸神早就已经存在着，只不过被封闭在黑暗的诞生地之内，屈从于那位仍然始终坚持着他的唯一性和牢固性的实在的神。诸神**存在于**这个诞生地之内，只不过还没有发生分化并分道扬镳。这一点甚至偶尔在《伊利亚特》中透露出来，而在这部诗歌里,诸神历史如今已经真正成为传说故事,成为一个滔滔不绝的童话,而这个童话在其轻松的喋喋不休中看起来经常遗忘了自己,并且落入自相矛盾。因为按照一种说法,是宙斯后来把他的兄弟姐妹从那位把他们封闭起来的神的监狱中释放出来。比如在《神谱》里,宙斯在出生之后就马上脱离了他的多疑而充满嫉妒的父亲,被秘密隐藏起来,但《伊利亚特》却提到了赫拉和宙斯如何瞒着亲爱的父母而偷情[①]——也就是说,在他们见诸天日之前,在克罗诺斯仍然统治天地的时候,宙斯就已经爬上了赫拉的婚床。

因此最终的大分化(Krisis)无非就是这个词语在字面上表达的意思,即分道扬镳和分离。《神谱》本身也承认这一点;因为我们此前已经提到,宙斯在打败提坦(他们是盲目而无理智的存在的最终躁动)和提丰(他是这个存在最后生下的孩子)之后,唯一还需要做的事情就是给诸神合理地分配荣誉。就此而言,那个最终环节的唯一作用就是让那些曾经在形态上和意义上游移不定的神各自获得其恒定的形态、特定的事务、专属的部门,以及与这些联系在一起的荣誉,因为过去在克罗诺斯统治下的混乱意识里,每一个存在者都干涉着别的存在者,每一个存在者都阻碍着彼此的自由发展。当形态和荣誉已经确定下来之后,**名字**自然也确定下来。比如,只要一个人看到赫拉在某些起源于那个黑暗时间的回忆里面如何与佩耳塞福涅合为一体——波利克利图斯制作的赫拉像手里拿着石榴,而石榴是佩耳塞福涅的标志——,以及按照克罗伊策的细致梳理,崇高的雅典娜如何与早期几乎所有的女性神祇都非常相似并混淆在一起,他

[①] 《伊利亚特》第十四卷,第296行。——谢林原注

就会明白,每一位神祇获得一个专属的名字是这个最终的环节才发生的事情。但人们切不可因此就依据完全不同的神祇之间的这种看起来可以证实的同一性而错误地认为,一切东西都位于不可区分的混沌中,所有的神都是同一位神,因为这会导致神话的观点具有一种令人难以忍受的单调性。继不同神祇的这种相互混淆的属性之后出现的**全新**局面,就是明确区分了每一位神祇的人格性及其专属的名字。

XII, 663

那些伴随着宙斯而显露出来的诸神**必定**在宙斯**之前**已经存在着,因为宙斯本身比宙斯(亦即比那个以宙斯为标志的环节)更早出现。正是在这个意义上,古人区分了第一位、第二位、第三位宙斯和第一位、第二位、第三位阿尔忒弥斯,并且按照这个方式区分了不同的赫尔墨斯,而西塞罗甚至列举了六位赫尔墨斯。[1]至于同一些神的各个分身在不同的——更早的或更晚的——环节里如何以不同的方式显现,对此进行梳理和分析是纯粹的神话学家的任务,已经完全超出我们的研究范围。毫无疑问,每一位神祇都有自己的独特历史或在早期和后期环节里的一系列显现方式。但正如刚才说的,我们必须把这些研究交给神话学家去处理。我们的推演过程不可能延伸到神话发展过程中的偶然现象;我们的意图完全并且仅仅聚焦于普遍的法则。尽管如此,因为神话运动在达到终点之后就仿佛自由而清醒地带着一个必然的(而非人为制造的)后果向着不同方向蔓延,所以在结束本次课程之际,我们还需要再谈谈迄今的推演过程里的一些尚未得到理解把握的形态。

---

[1] 西塞罗:《论诸神的本性》,第三卷,第21节。——谢林原注

我们所说的质料性诸神是那些通过三个潜能阶次的共同作用而产生出来的神。至于潜能阶次本身，我们将其称作形式上的神，他们不应当被看作质料性的或具体的存在者，而是只应当被看作纯粹的原因。但由于每一位希腊神祇都分有了全部三个潜能阶次，也就是说，精神的潜能阶次（A^3）在每一位希腊神祇身上都得以实现，所以他们全部都是一些具有精神性的存在者，而在这个意义上，希腊人的多神论总的说来是一种精神性的多神论。在质料性诸神当中，宙斯、波塞冬和哈得斯之间的关系相当于三个潜能阶次之间的关系，亦即哈得斯对应于第一个潜能阶次，波塞冬对应于第二个潜能阶次（那位主要以此被命名的狄奥尼索斯），宙斯对应于第三个（自在地精神性的）潜能阶次。同一个结构下的其他神祇，即那些伴随着宙斯才产生出来的神祇，仅仅是那三个生产出神话的潜能阶次的不同镜像。每一位神祇都呈现出这三个潜能阶次之间关系的一个环节。质料性诸神及其各自的属性都透露出这三个生产出或制造出神话的潜能阶次，但除此之外，那些现在属于质料性诸神的神祇看起来在一个较早的环节里本身就具有形式上的意义，或更清楚地说，在现在的质料性诸神当中，可能有一些神祇过去在意识里显现为形式上的神，但他们并未保持为这样的神，而是后来把他们的名字让给了一位出现在质料性诸神当中，但与他们**类似**的神。

如果人们知道希腊的阿佛洛狄忒是起源于那个遥远的过去，起源于意识的那个在亚洲神话里以乌拉尼娅为标志的环节，如果人们进而发现**阿瑞斯**在《伊利亚特》里仍然作为阿佛洛狄忒的丈夫而出现，那么他们必定会把这位破坏性的神（阿瑞斯）理解为一个类似于印度的湿婆的潜能阶次。在意识的一个较晚的环节里，当那位与乌拉尼娅同时被设定的相对精神性的神已经**显现为**一位带来解放的神或一位按照其肯定的属性而言充当精神的中介者的神,那位纯粹破坏性的神必定会隐退,但他并没有因此在意识里消失,而是在质料性诸神当中获得他的位置。我在前面已经提到了**赫淮斯托斯**。[①]他是一位自远古以来就存在于希腊意识之内的神,但只有伴随着宙斯才具有这个特定的形态,并且直到现在也仅仅凭借这个形态跻身于希腊诸神之列。正因如此,他也是宙斯和赫拉的儿子。宙斯曾经把他从天空扔到地上,将他摔成了一位跛子;这件事情表明,赫淮斯托斯虽然现在是单一的(片面的)本原,但曾经是全面的和排他的本原,即那个吞噬一切东西的存在的本原。这个本原按照其排他性而言不容许任何个别的或具体的东西,但是当它从属于一个更高的本原,本身就成为一个质料性的造物本原,一个进行塑形的、艺术性的创造本原。因此赫淮斯托斯是一位神性的艺术家,一种质料性的或进行塑形的创造力量,而按照《伊利亚特》的说法[②],他为全部奥林波斯山上的诸神建造了他们的宫殿和房屋;他为别的神建造宫殿,这表明他是从属于他们,并且就其最初的起源而言是一位属于远古时期的神祇。作为这样一位神祇,他在《奥德赛》里成了阿佛洛狄忒的丈夫;这些远古的神祇之所以被称作宙斯的儿子和女儿,只不过是因为他们只有伴随着宙斯并且通过宙斯才获得他们的恒定形态。

XII, 665

　　只有那些在宙斯之后出现并且是由他生出的神祇才是宙斯的真正意义上的子女,比如帕拉斯-雅典娜就是从宙斯的头里跳出来的,

---

① 参阅谢林:《神话哲学》(上卷)第299页。——原编者注
② 《伊利亚特》第一卷,第604行以下;第十四卷,第166—167行。——谢林原注

亦即从那个只有伴随着宙斯才设定的最高意识里显露出来的。或许在意识过去的混乱状态里，也有一位更古老的神祇叫作帕拉斯或雅典娜，但经过最终的分化，这个名字被留给宙斯最钟爱的女儿，而宙斯是在吞噬**墨提斯**（让她永远寓居在他之内）之后才生出了雅典娜。墨提斯在《神谱》里被称作神灵和凡人中最智慧的，因此她显然就是那个达到了自己的普遍性，并且通过摆脱神话过程而重获自由的意识。当宙斯将其吞噬，就把她提升为一种**认知**自身的意识，提升为**雅典娜**。就此而言，雅典娜其实已经超越了神话。墨提斯是一个**游离于整体之上**，因此也游离于宙斯之上的意识；但神话的创作冲动希望坚持完成自己的作品，因此不允许这个相对于神话而言已经自由的意识**脱离**神话，否则这个已经产生出来的神话世界有可能被重新推翻。《神谱》明确宣称，宙斯是在该亚和乌兰诺斯的劝告之下[①]吞噬了墨提斯，吞噬了这个超越神话，甚至就**智慧**而言超越了宙斯的意识（赫西俄德说墨提斯是 πλεῖστα θεῶν εὐδυῖαν[诸神当中最智慧的]，因此也比宙斯更为智慧）；宙斯之所以吞噬墨提斯，是为了不让别的神占领王位（ἵνα μὴ βασιληΐδα τιμὴν ἄλλος ἔχῃ），不让别的神成为最高的神。

也就是说，神话的创作冲动通过上述方式做到了让这个意识仍然保持在神话自身之内。雅典娜是一个完全重建的意识，是保持着其最初的纯净性和童贞性的原初意识——请你们回想一下我在刚开始谈到佩耳塞福涅的时候对于"童贞性"这个概念的解释[②]——，

[①] 赫西俄德：《神谱》，第891行。——谢林原注
[②] 参阅谢林：《神话哲学》（上卷），第157页。——原编者注

就此而言，她**重新**成为佩耳塞福涅，但现在已经是一位认知着自身，在其童贞性中认知着自身的佩耳塞福涅，或者反过来说一种在认知自身的时候保持着童贞性的意识，而佩耳塞福涅获得自身认知的代价是失去她的孤寂性或童真性。在这个意义上，神话里的最终女性形态重新等同于最初的女性形态，或者说是最初的女性形象的重建。正因如此，雅典娜也是宙斯的掌上明珠，是他最钟爱的女儿。《伊利亚特》里的赫拉说："她简直为所欲为"；她投出宙斯的雷电，披着宙斯的铠甲，无论赫拉还是阿瑞斯都不能对她发号施令，哪怕被她打伤的阿佛洛狄忒在宙斯面前告状，也只是被一笑置之。① 她重新成为最初那个全副武装的、不可接近的意识，敌视一切企图推翻理智（亦即意识的统一体）的东西。但雅典娜不像仍然保有童贞的佩耳塞福涅那样是一个**单纯的**（被动的）统一体；她是统一体，但却是一个已经克服了二元性的统一体；她是统一体（1），一个经历了二元性（2）而回到自身的统一体（3），正因如此，她在赫西俄德和荷马的颂诗里都被称作"第三位出生的"（τριτογένεια）——从语法来看，这个词语作为"第一位出生的"（πρωτογένεια）的类似说法只有按照我们所说的方式才是解释得通的。②

XII, 667

---

① 《伊利亚特》第五卷，第425行以下，第733行以下。——谢林原注
② 因此只有等边三角形才是雅典娜的象征，而不是像达马斯丘所说的那样（转引自克罗伊策《希罗多德评注》第135页），任何三角形都是她的象征。根据普鲁塔克《伊西斯和奥西里斯》（第75节）的记载，这也是毕达哥拉斯学派的观点：Τὸ μὲν γὰρ ἰσόπλευρον τρίγωνον ἐκάλουν Ἀθηνᾶν κορυφαγενῆ καὶ τριτογένειαν [他们把等边三角形称作雅典娜，认为它产生自头部，并且是第三位出生的]。——谢林原注（译者按，达马斯丘[Damascius]，公元5世纪的新柏拉图主义哲学家）

宙斯本身（最终得到升华的实在的神）不可能成为宙斯，除非他同时在阴间成为哈得斯；他只有在也是哈得斯的时候才是宙斯，只有当他同时意识到自己是哈得斯，才意识到自己是宙斯。因此是宙斯之内的意识把上界和下界联系在一起，而这个在最低和最高的东西之间来回运动的意识就是**赫尔墨斯**。在这个意义上，赫尔墨斯是一个把三位神联系在一起并把他们重新设定为统一体的意识，他其实在每一位神之内，但同时被看作第四个东西。——因为那位已经完全转化为理智的神在自身之内也包含着一位没落的、盲目的神，所以赫尔墨斯是一个与双方都保持着友善关系的存在者，他既是凡间的和阴间的赫尔墨斯（Ἑρμῆς χθόνιος），也是上界的和天上的赫尔墨斯。

此外还有两个仿佛游离于其他希腊神祇之外的形态，它们的结构显然独立于其余的神祇，并且展现出一个虽然与迄今所述的神祇非常相似，但仍然不依赖于他们的发展过程。我指的是**阿波罗**和**阿尔忒弥斯**。也就是说，阿波罗的整个经历和狄奥尼索斯有一些相同之处：据说他杀死了巨蟒皮同（一个看起来和埃及的提丰完全一样的东西），而按照另一个传说，却是他被皮同杀死了，并且如同埃及的奥西里斯一样被撕成碎片。被阿波罗杀死的皮同是那位没落的实在的神，按照阿里斯托色诺斯①在《论音乐》中的说法，奥林波斯②以抒情诗的方式为其谱写了第一篇悲歌。在德尔斐的神庙里，狄奥尼索斯和阿波罗占有的面积是同样大的，帕拉苏斯山既属于阿波罗

---

① 阿里斯托色诺斯（Aristoxenos），公元前4世纪的逍遥学派哲学家。——译者注
② 奥林波斯（Olympos），传说中抚养宙斯的巨人，后在反抗宙斯的战争中被杀。——译者注

的缪斯，也属于那些举行狄奥尼索斯仪式的女祭司。简言之，阿波罗和狄奥尼索斯的关系是如此之密切，以至于如果我们对包含在神秘学之中的整个狄奥尼索斯学说一无所知，就不可能完整地理解阿波罗。

这里我只想强调一点，即阿波罗和雅努斯一样，都不应当被算作质料性诸神之一。当然，我们更不能按照通常的方式仅仅把阿波罗和阿尔忒弥斯解释为太阳和月亮的象征，虽然反过来确实可以说太阳和月亮是阿波罗和阿尔忒弥斯的象征。一方面看来，阿波罗并不属于质料性诸神，但另一方面看来，狄奥尼索斯的理念已经把阿波罗驱逐出形式上的神之列，这就解释了阿波罗为什么会出现在那些显白的神祇当中。尽管如此，德尔斐神庙的各种秘密足以表明希腊意识同时坚持着阿波罗的原初理念，而且很多事例也暗示出，阿波罗被认为凌驾于三位狄奥尼索斯**之上**。因为阿波罗贯穿着所有的层次，所以许多在某些方面看起来相互矛盾的属性在他身上达成了统一，比如他既是一位投放瘟疫和灾害的破坏性的神，也是一位通过缪斯技艺带来福祉的神。在这个意义上，位于希腊神话终点处的阿波罗是希腊神话的最高概念，就是古意大利神话和罗马神话开端处的雅努斯，只不过是alter Janus [另一位雅努斯]罢了，而与此完全相对应的是，他和雅努斯一样都被认为是**道路**之神。在这里，我希望你们回忆起我对于"道路"和"神的道路"等概念做出的解释：阿波罗叫作"道路守护者"（ἀγυιάτης, ἀγυιεύς），他的献祭仪式叫作ἀγυιάτιδες θεραπεῖαι [道路守护者的祭礼]，而这些称呼都是来自ἀγυιά [大街或道路]；人们在大门前面为阿波罗和雅努斯树立的柱子就是得名于这个意思。至于阿尔忒弥斯和阿波罗的关系，完全相

XII, 669 当于之前解释过的狄安娜和雅努斯的关系，即阿尔忒弥斯是第一位把弓拉满的神，是那些原初地被一起设定在阿波罗之内的潜能阶次的紧张状态的最初原因。当然我们也说过，更具体的讨论必须留给关于神秘学的研究。

当希腊神谱的主要神祇的地位及其意义被规定下来之后，我们是否还应当去讨论诸神的那种一环扣一环的、无限延伸下去的（或就其本性而言没有边界的）繁衍分支呢？我觉得没有这个必要。我们已经掌握了基础：至于随后的那些沿着各个方向从中绽放出来的东西，并不需要遵循我们在这里无疑必须去坚持的科学推演过程，与此同时，我们也必须允许或承认一种诗意的、虽然总是合乎逻辑的推演过程发挥着某种影响。在这些进一步的发挥里，或许有某些东西真的是一种**发明**。如此或许在这些进一步的发挥中某些东西是现实的发明。只要承认诸神的合法性，还有什么东西能够阻碍那样一种**乐趣**，把这个自在的诗意世界作为第二种创造提升到第一种与之类似的创造之上，不断地拓展这个理想世界，最终把整个自然界乃至生命的全部事务都纳入其中？这样的生命力的主干一旦扎根下来，就能够生长出无穷多的枝芽。唯独**主干**本身，作为一个必须先于所有这些偶然的形象而被设定下来的东西，不可能是一个发明。

属于这类纯粹诗意发明的主要是那些居于从属地位的神祇，他们的名字不是单纯的，而是复合的，并且其意义是一目了然的。《伊利亚特》里面甚至出现了**真正的**拟人化，比如著名的祈祷女神（Λίται）号称是无所不能的宙斯的女儿，但她们实际上是从"过错"慢慢转变而来的，也就是说，如果一个犯有过错的人蔑视她们，她们就要求宙斯去惩罚这个人。但这种拟人化和真正的神祇是很容易区分开的,而且任何一位古人都不会认为这种在他们的修辞学里完全无足轻重的拟人化形象能够与整个神话谱系里的主要神祇相提并论。

现在我们已经引导着神谱运动从最初的开端一直来到这样一个地方,在这里,那种最充分地展开的并且从任何方面来看都最完满的神话亦即希腊神话把自己呈现为这个运动的终点。整个神话运动的最终目标就是生产出那个**显白的**诸神世界。那个让自然界原初地存在于杂多性之中的运动,在意识之内通过一个回归过程生产出整个诸神世界,这个世界相对于三个进行生产的潜能阶次而言仿佛是第四个东西,并且仅仅是通过这些潜能阶次的共同作用,作为它们的共同作用的单纯**现象**而显现出来的。只要一个人充分理解了上述情况,他就不会再迷惑于那个错误的观点,仿佛神话里的全部神祇仅仅是自然力量、自然现象或普通对象的拟人化,因为假若是这样的话,人们确实会觉得自己是在和某种假象打交道。

无论是个别的神话,还是各种形形色色的神话,都呈现出观念和现象的巨大混乱,但在这种混乱状态里,我们从未偏离那些从一开始就确立下来的本原。我还可以补充一点,即迄今为止还没有一种神话理论能够像我们这样,不但明确地解释了一般意义上的神话,而且明确地解释了神话的全部分支和特征。如果要问我是如何做到这一点的,那么我的答复是:我们采用的方法的简单秘密就是预设神话包含着它自己的历史,神话不需要任何位于神话之外的前提(比如一些掌握了宇宙论的哲学家等),毋宁说它自己就完满地解释了自己,也就是说,同样一些本原既是神话内容的质料性原因,也是神话最初形成和产生的形式上的原因。

XII, 670

XII, 671　　对于自然研究而言，有一点最终已经得到普遍的认可，即每一个对象都必须从其自身出发得到解释，也就是说，对象的形成和产生的全部根据都可以在它自身那里被发现和揭示出来。这一点也必须适用于那些精神性的产物，因为我已经通过神话的例子表明，精神性产物按照其内在的必然性和合乎法则的发展过程而言可以等同于自然产物。也就是说，每一个人都清楚看到，如果一个进行解释的**本原**或一个产生环节不能在神话自身之内立即得到证实，那么它们都是不可接受的。

　　此外还需要指出，那些真正包含着全部神话的解密钥匙的本原以最确定和最纯粹的方式出现在希腊神话之内。当我这样说的时候，我当然知道这个主张与现在流行的许多观点是完全相悖的，因为几乎所有的人都认为希腊神话只不过是一种原初地更纯粹的学说或知识的败坏和扭曲。但我已经表明，这样一种更纯粹的学说在早期的时间里是没有立足之地的，而那种纯粹的、已经完全摆脱对立面的希腊多神论恰恰是向着一种真正更好的、更纯粹的、更高的知识的必然过渡。在全部诸神学说当中，恰恰是希腊的诸神学说以最纯粹的方式包含着全部神话的最终本原，**因为**它是最年轻的诸神学说，从而在最大程度上达到了沉思和意识，并且揭示出那些在早期环节里仍然盲目发挥作用、相互干扰和相互斗争的本原的最纯粹的分离状态和分化状态。我之所以敢于说我超越了单纯的材料和外在因素，直达神话的内核和生产性本原以及神话的形成和进步的法则，就是因为我已经以如此纯粹的方式将它们在希腊神话里展开和呈现出来，而在所有对于我们理论的事实性证明当中，希腊神话包含着一个最具有决定性的确证。

或许你们会感谢我的这门课程在质料上提供了某些新颖的东西，但这些不是**根本重要的**；根本重要的是，你们能够借助一个伟大的例子认识到科学方法的力量，学会如何区分一大堆纯粹偶然的臆想和一系列合乎法则的、从最初的开端以有机的方式发展起来的思想；根本重要的是，你们在这里通过一个特殊应用而认识到的方法具有普遍的意义，因为它同时是哲学的方法——我指的不是那种用概念的穿凿附会去取代实在联系的哲学——，并且对于其他同样复杂的对象也具有**普遍的**意义，因为在合理应用的情况下，它将表明自己能够掌握那些对象，正如我们已经借助这个方法掌握了神话。

因此我希望我的这门课程做出了这样一个**贡献**，即让哲学研究在我们当中重新获得生命，变得更严肃和更有男子气概；我也希望这门课程获得了这样一个**成果**，即让哲学对于其他研究而言也重新具有其应有的意义。诚然，每一个人都应当在他的专业领域里追求最为丰富而具体的知识，这是很重要的，如果一个人没有这些知识，以为**单凭**哲学就可以做出什么伟大的成就，那么这个可悲而疯狂的人和一个觉得自己没有军队也可以当将军的人没有什么区别。但全部具体知识（它们愈是拓展，就愈是数量众多）只有借助一位天才的力量才获得其真正的价值，这位天才懂得如何把它们结合为一个科学的整体，让精神战胜质料，把那些真正具有普遍意义的、无所不包的思想予以实现。说真的，当前这个时代所面临的各种问题尤其最为迫切地和日渐迫切地需要这样一些天才，他们并不关心具体问题，并且在面对大量相互矛盾的现象和事实时也不会束手无策，而是在自身之内寻找一些力量和手段，以控制这些现象和事实，同时让自己始终超然于它们之上，将它们集中起来走向一种真正的创造。

因为一旦陈规陋习不再有效,一旦人们必须决定做出一种新的创造,这样的环节就会出现。坦白地说,当我谈到热忱、严肃而深刻的哲学研究时,这不是为了我自己的利益。在我这样的年龄①,一个人不可能指望作为教师仍然具有长远的影响。但漫长的人生经历和我的展望告诉我,整个公众生活和国家可以给予那样一些大学以特殊的照顾,在那里,哲学研究不是仅仅被当作初学者的事情(比如充其量只是为了完成某种形式上的教育,甚至只是为了应付将来的国家考试),而是把那些思想趋于成熟和已经掌握丰富的实证知识的人一再地带回到哲学,让精神重新获得清新的活力,与那些**普遍的**本原始终保持联系,因为它们像一条坚固的纽带一样把自然事物和人的事物联系在一起,唯有它们真正统治着世界,唯有通过和它们的亲密交往才能够塑造出**男子汉**,这些男子汉能够在任何情况下都临乱不惊,也不会畏惧任何现象,更不会像现在的人一样由于长期的碌碌无为而最终让平庸之辈和无知之徒大行其道,然后在面对无知和肤浅时缴械投降。

当我再一次回顾现在即将结束的这门课程,必须坦率承认,我在这里缺失了某些讨论,而只有补上这些讨论,我们宣讲的理论才可以说在所有方面达到圆满完结。最符合这个情况的,是应当去讨论和证实神话过程的各个环节与各个民族的自然差异性和历史差异性之间的联系。同样缺失的是一些更详细的关于希腊人的史前时间,尤其关于佩拉斯吉人和希腊人之间关系的讨论。关于后面这个

---

① 最后这次关于神话哲学的授课是于1846年3月20日在柏林举行的。——原编者注(译者按,这时候的谢林为71岁)

问题，我给大家推荐一部从这个方面来看对我的立场有所补充的著作，这就是此前已经提到的多夫缪勒教授的《论希腊人的起源》①，一部你们绝不会后悔阅读的著作。最后缺失的是关于希腊神秘学的一个完整研究，因为我在这门课程里对此仅仅做出了一般的提示。

  虽然从上述情况来看，我的这门课程是如此之不完满，但我还是希望它对于你们而言是不无裨益的。接下来我需要做的事情，就是首先感谢那些在这条漫长的道路上一直专注地追随着我的人的宝贵耐心，然后以这样一个宣言作为结语：我最衷心的愿望，莫过于这门课程不仅对你们而言是有所裨益的，而且将来对于那些和你们一样充满求知欲并热忱地追求更高知识的人也能够有所裨益。

---

① 这本书的完整名称为：多夫缪勒：《论希腊人的起源的四个时期》(*de Graeciae Primordiis aetates quatuor*)，J. G. 柯塔1844年版。——谢林原注

人名索引

（说明：条目后面的页码指德文《谢林全集》的页码，即本书正文中的边码。因本卷内容全部集中在第XII卷，故只给出页码。）

A

Abraham 亚伯拉罕 444
Abulfaradsch 阿布尔法拉迪希 358
Achilles 阿喀琉斯 579
Adam 亚当 463
Aeschylos 埃斯库罗斯 657
Aether 以太 424, 457, 586, 622, 649
Agamemnon 阿伽门农 579
Agrippa 阿格里帕 613
Ahriman 阿利曼 385, 501
Alexander 亚历山大大帝 400, 464, 511-513
Amenoph 阿蒙奥斐 401
Ammon 阿蒙 394-403, 409-413, 416, 421, 655-656
Amphitrite 安菲特里忒 583, 627
Anquetil-Duperron 安奎提尔 476-477
Anubis 阿努比斯 370, 372, 378, 419
Apathe 阿帕忒 449, 623
Aphrodite 阿佛洛狄忒 389, 416, 423, 624, 653, 664-666
Apion 阿皮翁 401
Apollon 阿波罗 379, 381, 382, 465, 639, 655, 667-668
Ardschuna 阿周那 486-487, 491, 496
Ares 阿瑞斯 664, 666

Aristophanes 阿里斯托芬 388, 597, 652

Aristoxenos 阿里斯托色诺斯 668

Arnobius 阿诺比乌斯 605

Aroueris 阿努厄里斯 379

Arrian 阿里安 512

Artemis 阿尔忒弥斯 382, 639, 653, 663, 667-668

Arun 阿伦 413

Athena 雅典娜 384, 417, 423, 662-666

Athor 阿托尔 416

Attis 阿提斯 363

Augustus 奥古斯都 609, 614

Aurengzeb 奥朗则布 476

B

Baal 巴力 354, 374

Bacchus 巴库斯 465

Berzelius, Jöns 贝采利乌斯 360

Bhavani 巴瓦尼 455

Bilfinger, Georg 比尔芬格 527-528

Bohlen, Peter 博伦 431

Böhme, Jakob 波墨 478, 597

Brama 梵天 441-460, 468, 473, 474, 480, 484, 495-499, 507, 510, 517-518, 571, 575

Briaeus 布里阿瑞斯 619

Bubastis 布巴斯提斯 381-382, 419, 426-427

Budda 佛陀 473, 482, 485, 486, 496-512, 516, 565-566

Bunsen, Christian 本森 407, 413

Burnouf, Eugène 布尔诺夫 462, 509, 519

Buttmann, Philipp 布特曼 607, 612-613

C

Cäsar 凯撒 608

Cailliaud, Frédéric 卡约 404

Ceres 刻瑞斯 636

Champollion, Jean-François 商博良, 378, 379, 398, 400, 411, 418, 552

Chaos 卡俄斯 410, 419, 520, 596-602, 607, 610-616, 621-622

Cheops 基奥普斯 405

Chephren 齐夫林 405

Chi-hang-thi 始皇帝 529

Chladni, Ernst 克拉德尼 358

Chnubis 克努比斯 398-400

Chormusda 乔木斯达 500, 519

Christus 基督 537

Chumis 库米斯 398

Cicero 西塞罗 593, 606, 611, 651, 663

Clemens von Alexandria 克莱门 512-513, 653

Colebrooke, Henry 科尔布鲁克 455-456, 462, 467-474, 483, 490

Confucius 孔夫子 539, 559-565

Creuzer, Friedrich 克罗伊策 386, 391, 397, 409, 416, 442-443, 460, 465, 469, 558, 614, 622, 643, 651, 662, 667

D

Dädalos 代达罗斯 656-657

Dalailama 达赖喇嘛 538, 567

Damascius 达马斯丘 667

David 大卫王 476

Demeter 德墨忒尔 361-362, 583, 626-642, 654, 657

Denon, Dominique 德农 395

Desguignes, Joseph 德经 566

Diana 狄安娜 612-613, 668

Dionysos 狄奥尼索斯 364-365, 376, 408, 410, 417, 419, 456, 512, 539, 581, 584, 627, 630, 634-637, 642, 661, 664, 668

Diodor von Sizilien 狄奥多罗 395

Dorfmüller, Karl 多夫缪勒 588, 653, 674

Dschingiskhan 成吉思汗 567-568

Dupuis, Charles 杜普伊 387

E

Eanus 埃阿努斯 611

Eckhel, Joseph 埃克赫尔 603

Empedokles 恩培多克勒 622

Enef 恩内夫 398

Erebos 厄瑞玻斯 621-622

Eris 厄里斯 621, 623

Eusebius 尤西比乌 398, 427, 538

F

Festus 费斯图斯 611-612

Firmicus 菲尔米库斯 369, 516

Fo 佛 565

Fortuna 福耳图娜 622

Fourmont, Étienne 傅尔蒙 553

Franz I. 弗朗西斯一世 567

G

Gaia 该亚 615-625, 666

Gau 高 404

Gerhard, Eduard 格尔哈特 602

Giorgi, Antonio 吉奥基 566

Goethe, J. W. von 歌德 573

Graevius, Johann 格雷乌斯 603

Gyges 古埃斯 619

H

Hades 哈得斯 376, 579-585, 625-636, 638, 642, 664, 667

Hanumar 哈奴曼 462

Harpokrates 哈尔波克拉底 379, 386

Heeren, Arnold 赫伦 406

Hekatäos 赫卡泰奥斯 394

Hemere 赫莫拉 622

Hemmelink 赫梅林克 657

Hephästos 赫淮斯托斯 396, 665

Hera 赫拉 613, 626, 628, 662, 665, 666

Herakles 赫拉克勒斯 394, 408, 410, 417-418, 465, 658

Heraklit 赫拉克利特 376, 622

Hermann, Gottfried 赫尔曼 615, 618, 621-622

Hermes 赫尔墨斯 414-415, 436, 663, 667

Herodianus 赫罗狄安 653

Herodotos 希罗多德 365, 374-375, 382, 388, 396-398, 402, 404-419, 421, 428-429, 500, 512, 516, 574, 588-592, 649, 667

Hesiod 赫西俄德 520, 578, 579, 583, 589-607, 611-622, 628, 636, 643, 666, 667

Hestia 赫斯提亚 626-630

Hesychios 赫西基奥斯 627

Heyne, Christian 海涅 621

Hianus 希阿努斯 611

Hirt, Aloys 希尔特 397

Hodgson, Brian 霍奇森 519

Homer 荷马 354, 360, 394, 457, 551, 580, 584-589, 591-598, 633, 638, 641, 647-651, 667

Horaz 贺拉斯 423, 548, 608, 638

Horos 荷鲁斯 376-391, 398, 405, 417-419, 436-440, 603, 635

Humboldt, Wilhelm von 洪堡 449, 451, 486, 488

Hyperion 许佩里翁 618

I

Indra 因陀罗 457, 492

Iris 伊里斯 585

Isis 伊西斯 369-391, 416-421, 631, 637, 655-656

J

Jakob 雅各 402

Jamblichus 扬布里柯 399, 414-415

Jana 雅娜 612-613

Janus 雅努斯 598-614, 668

Japetos 伊阿佩托斯 618

Jehovah 耶和华 519, 563, 656

Jones, William 琼斯 465, 468, 476, 508, 545, 556

Joseph 约瑟 402

Josephus 约瑟夫 401

Julien, Stanislaus 儒莲 563

K

Kalanus 卡拉努斯 513

Kalida 迦梨陀娑 573

Kambyses 冈比西斯 396-397, 399-400

Kamsa 康萨 463-464

Kanne, Johann 卡尼 620

Kapila 迦毗罗 483

Khem 凯姆 413

Kircher, Athanasius 基歇尔 553

Klaproth, Julius 克拉普罗特 519, 538

Kneph 克内夫 398-399

Kore 科勒 636

Kottos 科托斯 619

Krischna 克里希纳 463-465, 468,

473, 487-498, 572, 575, 654

Kronos (Saturn) 克罗诺斯（萨图恩）350, 352, 356-357, 362-367, 388, 418, 578-585, 618-632, 637, 661-662

Kybebe 库柏柏 353-354

Kybele 库柏勒 353-364, 425, 455, 570, 578

Kyklopen 库克洛佩斯 619, 623

L

Lacroze, Mathurin 拉克罗兹 566

Lao-Kium 老君 562

Lao-tsee 老子 559-565

Letronne, Jean 莱特罗纳 399

Lin 林则徐 536

Litai 祈祷女神 669

Livius, Titus 李维 357-358

Lucretius 卢克莱修 354, 361-362

Ludwig IX. 路易九世 567

Lycophronides 吕克弗隆 363

M

Macrobius 马克罗比乌斯 428, 604, 606, 608, 610

Mahanatma 摩诃特玛 471-472

Manetho 曼涅托 394, 403

Mani 摩尼 505

Megasthenes 麦加斯梯尼 502, 512

Memnon 曼农 660

Metis 墨提斯 665-666

Millin, Aubin 米林 602

Miplezeth 米普勒泽特 361

Mithras 密特拉斯 500-506, 516

Mitra 米特拉 516-517

Moloch 摩洛克 654

Momos 摩莫斯 621-623

Moorcroft 穆尔克罗夫特 515

Moros 摩罗斯 621-622

Moses 摩西 428, 430, 462, 468, 472, 476

Müller, Johannes 缪勒 509

N

Napolen 拿破仑 395

Neander, August 尼安德尔 505

Neith 奈特 384, 404, 417

Nemesis 涅墨西斯 623

Nephtys 奈芙蒂斯 370-372, 378, 419, 420
Nestorius 聂斯脱利 567
Niebuhr, Carsten 尼布尔 433, 454
Nubi 努比 420
Nyx 纽克斯 621-622

O

Oannes 俄安内 581
Oceanos 俄刻阿诺斯 618
Oedipus 俄狄浦斯 465
Olympos 奥林波斯 668
Onatas 奥纳塔斯 657, 660
Orpheus 奥菲欧 614
Ormuzd 奥穆德 501, 517, 519
Osiris 奥西里斯 364-395, 398, 404-408, 417-430, 438-442, 504, 575, 581, 637, 667
Osymandyas 奥西曼迪亚斯 400
Ovidius 奥维德 597, 601, 607, 610

P

Pan 潘 408-413
Parabrahma 大梵天 446

Paracelsus 帕拉塞尔苏斯 597
Parmenides 巴门尼德 487
Patandjali 帕坦伽利 484, 490
Paulino, Fra 保林诺 446, 465, 467
Paulus 保罗 638
Pausanias 鲍桑尼亚 583, 642, 653, 657, 660
Peisistratus 庇西特拉图 594
Persephone 佩耳塞福涅 361, 622, 626-642, 662, 666
Philition 菲利提斯 406
Philon 斐洛 474
Phtha 普塔 396-397, 403, 411-413, 428
Phthas 普塔斯 396
Pindar 品达 381, 594
Platon 柏拉图 371, 560, 582, 593, 597, 652
Plinius 普林尼 500, 513
Plutarch 普鲁塔克 366-369, 375-394, 398, 415-420, 429, 436-437, 441, 501, 581, 618, 653-656, 667
Polykletos 波利克利图斯 642, 662
Pompilius 庞皮留斯 608, 609

Pontos 蓬托斯 617, 618

Poseidon 波塞冬 578-585, 625-636, 664

Porhyrios 波菲利奥 427, 514, 657

Priapus 普里阿普斯 361

Prometheus 普罗米修斯 594

Pythagoras 毕达哥拉斯 563, 581, 608, 667

Python 皮同 668

Q

Quintilianus, Marcus 昆提连 660

Quirinus 奎里努斯 608-610

R

Rama 罗摩 463-465, 468, 473, 498, 508

Ramses 拉美西斯 401, 420

Raphael 拉斐尔 659

Remus 雷慕斯 609

Remusat, Abel 雷慕萨 519, 542, 545, 548-554, 562-567

Rheia 瑞亚 362-363, 418-419, 578, 585, 625

Romulus 罗慕路斯 607, 609

Rosellini, Ippolito 罗塞林尼 403

Rosen, Friedrich 罗森 467

Roy, Ram 罗伊 476, 477

S

Sabazios 萨巴兹乌斯 455-456

Sacy, Silvestre 萨西 508

Sankara 商羯罗 467, 469

Sarpedon 萨尔佩冬 360

Satan 撒旦 537

Schakia-Mouni 释迦牟尼 502

Schiller, Friedrich 席勒 640

Schimdt, Isaak 施密特 500, 519

Schiwa 湿婆 443-463, 472, 478, 484, 495, 507, 510, 518, 571, 664

Schlegel, August 施莱格尔 486, 488, 493-495, 498

Schlegel, Friedrich 施莱格尔 445-449, 493, 498, 575

Schlosser, Friedrich 施罗瑟尔 533

Seneca 塞内卡 593, 614

Scythianus 斯基泰诺斯 505

Sesostris 塞索斯特里斯 401, 420

Seth 塞特 420-421

Shakespeare 莎士比亚 640

Sokrates 苏格拉底 560-561, 597

Solon 梭伦 594

Sonnerat, Pierre 索内拉 467

Sri-Rama 室利罗摩 462-463

Stephanus 斯特凡 412

Strabo 斯特拉波 354, 363, 389, 500, 502, 512

Sulpitius 苏尔皮修 604

T

Tactius 塔西佗 401, 403, 653

Thauth 塔乌特 414

Therebinthos 特雷宾托斯 505

Thomas 托马斯 464

Thot 托特 412

Thoyt 托伊特 414

Tiberius 提比略 399

Tibullus 提布鲁斯 637

Titan 提坦 590, 618-624, 628, 662

Triton 特里同 583

Tynichos 提尼库斯 657

Typhon 提丰 365-391, 397, 398, 405, 411, 417-427, 436-437, 441-445, 504, 571, 580-581, 585, 632, 662, 667

U

Urania 乌拉尼娅 350, 353, 360-364, 455, 516, 578, 581, 624, 664

Uranos 乌兰诺斯 352, 362-363, 617-625, 628, 637, 661, 666

V

van Eyck 范·艾克 637

Varro 瓦罗 605, 606

Veronika 维罗妮卡 657

Vesta 维斯塔 626

Virgil 维吉尔 637

Vivaswan 维瓦斯万 487

Voß, J. H. 福斯 586, 636, 640, 648

Vyasa 毗耶娑 468-469

W

Ward, William 沃德 443

Wilford, Francis 威尔福特 443

Wilkinson, John 威尔金森 413

Wilson, Horace 威尔逊 461, 514

Windischmann, Karl 温迪希曼 530

Wischnu 毗湿奴 446-454, 458-466, 472-473, 478, 484, 486, 493-498, 507, 510, 517-518, 572, 654

Wolff, Fr. A. 沃尔夫 551

Z

Zaphon 扎丰 420

Zeus (Jubiter) 宙斯（朱庇特） 357, 360, 362, 363, 394, 398, 410, 423, 455-457, 578, 582-590, 606, 613, 618-620, 625-632, 636-637, 642-643, 651-655, 660-669

Zoroaster 琐罗亚斯德 415, 505

主要译名对照

Abfall 堕落
Abseits 彼岸世界
das Absolute 绝对者
Absolutheit 绝对性
Ahndung 憧憬
Actus 现实性
All 大全
allegorisch 寓托式的
das Allgemeine 普遍者
Allheit 大全性
Anderes 他者
Anderssein 异在
Anschauung 直观
An-sich 自在体
an und für sich 自在且自为的
an und vor sich 自在且先于自身

anziehen 吸引，拉扯
Atheismus 无神论

Band 纽带
Befreiung 解放，摆脱
Begriff 概念
Bejahung 肯定
Beschreibung 描述
Bestimmtheit 规定性
Bestimmung 规定，使命
Beziehung 关联
Bild 形象，图像，肖像

Chaos 混沌，卡俄斯

Dämon 神明，精灵

主要译名对照　355

darstellen 呈现, 表现
Darstellung 呈现
Dasein 实存, 存在
Dauer 延续, 绵延
Deismus 理神论
Denken 思维
Dialektik 辩证法
Dichtung 诗歌
Differenz 差异
Dogma 教义
Dreieinigkeit 三位一体
Dualismus 二元论

eigentlich 本真的
Eigentlichkeit 本真性
Ein- und Allheit 大全一体
Einbilden 内化
Einbildung 内化, 想象
Einbildungskraft 想象力
Einheit 统一体
Einweihung 参悟, 祝圣仪式
einzig 唯一的
Einzigkeit 唯一性
Emanation 流溢

Emanationslehre 流溢说
Empirismus 经验论
Endabsicht 终极目的
das Endliche 有限者
Endlichkeit 有限性
Entschluß 决断
Entstehung 产生过程
Entwicklung 发展, 推演
Entzweiung 分裂
Epos 叙事诗, 史诗
Erde 大地, 地球
Erfahrung 经验
Erfindung 发明
Erinnerung 回忆, 深入内核
Erkennen 认识活动
Erkenntnis 认识
Erklärung 解释
Ereignis 事件
Erscheinung 现象
esoterisch 隐秘的
ewig 永恒的
Ewigkeit 永恒, 永恒性
Existenz 实存, 存在
Expansion 扩张

exotersich 显白的
Exspiration 呼气，咽气

Folge 后果，顺序
Form 形式
Freiheit 自由
für sich 自为，自顾自，独自

das Ganze 整体
Gattung 种属
Gebot 诫命
Geburt 诞生，降生
Gedanke 思想
Gedicht 诗，诗作，诗歌
gegeben 给定的
Gegenbild 映像
Gegenstand 对象
Gegenwart 临在
gegenwärtig 当前的
Geist 精神
geistig 精神性的
Geschichte 历史
Geschlecht 族类
Gesetz 法则

Gestalt 形态，人物形态
Glaube 信仰
Gott 上帝，神，神祇
Götter 诸神
Göttergeschichte 诸神历史
Götterlehre 诸神学说
Götterwelt 诸神世界
gottgleich 等同于上帝
Gottheit 神性
göttlich 上帝的，神性的，神圣的
Grund 根据
Grundlage 基础，根基

Handlung 行动
Heidentum 异教
Hellsehen 通灵
Hervortreten 显露
Hingabe 献身
Historie 历史学
historisch 历史学的
Hylozoismus 物活论

Ich 我，自我
Ichheit 自我性

ideal 观念的，观念意义上的
Ideal 理想
das Ideale 观念东西
Idealität 理念性
Idealismus 唯心论
Idee 理念
ideell 观念的
Ideenwelt 理念世界
Identität 同一性
in sich selbst 自身之内，基于自身
Incarnation 化身
Indifferenz 无差别
Individualität 个体性
das Innere 内核
Irreligiosität 宗教败坏状态

Katebole 奠基
Kirche 教会
Konstruktion 建构
Krisis 大分化
Kritizismus 批判主义
Kunst 艺术

Leben 生命
Lehre 学说，教导
Leib 身体，载体

Macht 权力，力量
Materie 物质，质料
materiell 质料性的
Mehrheit 多数性
Mittel 中介，手段
Mitteilung 分有，分享
Möglichkeit 可能性
Moment 环节
Monotheismus 一神论
Mysterien 神秘学，秘仪
Mysterium 奥秘
Mystik 神秘学
Mythen 神话传说
Mythologie 神话

Nachahmung 摹仿
naiv 素朴的
Name 名字，名称
Natur 自然界，本性

Naturen 自然存在者
Naturphilosophie 自然哲学
Naturwissenschaft 自然科学
Nicht-Gott 非上帝，非神
Nichtigkeit 虚妄，虚无
Nichtphilosophie 非哲学
Nichts 虚无
Notwendigkeit 必然性

Objekt 客体
objektiv 客观的
Offenbarung 启示
öffentlich 公众的
Organ 官能
Organisation 有机组织
Organismus 有机体
Originalität 原创性

Pantheismus 泛神论
Phänomen 现象
Poesie 诗，诗歌，创制
Polytheismus 多神论
positiv 肯定的
Potentialität 潜能状态

Potenz 潜能阶次，潜能
Prinzip 本原
Produzieren 创造，生产
Prozeß 过程

Raum 空间
real 实在的
das Reale 实在东西
Realismus 实在论
Realität 实在性
Reflexion 反映，反思
Reinigung 净化
Religion 宗教
Resultat 结果

Sache 事情
Schauen 直观
Schicksal 命运
schlechthin 绝对的
Schwere 重力
Seele 灵魂
Sehnsucht 渴慕
Sein 存在，是
das Seiende 存在者

Selbst 自主体
Selbstbewußtsein 自我意识
Selbsterkennen 自我认识
selbstgegeben 自行给定的
Selbstheit 自主性
selig 极乐的
Seligkeit 极乐
setzen 设定
das Setzende 设定者
Sinnenwelt 感官世界
sinnlich 感性的
sittlich 伦理的
Sittlichkeit 伦理性
Spannung 张力
Spekulation 思辨
Sphäre 层面
Staat 国家
Stamm 部落
Standpunkt 立场
Stern 星辰
Sterngott 星辰神祇
Sternverehrung 星辰崇拜
stetig 持续不断的
Stetigkeit 延续性

Streben 努力, 追求
Subjekt 主体
subjektiv 主观的
Substanz 实体
Substrat 基体
Sukzession 相继性
sukzessiv 相继性的
Sündenfall 原罪
Symbol 象征
Symbolik 象征系统
System 体系

Tat 行为
tätig 主动的
Tatsache 事实
Theogonie 神谱
Theologie 神学
Theismus 有神论
Totalität 总体性
Tugend 美德
Tun 行动

Übel 灾难
übergeschichtlich 超历史的

Übergang 过渡
Überlieferung 传承
das Unendliche 无限者
Unendlichkeit 无限性
universio 颠转
Universum 宇宙
unmythologisch 非神话的
Unphilosophie 非哲学
Urbewußtsein 原初意识
Ursein 原初存在
Ursprung 起源
Ursprünglich 原初的
Urwesen 原初本质
Urwissen 原初知识

Verehrung 崇拜
Verfassung 制度
Vergangenheit 过去
Verhängnis 厄运，灾厄
Vernunft 理性
Verstand 知性
Verwirrung 变乱
Vielheit 多样性
Volk 民族

Volksglaube 民间信仰
Volksreligion 民间宗教
Vorsehung 天命
Vorstellung 表象，观念

das Wahre 真相
Wahrheit 真理
Welt 世界
Weltbild 世界图景
Weltgeist 世界精神
Weltsystem 世界体系
Werkzeug 工具
Wesen 本质，存在者
widerstehen 反抗
Wille 意志
Willkür 意愿选择
Wirklichkeit 现实性
Wissen 知识
Wissenschaft 科学
Wissenschaftslehre 知识学
Wollen 意愿
Wunder 奇迹

Zabismus 萨比教

Zeit 时间

zeitlich 应时的，短暂的

zeitlos 与时间无关的

Zentralpunkt 中心点

Zentrum 核心

Zeugung 生殖

Zukunft 未来

译后记

2024年10月15日，把《神话哲学》上下卷的译稿交给王晨玉编辑之后，我长长舒了一口气。这是我们这套22卷本"谢林著作集"最后交付的两卷译稿，因此也标志着整套著作集的竣工。

当初编辑出版这套书，主要是有感于汉语谢林原著的匮乏局面。虽然梁志学、薛华、谢地坤、邓安庆等学界前辈在谢林的翻译和研究方面已经做出了一些先行工作，但总的说来，谢林在学界受到的关注度还是很低的。从我自己的经验来看，我自2005年从图宾根大学毕业回到母校北京大学任教之后，即使一直不遗余力通过课堂讲授和著作论文去推广谢林哲学，但还是愈来愈发现一个尴尬的局面，即很多时候我都是在"独乐乐"而非"与人乐乐"，而究其主要原因，就是大家并没有多少谢林的原著可读，只看到我一个人在那里纵横捭阖，却不能亲自领略谢林的妙处并做出判断（更何况我宣讲的主要是谢林的中后期哲学，这些内容对当时的中国学界来说几乎是完全陌生的），随之不会真正对谢林有什么兴趣。我意识到，一切必须从基础抓起，如果希望在中国学界真正推广谢林哲学并达到较好的效果，首要的任务就是必须推出一套系统而全面的中译谢林著作集。

这个想法大概萌生于2014年，当时我正在撰写《哲学与宗教的永恒同盟》一书，并因此结识了北京大学出版社的王晨玉编辑。我们聊到谢林著作集的想法，她非常支持，并且很快促成了在北京大学出版社出版这套书的协议。接下来就是开始翻译，我首先选取了我一直特别喜欢的《近代哲学史》，而这本书也顺利地作为整套著作集的第一本于2016年4月问世。当年秋天，学界同仁在北京大学人文社会科学研究院为此书举办了"谢林与近代哲学"讨论会（这次讨论会后来也被看作第一届全国近代哲学会议），我第一次感觉到谢林开始受到学界广泛的关注。

最初我在规划谢林著作集的时候，选取的篇目安排是16卷，心想即使是我一个人来做，二十年的时间也够了。幸运的是，我很快得到了来自庄振华和王丁这两位青年才俊的支援，后来我的学生施林青、倪逸偲和周驰博也开始能够承担翻译重任，于是这套著作集的规模最终扩大到了现在的22卷。具体分工情况是：我翻译11卷，庄振华翻译4卷，王丁翻译5卷，施林青翻译1卷，倪逸偲和周驰博合作翻译1卷。这里我要衷心感谢整个翻译团队的高强度工作和奉献精神（众所周知，翻译在很多高校不算学术成果，一本译著的"工分"充其量相当于一篇普通C刊论文），假若没有他们的努力，这套22卷的著作集不可能从2016年到2025年只用不到十年的时间就完成，同时还保证了较高的水准和质量。

当然，我尤其要感谢亲爱的王晨玉编辑。这十年来她在幕后默默付出，承担编辑出版过程中的各种"脏活累活"，任劳任怨，为我们翻译团队提供了一切可能的支持。这套谢林著作集是我们的友谊的见证，我希望也是我们将来进一步合作的开端。

本书得到了国家社科基金项目"德国唯心论在费希特、谢林和黑格尔哲学体系中的不同终结方案研究"（项目批准号20BZX088）的支持，在此亦表示感谢。

先　刚

2025年2月于北京大学外国哲学研究所

北京大学美学与美育研究中心